高等院校经济管理类新形态系列教材

国际金融理论与实务
（第5版）

□ 孟昊　郭红　主编

人民邮电出版社

北京

图书在版编目（CIP）数据

国际金融理论与实务 / 孟昊，郭红主编. -- 5 版.
北京 : 人民邮电出版社，2024. --（高等院校经济管理
类新形态系列教材）. -- ISBN 978-7-115-65016-0

Ⅰ. F831

中国国家版本馆 CIP 数据核字第 2024ES7945 号

内 容 提 要

本书注重实务操作的讲解与实践，主要内容包括国际收支、外汇与汇率、汇率制度与外汇管理、外汇交易、外汇风险管理、国际金融市场、国际资本流动、国际储备、国际货币体系、国际货币危机和开放经济下的内外均衡等。

本书每章内都包含学习目标、案例导读、学习思考、视野拓展、本章小结、课后练习及实训操作等教学辅助内容。

本书配有教学大纲、电子教案、电子课件、视频及文本案例、正文内相关问题参考答案、章后习题参考答案、补充习题库及答案、模拟试卷及答案等教学（学习）资料，索取方式参见附录。

本书篇幅、难度适中，适合作为经济管理类普通高等教育、职业教育本专科相关专业教材，也可作为相关培训机构用书、专业读者参考用书和国际金融基础知识普及读物。

◆ 主　编　孟　昊　郭　红
　　责任编辑　万国清
　　责任印制　胡　南

◆ 人民邮电出版社出版发行　　北京市丰台区成寿寺路 11 号
　　邮编　100164　电子邮件　315@ptpress.com.cn
　　网址　https://www.ptpress.com.cn
　　三河市兴达印务有限公司印刷

◆ 开本：787×1092　1/16
　　印张：14　　　　　　　　　　2024 年 10 月第 5 版
　　字数：344 千字　　　　　　　2025 年 5 月河北第 2 次印刷

定价：54.00 元

读者服务热线：(010)81055256　印装质量热线：(010)81055316
反盗版热线：(010)81055315

第 5 版前言

金融是现代经济的核心、实体经济的血脉，关系一国的发展和安全。从党在新时代新征程的中心任务来看，金融事关中国式现代化全局；从百年未有之大变局的国际形势来看，金融是国际竞争的必争之地。我国现已成为金融大国，但还不是金融强国。只有加快建设金融强国，不断提高我国在国际金融中的竞争力和话语权，才能掌握国际竞争主动权。

本次再版，力求突出以下特点。

第一，对照一流课程"高阶性、创新性、挑战度"标准，升级迭代了教学目标、教学内容等核心要素；强化了知识体系的系统性，争取能使读者对该学科有更全面的认识；强调基础理论、规则、惯例和方法的综合学习，争取能使读者通过学习本课程为未来的发展奠定坚实的基础；注重理论与实践的充分结合，通过计算示例、学习思考等形式，努力让学生逐渐熟悉理论的运用过程，从而加深对理论的认识。

第二，基于新文科"融合化、时代化、中国化、国际化"要求，结合本学科专业特点，强化了"以全球金融学科发展为导引、以中国改革开放实践为主体"的专业课程教学内容，以促进理想信念、家国情怀与科学精神、人文素养在师生两端融合，实现师生同步的"体悟—认同—践行"目标。

本次修订的主要工作集中在以下几方面。

（1）编者团队在深入学习党的二十大报告的基础上，改版中着力于以下三个方面：一是讲好中国故事；二是培养学习者的科学精神；三是连通知识性和感受性。

（2）调整了教材内容，删除了第 4 版中的国际结算与国际融资，更突出了国际金融学的核心内容。同时，结合国际金融的新变化，更新了各章案例导读和正文中的案例，更新了相关数据和内容。

（3）补充、完善了相关配套教学（学习）资料。更新、完善后的资料包括教学大纲、电子教案、电子课件、视频及文本案例、正文内相关问题参考答案、章后习题参考答案、补充习题库及答案、模拟试卷及答案等教学（学习）资料等，索取方式参见附录。

本版修订的整体工作由孟昊、郭红负责，具体分工如下：孟昊、吴静、娄宝倩负责第一章；郭红、朱紫怡负责第二章、第四章；孟昊、王一童负责第三章、第五章和第九章；郭红、朱紫怡、李冉负责第六章；孟昊、吴静负责第七章、第八章；郭红、王一童、崔宏伟负责第十章；孟昊、朱紫怡负责第十一章。

本次修订采纳了众多用书老师的意见，在此一并谢过！

望各位读者、同人对本书继续批评指正，以便未来我们能把本书改写得更好！

编　者
2024 年 9 月

目　　录

第一章 国际收支

【学习目标】

（1）理解国际收支的概念。

（2）掌握国际收支平衡表的基本内容。

（3）掌握国际收支失衡的原因及其对本国经济的影响。

（4）掌握国际收支失衡的自动调节及政策调节方式。

（5）理解国际收支调节理论。

案例导读

中国 2023 年国际收支状况

问：2023 年我国国际收支状况有何特点？

答：国际收支平衡表初步数据显示，2023 年我国国际收支保持基本平衡。其中，经常账户顺差 2642 亿美元，顺差规模与同期国内生产总值（GDP）之比为 1.5%，继续处于合理均衡区间；跨境资本流动趋稳向好，来华投资总体保持净流入格局。

一是货物贸易顺差规模为历年次高。2023 年，我国国际收支口径的货物贸易顺差 6080 亿美元，仅次于 2022 年顺差规模，为历年次高。其中，货物贸易出口 31796 亿美元，进口 25716 亿美元，均处于历史较高水平。

二是服务贸易运行更加均衡。2023 年，我国服务贸易逆差 2294 亿美元，呈现有序恢复态势。一方面，旅行、运输仍为服务贸易的主要逆差项目。另一方面，服务贸易顺差项目保持增长。

三是来华投资总体呈现净流入态势。其中，外商股权性质直接投资全年净流入 621 亿美元，全年来华证券投资亦呈现净流入。以上显示更多外资来华投资兴业和配置人民币资产。

（资料来源：国家外汇管理局官方网站）

随着各国①经济对外开放和世界经济一体化的发展，国与国之间的经济交往日渐频繁，交往的形式日益多样化。在这种交往中，会形成一定的国际债权债务关系以及国际货币收付关系，进而产生了国际收支问题。在本章中，我们将就国际收支的基本概念、国际收支平衡表及国际收支调节等相关内容进行学习。

---

① 提示：当前的国际金融领域，"国"和"国家"已不能严格对应，它可能指某国国内的某个区域，也可能是多个国家的联合体。

第一节　国际收支概述

在日常生活中，我们常常会发现身边的一些商品产于其他国家，在国外也常常可以在当地的商品标签上看到"Made in China"的字样。我们可以看到开往国外的货轮，或者了解到国与国之间的经济馈赠。所有这些活动便构成了国际收支的基础——国际经济交往。

一、国际收支的概念

国际收支（Balance of Payments，BOP）是一国居民在一定时期内与非居民之间全部政治、经济、文化往来所产生的全部经济交易货币价值的系统记录。

国际收支的含义有狭义和广义的区别，历史因素导致了这一区别。

在17世纪初欧洲重商主义盛行时期，国际贸易活动频繁展开。这时的国际经济交易仅仅是指有形商品的贸易。因此，此时的国际收支仅指一国在一定时期内商品进出口的贸易收支，其主要是指一国对外贸易需要结算的差额。

国际金本位制崩溃以后，国际经济交易的内容和范围逐步扩大，国际收支从贸易收支扩展为外汇收支。凡在国际经济交往（包括国际借贷）中必须通过外汇进行清算的交易都属于国际收支的范围。现在，我们把这种外汇收支通称为**狭义国际收支**。狭义的国际收支概念不包括无外汇收支的国际经济交易。

第二次世界大战后，对外贸易迅速发展，国际间各种政治、经济、文化往来日益密切，技术、商品和劳动力的国际交流、资本流动以及无偿性质的捐款、赠款、侨汇等单方转移和国际援助等都呈现迅速发展的态势。与此同时，结算手段也日益多样化，有许多交易并不涉及外汇收支。为此，国际收支的概念有所扩展，即不再强调以支付为基础，而是明确了以交易为基础的**广义国际收支**含义。世界各国普遍采用的是广义的国际收支概念。

二、国际收支的内涵

要想对国际收支有一个深刻、清晰的认识，需要明确以下几点重要含义。

1. 国际收支是一个流量概念

统计学上的**流量**是指一定时期内变量发生变动的数值。国际收支是以统计表的形式呈现出的一国（地区）在一年、一个季度或一个月之内对外货币收支的综合状况记录，显然是一个流量概念。换言之，国际收支是一国在一定时期内发生的所有对外经济交易的综合，"一定时期"即为报告期，它是一个流量概念。

2. 国际收支所反映的内容是经济交易

所谓**经济交易**，是指经济价值从一个经济实体向另一个经济实体的转移。从内容上看，它有五种类型，即金融资产与商品劳务之间的交换（如以外汇购买商品或劳务），商品与商品及商品与劳务之间的交换（如货易货交易），金融资产之间的交换（如以货币购买国债），无偿、单向的商品劳务转移（如跨国捐赠）和无偿、单向的金融资产转移（如跨国金融资产转移）。

前三种经济交易，是一方向另一方提供一定数量的经济价值，且得到价值相等的回报的交易行为，其实质是交换。后两种经济交易则是一方向另一方提供了经济价值，而并没有得到补偿与回报，其实质是无偿转移。在这五种国际经济交易中，不涉及外汇收支的经济交易也包含在其中，如易货贸易、清算协定下的记账贸易等。

3. 国际收支只记载居民与非居民之间的交易

一国国际收支记载的内容必须是该国居民与非居民之间发生的经济行为。而判定居民的标准并不是交易者的国籍，而是以交易者的经济活动中心地点为依据。

在国际收支统计中，**居民**是指一个国家经济领土内具有一定经济利益的经济体。经济领土一般包括一个国家的地理领土、领空、领海和邻近水域大陆架（享有或声称享有捕捞和海底开采管辖权的大陆架和专属经济区），以及该国在世界其他地方的飞地（如使馆、领事馆、军事基地、科学站、信息或移民办事处、援助机构等）。由此可知，一国驻外使领馆人员是母国的居民，而非所在国居民，联合国等国际组织人员不属于任何国家或地区的居民。

如果一个经济体在某国经济领土内从事（或计划从事）大规模经营活动一年或一年以上，那么可以认为该经济体在这个国家具有一定的经济利益。一国的经济体大致可以分为家庭以及组成家庭的个人、公司（包括国外直接投资者的分支机构）、非营利性机构和该经济体中的政府等四类。而且这些机构单位必须符合一定的条件才能成为经济体中的居民单位。

关于"居民"，应重点明确以下几点：①所谓居民是指在一国（或地区）居住或营业的自然人或法人；②身在国外而不代表政府的任何自然人，依据其经济利益中心或长期居住地确定其居民身份；③法人组织是其注册国（或地区）的居民；④一国官方外交使节、驻外军事人员，不论在国外时间长短都属派出国居民；⑤国际机构，诸如联合国、国际货币基金组织（IMF）等是所有国家的非居民；⑥居民由政府、个人、非营利团体和企业构成。

三、国际收支和国际借贷

国际收支和国际借贷是两个不同但易混淆的概念。国际借贷也被称作**国际投资状况**，是指一定时点上一国居民对外资产和对外负债的汇总。它与国际收支的区别在于国际收支是流量（flow），而国际借贷是存量（stock）。同时，两者所包括的范围也不一样，国际经济交易中的赠予、侨民汇款与战争赔偿等"无偿交易"，都属于不发生国际借贷关系的交易，因而不包括在国际借贷中，但包括在国际收支中。因此，这两个概念是有区别的，但它们之间又是密切相关的，因为有了国际借贷，就会产生国际收支，国际借贷是国际收支的主要原因，国际收支是国际借贷的结果。

学习思考

某国在华工厂已经建立有3个年头，其主要的经济业务都是同中国本土企业进行。

请问：该企业与中国企业之间的经济往来，是否属于国际收支的范畴？

第二节　国际收支平衡表

国际收支平衡表是一国对其一定时期（一年）内的国际经济交易，根据交易的特性和经济分析的需要，分类设置科目和账户，并按复式簿记的原理进行系统记录的报表。国际收平衡表将一国一定时期内国际收支的不同项目进行组合、统计，具体解释了该国的国际收支状况。由于国际收支平衡表总是与时间紧密相连，因此一般提及该表，总是称之为某国某一时期的国际收支平衡表。

一、国际收支平衡表的基本内容

根据国际货币基金组织 2008 年 12 月发布的《国际收支和国际投资头寸手册》(第六版)，国际收支平衡表中的全部账户可分为**经常账户、资本账户、金融账户**以及**误差与遗漏净额**等四项。

(一)经常账户

经常账户（current account）又称**经常项目**，是本国与他国进行经济交易时经常发生并在整个国际收支总额中占有重要比重与地位的项目，是国际收支平衡表中最基本、最重要的项目。它显示的是居民与非居民之间货物服务、初次收入和二次收入的流量，反映了一国与其他国家之间实际资源的转移，与该国的国民收入账户有着密切的联系。同时，它也表现了一国的创汇能力，影响和制约着其他账户的变化。经常账户包括以下三个明细账户。

1. 货物和服务

货物和服务账户列示属于生产活动成果的交易项目，侧重于居民与非居民之间货物和服务的交换环节，在所提供经济价值的性质上与其他分录之间存在区别。

货物（goods）包括一般商品、用于加工的货物、货物修理、各种运输工具、在港口购买的货物及非货币黄金。货物可以用来满足家庭及社会的需求，或者用来生产其他货物或服务。由于输出或输入的商品是看得见、摸得着的实物。因此，货物贸易又称**有形贸易**。

货物对一国国际收支的经常账户乃至整个国际收支都起着举足轻重的作用，其经济所有权可以通过交易进行转移，并可对其建立所有者权益。国际货币基金组织规定，进出口商品价格均应按**离岸价格**（FOB）计算，但在海关统计中，习惯以离岸价格计算出口商品价格，而以**到岸价格**（CIF）计算进口商品价格，大多数国家在国际贸易统计中也习惯如此。因此，在国际收支平衡表中记录进口商品的支出时，应把到岸价格的运费、保险费等一切抵岸之前的费用予以扣除，换算成离岸价格，并把运费、保险费等国外发生的费用分别列入劳务收支项目中。

服务（service）是指劳务的输出输入，是改变消费条件或促进产品或金融资产交换的生产活动成果。它同国际进出口商品一样是价值的交换行为，但它不像商品交换那样看得见、摸得着。因此，服务贸易又被称为**无形贸易**。服务通常无法与其生产分离开来，一般也不能单独对其建立所有者权益。但个别产品，如知识获取型产品等一些涉及知识产权的产品，也可以像货物一样进行交易。

该账户记录的内容较为复杂，主要包括加工服务、维护和维修服务、运输、旅行、建设、保险和养老金服务、金融服务、知识产权使用费，电信、计算机和信息服务，其他商业服务，个人、文化和娱乐服务，以及别处未提及的政府货物和服务等。

2. 初次收入

初次收入账户显示的是作为允许另一实体暂时使用劳动力、金融资源或非生产非金融资产的回报而应付和应收的金额，是居民与非居民之间的初次收入流量。

初次收入主要包括与生产相关的收入（如雇员报酬、对生产的税收和补贴等），以及与金融资产和其他非生产性资产所有权相关的收入（如投资收益、财产收入等）两个细分账户。我们以雇员报酬和投资收益两个账户为例进行说明。

雇员报酬表示个人在企业生产过程中投入劳务而获得的收入，一般由现金形式的工资和薪金、实物形式的报酬、雇主的社保缴款等三个部分组成。在国际收支平衡表中，判断雇员报酬的重要因素之一即为确定实体和个人之间是否存在雇主与雇员的关系，当雇主和雇员为不同经济体的居民时，雇员所获得的酬金回报计入雇员报酬。另外，在居民个人由非居民聘用或者居民聘用非居民个人时，同样将会产生跨境雇员报酬。

投资收益是提供金融资产所得的回报，是一国资本在另一国投资而获取的利润、股息、利息等收益，或者看作居民和非居民之间有关的投资收益，一般与特定类型的金融工具紧密相连。

投资收益可进一步细分为直接投资收益、证券投资收益、其他投资收益（如借贷产生的利息）、储备资产收益等。其中，直接投资收益包括来自居民和非居民机构之间直接投资头寸的所有投资收益；证券投资收益包括居民与非居民机构之间除直接投资和储备资产以外的股权和债务证券头寸而产生的收益流量；其他投资收益包括居民和非居民机构之间与存款、贷款、贸易信贷和预付款，以及其他应收或应付款账户相关的流量；储备资产收益包括股权及投资基金份额收益和利息、特别提款权持有利息等。

特别要注意的是，购买股票或债券的资本本金损益不记入投资收益账户，而要记入资本或金融账户。

3. 二次收入

二次收入账户显示的是收入的再分配，即一方提供用于当前用途的资源，但该方没有得到任何直接经济价值回报。

二次收入账户表现的是居民与非居民之间的经常转移，包括个人转移、对所得与财富等征收的经常性税收、社会福利、非寿险净保费、非寿险索赔、经常性国际援助、其他经常转移等项目。

特别要指出的是，二次收入账户中的**经常转移**（current transfers）又称**无偿转移**，通常是指单方的、不对等的收入和支出，不产生债权债务关系，却直接影响可支配收入水平和对货物或服务的消费能力，具体包括除下面三项的所有权转移：①固定资产所有权的资产转移；②同固定资产收买或放弃相联系的资产转移或以其为条件的资产转移；③债权人不索取任何回报而取消的债务。经常转移又可细分为私人无偿转移和政府无偿转移两类；前者主要包括侨民汇款、年金、赠予等；后者主要包括政府间经济援助、军事援助、战争赔款、捐款，对慈善、宗教机构及科学文化组织定期的捐款，罚没走私品，债务及利息的豁免等。

（二）资本账户

资本账户反映的是居民与非居民之间非生产非金融资产的取得和处置，以及应收和应付资本的转移。资产从居民向非居民转移，会增加或减少居民对非居民的债权；资产从非居民向居民转移，则会增加或减少居民对非居民的债务。因此，这个账户表明本国在两个时点之间的时期内资产与负债的增减变化。

1. 资本转移

资本转移是资产（非现金或存货）的所有权从一方向另一方的转移，或者是使一方或双方获得或处置资产（非现金或存货）的转移，抑或是债权人减免债务的转移。其主要包括六方面内容，即债务减免、非人寿保险索赔、投资捐赠、一次性担保和其他债务承担、税金以及其他资本转移。一般情况下，政府、住户和非营利机构进行转移是为了向另一方转让收益，而商业实体一般不会有向其他实体转移资源而不要求回报的动机，因此商业实体之间进行资本转移的情况比较有限，个别情况下会出现债务承担和一次性担保。

2. 非生产非金融资产的取得和处置

非生产非金融资产的取得和处置，是指各种不是由生产创造出来的有形资产（如土地、自然资源等）和无形资产（如专利、商标、版权、经销权等）的交易，以及租赁和其他可转让合同的交易。

（三）金融账户

金融账户包括引起一个经济体对外资产和负债所有权变更的所有交易，它反映的是居民和非居民之间投资与借贷的增减变化，以及金融资产和负债的获得和处置净额，表明了用于净国际融资交易的类别、部门、金融工具和期限。

按照投资类型和功能划分，金融账户可细分为**直接投资、证券投资、金融衍生产品（储备除外）和雇员认股权、储备资产、其他投资。**

（1）直接投资的主要特征是投资者对非居民企业的经营管理拥有有效的控制权，投资者和企业之间存在长期的合作关系。投资者直接投资可以采取直接在国外投资兴建企业的形式，或采取购买非居民企业一定比例股票的形式，也可采取将投资利润进行再投资的形式。

（2）证券投资也称间接投资，是居民购买非居民企业的股票、债券、大额存单、商业票据以及其他金融衍生工具等的投资行为，是一种跨国的股本证券和债务证券的投资。当证券投资超过一定比例（国际货币基金组织规定达到10%以上，我国规定5%以上）时，就成为直接投资。

（3）金融衍生产品和雇员认股权具有类似的特征。金融衍生品往往与其他金融工具、指标或商品相联系，通过市场对特定金融风险进行交易。由于在现实中很难将服务费从金融衍生品的价值中剔除，因此常常将其整个价值归于金融资产。而雇员认股权更多的是作为一种报酬形式，是公司向雇员提供的一种购买公司股权的期权，计入金融账户的雇员认股权交易。

（4）储备资产包括货币当局可随时动用，用于维持国际收支平衡及稳定汇率的外部资产，包括货币性黄金（所有不计入货币黄金的金块交易都作为非货币黄金记入货物和服务账户）、特别提款权、在国际货币基金组织的储备头寸和外汇储备等官方对外资产。**储备项目为平衡账户，反映在国际收支平衡表中的官方储备是增减额而不是持有额，所以该账户可理解为当年的"储备变动"。**

（5）其他投资是一个剩余项目，凡不包括在前四种中的一切金融交易均记录在此，如保险技术准备金、养老基金权益和启动标准化担保的准备金、证券回购协议等。

> 金融账户中的会计分录可以作为货物、服务、收入、资本账户或其他金融账户分录的对应分录，但由于金融资产交易的发生总额常常缺乏充分数据，再加上交易总额对国际收支分析并不很重要，因此金融账户的各个项目并不按借贷方总额来记录，而是按净额来记入相应的借方或贷方。

（四）误差与遗漏净额

误差与遗漏净额账户（errors and omissions account）是由于统计技术和其他一些原因使表上借贷双方总额无法平衡而人为设置的，以轧平借贷差额的一个账户。这一账户主要反映国际收支平衡表记载过程中出现的误差，通过分析误差与遗漏净额的大小和趋势，可以有助于找出有关数据信息中出现的问题。

尽管从理论上讲，国际收支平衡表的复式簿记原理保证了借方总额与贷方总额的平衡，但在实际的记录过程中，由于记录时间的不同、账户资料来源的不一、源数据和编制的不理想，还有一些人为原因和技术原因（如企业虚报材料、不能完全准确记录居民与非居民之间的一切交易活动）等，可能导致借方总额与贷方总额的不同而出现误差。误差与遗漏净额账户就是为了从技术角度消除误差而设立的，在公布的数据中应单独列出。

如果经常账户、资本账户、金融账户的贷方出现余额，就在误差与遗漏净额账户下的借方记入与贷方余额相等的数额；如果这几个账户的借方出现余额，则在误差与遗漏净额账户下的贷方记入与借方余额相等的数额。

视野拓展

中国国际收支平衡表

虽然误差与遗漏净额账户可以达到使账面平衡的目的，但它是人为设置的平衡，一些数额大、持续时间长的差额会妨碍对国际收支统计值的分析或解释，降低可信度，因此一定要重视这一环节。

二、国际收支平衡表的记账原则

国际收支平衡表就是将国际收支按特定账户分类和按**复式记账**原则编辑出来的报表，我们通过对它的分析可以了解一国国际经济交往的概况。其记账原则为：有借必有贷，借贷必相等。即任何一笔交易都同时记贷方"＋"和借方"－"，数额相等，方向相反。具体规则如下。

（1）出口商品记入贷方项目，进口商品记入借方项目。

（2）居民为非居民提供劳务（运输、保险、旅游等）或从非居民处取得投资及其他收入，记入贷方项目；非居民为居民提供劳务或从居民处取得收入，记入借方项目。

（3）居民收到来自非居民的单方面转移，记入贷方项目；居民对非居民的单方面转移，记入借方项目。

（4）居民获得非居民资产（包括财产和对非居民的债权），记入借方项目；相反，非居民获得居民资产或对居民投资，记入贷方项目。

（5）非居民偿还居民债务记入贷方项目，居民偿还非居民债务记入借方项目。

（6）官方储备减少记入贷方项目，官方储备增加记入借方项目。

总结上述事实，区分借贷双方的一般原则为：一切收入项目或负债增加、资产减少的项目都列为贷方，或称正号项目；一切支出项目或资产增加、负债减少的项目都列为借方，或称负号项目。

表 1.1　国际收支平衡表示例

（单位：万美元）

项　　目	贷（+）	借（－）
货物-商品出口	500	
金融账户-其他投资		500

【例 1.1】中国某公司出口价值 500 万美元的商品到国外，获得美元收入。因此，在中国的国际收支平衡表中，商品出口项下应记入贷方 500 万美元。该公司得到的货款作为一项资金流入，应在金融账户其他投资项下的借方记入 500 万美元，如表 1.1 所示。

由于每笔经济交易都同时记载有关的借贷科目，而且金额相等，因此理论上国际收支平衡表的最终差额恒等于零。但实际上，由于每一具体项目的借方和贷方是不平衡的，即收支相抵后总会出现一定的差额（可能是正差额，也可能是负差额），所以各个具体项目的差额不一定为零。因此，分析一国国际收支状况并不是分析它的总差额，而是分析各个不同项目（或称为不同账户）的差额。

三、国际收支平衡表分析

国际收支是经济分析的主要工具，一国的国际收支记录了其与世界各国的经济金融往来的全部情况，也反映了该国的对外经济特点。因此，认真全面分析国际收支平衡表，对于了解国内外经济状况、针对本国国情制订相应的措施具有相当重要的意义。

国际收支分析的目的包括对一国收支状况的总体了解，但更重要的是发现收支的特点与存在的问题，并有针对性地提出改进措施。

（1）判断国际收支状况。国际收支差额为零时，我们称之为"国际收支平衡"；当这一差额为正时，称之为"**国际收支顺差**"；当这一差额为负时，称之为"**国际收支逆差**"。后两者统称为"国际收支不平衡"。由此我们可判断出本国国际收支状况并采取补救的措施。

（2）分析国际收支失衡原因。国际收支平衡表反映了一国一定时期对外资金流向和流量的变化。变化的原因可能是受到本国政治、经济因素的影响，也可能是由于国际上或者其他国家的某种变动造成的。通过对本国国际收支的经常分析，并结合有关国家国际收支状况的分析，我们可能找到造成本国国际收支不平衡的具体原因，从而为国家制定正确的对内对外经济金融政策提供依据。

（3）预测本国或本地区经济政策、经济发展趋势，制定经济政策的参考。国际收支平衡表全面地反映了世界经济活动的基本情况。通过分析与比较各国或地区的国际收支平衡表，我们就可以在了解他国不同经济实力的同时，了解本国或本地区在世界经济一体化中的地位和作用。这对预测世界经济发展趋势并制定相应对策起到了重要作用。

学习思考

通过以上对国际收支平衡表的介绍，请简要说明国际收支平衡表主要包括哪些账户、各账户包括哪些业务及国际收支平衡表的作用。

第三节　国际收支平衡与失衡

国际收支的平衡与国际收支平衡表的平衡是两个不同的概念。国际收支平衡表是按照复式记账原理编制的，从理论上说，其贷方总额与借方总额必然相等；从编制方法上说，由于设置了误差与遗漏净额项目，即使贷方总额与借方总额不相等，也会采取相应人为措施将其差额补平。因此我们可以认为，<u>国际收支平衡表永远是平衡的</u>。然而，这种平衡仅仅是形式上的平衡，一国国际收支平衡表的平衡并不意味着该国国际收支的平衡。在大多数情况下，<u>一国的国际收支往往是不平衡的</u>。

一、两种不同性质的交易

要弄清楚国际收支的平衡问题，需了解以下两种不同性质的交易。

1. 自主性交易

自主性交易（autonomous transactions）亦称"**事前交易**"，是指经济实体出于某种经济目的而进行的交易。这类交易完全是为着某种经济动机自发或自动进行的，具体是指经济主体或居民个人（如金融机构、进出口商、国际投资者等）出于某种自主性目的（如追求利润、减少风险、资产保值、逃税避税、逃避管制或投机等）而进行的交易活动，包括商品劳务交易、技术交流、收益转移、无偿转让、各种形式的对外直接投资、证券投资等。

自主性交易体现的是经济主体或居民个人意志，不代表任何一个国家或政府的意志，因而具有事前性、自发性和分散性的特点。自主性交易的内容，实际上就是国际收支平衡表经常账户、资本账户和金融账户（不包含储备资产）的内容。

2. 补偿性交易

补偿性交易（compensatory transactions）又称**调节性交易**，是指为弥补自主性交易的差额而进行的交易，具体是指中央银行或货币当局出于调节国际收支差额、维护国际收支平衡、维持货币汇率稳定的目的而进行的各种交易，包括国际资金融通、资本吸收引进、国际储备变动等。补偿性交易体现了一国政府的意志，具有事后性、集中性和被动性等特点。补偿性交易的内容，实际上是指国际收支平衡表中的误差与遗漏净额账户及储备资产账户中的内容。

一国的国际收支是否平衡，关键是看自主性交易所产生的借贷金额是否相等。在国际收支平衡表下观察自主性交易项下的借贷双方，二者相等的情况很少见。为弥补自主性交易的差额，政府或货币当局须进行补偿性交易，如果补偿性交易项下出现借方余额，说明自主性交易存在贷方余额，就可以说国际收支为盈余。如果补偿性交易项下出现贷方余额，说明自主性交易存在借方余额，就可认为国际收支出现赤字。而无论盈余还是赤字，都是国际收支失衡的表现。

二、国际收支失衡的原因

导致国际收支不平衡的原因是多种多样的，有经济因素，也有非经济因素；有来自内部的因素，也有来自外部的因素。具体可分为以下几种。

1. 周期性失衡

这里的周期不是指一年的四季，而是指一国的**经济发展周期**。每个国家的经济发展都存在一定的周期循环，由经济周期变化造成的国际收支不平衡称为周期性失衡。

在经济发展中，各国经济不同程度地处于**繁荣、衰退、萧条、复苏**的周期性波动之中，周期的不同阶段对国际收支有不同的影响。以经常账户为例，当一国经济处在繁荣和扩张阶段时，就会表现出政府投资加大、国内就业机会增加、国民收入提高，社会总需求旺盛，此时如果国内无法满足消费需求，进口就会增加，因此国际收支可能出现逆差；相反，当一国经济处于衰退和萧条期时，社会总需求下降，进口需求也相应下降，国际收支可能出现顺差。从资本流动来看，经济繁荣时期，投资前景看好，资本流入增加；萧条时期，投资前景暗淡，资本流出增加。

第二次世界大战前，资本与金融项目在各国国际收支中所占比重一般并不突出，故总的来说，一国在经济周期的萧条期国际收支易出现顺差，在经济周期的繁荣期国际收支易出现逆差。第二次世界大战后，资本与金融项目地位日益突出，国际收支顺差或逆差与一国经济周期的萧条或繁荣之间不再必然存在这种简单的对应关系。另外，国际收支不平衡还可能来自其他国家的经济周期变化。当发达国家经济处在衰退阶段时，从发展中国家进口的商品将会减少，因而会使发展中国家的出口减少，发展中国家的国际收支则可能出现逆差。

2. 结构性失衡

结构性失衡是指**国内经济、产业结构**不能适应世界市场的变化而发生的国际收支失衡。由于世界科技的日益进步、各国经济发展的不平衡和消费倾向的不断变化而造成国际市场对商品、劳务的供给与需求关系发生变动时，原来的平衡就会被打破。如果一国的经济结构不能很快地适应这种变化而随之做必要的调整，那么该国的国际收支就可能不平衡。

结构性失衡有两层含义。一是因一国的国民经济和产业结构变动的滞后和困难所引起的国际收支失衡。例如，一国的国际贸易在一定的生产条件和消费需求下处于均衡状态。当国际市场发生变化，新款式、高质量产品不断淘汰旧款式、低质量产品，新的替代产品不断出现的时候，如果该国的生产结构不能及时根据形势加以调整，那么其原有的贸易平衡就会遭到破坏，贸易逆差就会出现。

二是因一国的产业结构单一，或其生产的产品出口需求的收入弹性低，或出口需求的价格弹性高而进口需求的价格弹性低所引起的国际收支失衡。自 20 世纪 70 年代以来，中东石油输出国因石油价格暴涨、暴跌而导致国际收支巨额顺差和巨额逆差，就是一个典型的例子。结构性失衡，在发展中国家表现得尤为突出。结构性失衡具有长期的性质，扭转起来相当困难。

3. 货币性失衡

货币性失衡是指由于一国货币价值的变动而使一国国际收支出现的不平衡。换言之，货币性失衡主要是由**通货膨胀**或**通货紧缩**引起的。在汇率水平一定的情况下，这两者的变动都会在本国商品与外国商品的相对价格上反映出来，从而引起该国的贸易额发生变化，最终引起国际收支不平衡。

如一国在一定的汇率水平下，由于通货膨胀的原因，物价普遍上升，使其商品成本与物价水平相对高于其他国家，则该国的商品输出必受抑制，从而导致出口减少，而输入则会受到鼓励，进口增加，致使国际收支发生逆差。相反，由于通货紧缩的原因，其商品成本与物价水平比其他国家相对更低，则有利于出口，抑制进口，因而使国际收支发生顺差。货币性失衡可以是短期的，也可以是中期或是长期的。

4. 收入性失衡

收入性失衡的概念比较笼统，一般是指由于**国民收入**的变化，使一国的进出口贸易额发生变动，从而造成国际收支的不平衡。一般来说，当一国国民收入增加时，会引起需求扩大、贸易和非贸易支出增加，从而造成国际收支逆差；反之，如果一国的国民收入减少，国内需求下降，引起物价下跌，则出口增加、贸易和非贸易支出减少，使逆差逐步减少，甚至出现顺差。

国民收入发生变动的原因有两个：一个是周期性变动，即处于经济周期的不同阶段会引起国民收入的增减，这属于周期性不平衡。另一个是经济增长情况，经济增长率高，则国民收入增加；反之，则国民收入减少。当一国经济增长率与其他国家不一致时，它的国际收支就可能发生收入性失衡。

一般来说，经济结构性因素和经济增长率变化所引起的国际收支不平衡具有长期、持久的性质，因而被称为**持久性不平衡**。其他因素所引起的国际收支不平衡仅具有临时性，因而被称为**暂时性不平衡**。

5. 其他原因引发的失衡

其他原因主要包括**季节性不平衡**和**偶然性不平衡等**。季节性不平衡，指由生产和消费的季节性造成的国际收支不平衡。对以农产品为主要出口商品的国家而言，季节性不平衡较为明显。偶然性不平衡又称临时性不平衡，是由短期的、非确定的因素或偶然因素引起的。如2004年年底的印度洋海啸，致使印度洋沿岸地区和国家的旅游业遭受严重打击，旅游外汇收入锐减，导致其国际收支失衡。这种性质的国际收支失衡程度较低，持续时间不长，而且具有可逆性，所以基本上可以认为是一种正常现象。

> 总之，导致国际收支失衡的因素很多，有客观的，也有主观的；有政治和社会的，也有经济发展阶段性的影响；有内部的，也有外部的；有宏观的，也有微观的。各种因素混合，使国际收支不平衡的原因变得非常复杂，因此必须找出造成具体问题的主要原因，有的放矢地施以正确的调节政策。

三、国际收支失衡的影响

一国国际收支的失衡表现为收支顺差与收支逆差两种情况。巨额、持续的国际收支逆差或顺差，不仅影响到一国对外经济的发展，而且会通过各种传递机制对国内经济的稳定和发展产生影响，如可能影响到国内的经济增长、物价水平，甚至还影响到就业问题。因此，国际收支的失衡既可以破坏外部均衡，也迟早会破坏内部均衡。

（一）国际收支逆差的影响

如果一国长期存在着严重的国际收支逆差，会对该国经济发展产生以下影响。

1. 国内经济发展受阻

一国国际收支出现逆差，意味着国内收入减少，本国的外汇储备下降。如果一国国际收支逆差是由经常账户的逆差所引起的，会导致与出口有关的部门就业机会的减少，经营效益下滑；如果国际收支的逆差是由资本账户逆差所引起的，那么意味着大量资本外流，国内资金供应紧张，可能推动利率水平的上升，导致投资降低，失业增加，经济下滑。

2. 对外经济交往萎缩，损害国际信誉

持续、巨额的国际收支逆差会造成外汇短缺，一般会引起外汇升值，该国货币贬值。如果该国货币当局不愿意出现本币贬值的情况，就必然耗费国际储备进行干预，即抛出外币和买进本国货币。这样，一方面会消耗外汇储备，甚至会造成外汇储备的枯竭，从而严重削弱其对外支付能力，会对其在国际上的信誉造成损害；另一方面则会形成国内的货币紧缩，促使利率水平上升，影响本国的经济，从而导致失业的增加和国民收入增长率的相对下降。

如果该国货币当局任由汇率自由浮动，则本币汇率大幅度下跌会削弱该国货币在国际上的地位，造成金融市场的动荡。长期巨额的国际收支逆差还可能会造成大量的对外负债，使该国的出口创汇主要用于偿债付息，影响该国必要的生产资料的进口，从而影响经济的增长。

（二）国际收支顺差的影响

一国出现国际收支顺差的消极影响往往不像国际收支逆差那样明显，因此顺差往往会成为政府追逐的经济目标之一。虽然顺差可以增加一国外汇储备，加强其对外支付能力，但是如果国际收支顺差长期存在且数额巨大，也同样会给一国经济带来消极影响。

（1）可能使本币持续升值，抑制出口。国际收支顺差会使外汇的供给增加，外汇币值下降，本币升值。一旦本币升值，在一国对外贸易中就易产生由汇率引起的鼓励进口和抑制出口的局面，最终加重国内的失业。

（2）易导致通货膨胀。持续顺差会增加外汇供给，致使外汇汇率的下跌。在固定汇率下，货币当局不得不大量地抛售本币、购进外汇，本国货币投放市场太多可能使物价上升，引发通货膨胀。

（3）易引发国际经济摩擦。一国的国际收支发生顺差，意味着他国国际收支发生逆差，可能会引发或加剧国家之间的贸易经济摩擦。

（4）不利于国内经济的发展。从资源角度看，国际收支顺差可能会引发国内可供使用的资源减少，因此对本国经济的发展会产生负面影响。另外，资源型国家的顺差使资本大量输入，会导致资源的掠夺性开发，对经济发展造成隐患。

一国国际收支不平衡的持续时间越长，顺差或逆差越大，它的不利影响就越大。尽管国际收支逆差和顺差都会产生种种不利影响，但相对而言，逆差产生的影响更为明显，造成的后果更为严重。因此，各国都更注重对逆差采取调节措施，但从长期来看，不论顺差还是逆差都需要进行调节。

🐧学习思考

在这一节中，我们学习了关于怎样判断国际收支平衡表失衡、国际收支失衡的原因与国际收支失衡对国内外所产生的影响。现在你能简要地概括一下吗？

第四节　国际收支调节

国际收支失衡是经常出现的状态，如前文所述，失衡将对一国的内部和外部经济产生诸多不利影响，因此需要通过一定的机制或措施进行必要的调节，以保证一国国际收支处于相对平衡的状态。

一、国际收支自动调节机制

所谓国际收支自动调节机制，是指由国际收支失衡所引起的国内经济变量的变动对国际收支的反作用机制。这种机制的存在，使得国际收支失衡在不借助外在干预的情况下，也能够得到自动恢复，或者至少使失衡在一定程度上得到缓和。

1. 价格机制

当一国的国际收支出现顺差时，该国国内货币市场上的货币供给增多，容易引起国内信用膨胀、利率下降、投资与消费相应上升、社会总需求量增加，使本国物价与出口商品价格随之上升，从而削弱了本国出口商品的国际竞争能力，随着出口减少、进口增加，国际收支顺差逐步减少直至平衡。反之，当出现国际收支逆差时，导致国内市场的货币供给下降，从而会引起社会总需求萎缩，带来物价水平的回落，使本国出口商品具有相对价格优势，促使出口增加和进口减少，有利于国际收支逆差的消除。这种通过国内商品价格的涨跌进一步改变贸易收支的机制被称为价格机制。

2. 利率机制

当一国国际收支发生逆差时，该国货币供给减少，银根趋紧，利率上升。利率的上升表明该国金融资产收益率的上升，从而提升了对该国金融资产的需求，导致国内资本停止外流，同时外国资本流入该国以谋求较高利润。因此，国际收支逆差由于资本和金融项目的日趋好转从而走向平衡。反之，当一国国际收支发生顺差时，该国货币供给增加，银根松动，利率水平逐渐下降。利率水平的下降导致资本外流增加，从而使得顺差逐渐减少，国际收支趋于平衡。这种通过利率变化导致资本流向改变，进而影响国际收支的机制称为利率机制。

视野拓展

汇率对国际收支平衡的双向作用

3. 汇率机制

当一国国际收支出现顺差时，本国外汇市场上的外汇供给大于外汇需求，导致外币贬值、本币升值，本国出口商品以外币表示的国际市场价格上涨，进口商品价格下降，随着出口减少、进口增加，贸易顺差改善，国际收支趋向平衡。反之，当一国国际收支出现逆差时，本国外汇市场上的外汇供给小于外汇需求，外币升值、本币贬值，出口商品的外币价格下降，进口商品价格上升，随着出口增加、进口减少，贸易逆差得到改善，国际收支状况趋向平衡。这种通过汇率涨跌影响进出口商品相对价格，进而改变贸易收支的机制称为汇率机制。

4. 收入机制

当一国国际收支出现逆差时，国民收入水平会下降，本国货币供给也会减少，这会引起社会总需求的下降，其中包括对进口商品的需求减少，从而使外汇支出下降，贸易收支得到改善。同时，国民收入下降也会使对外劳务和对金融资产的需求都有不同程度的下降，改善经常账户收入和资本与金融账户收支，从而使国际收支状况得到改善。这种通过国民收入变化影响需求，进而改变收支的机制称为收入机制。

二、国际收支的政策调节

由于国际收支不平衡不能完全依赖经济体系的自动调节来恢复。因此，各国货币当局一般会主动采取适当的政策和措施来平衡国际收支，主要有外汇缓冲政策、财政货币政策、汇率政策、直接管制政策以及国际经济合作措施等。

（一）外汇缓冲政策

外汇缓冲政策是指运用官方储备或临时向外筹措资金，来消除国际收支的短期性失衡，一般的做法是建立外汇平准基金。具体操作如下：当一国国际收支逆差时，外汇供给不足，货币当局动用本国外汇储备，在外汇市场上用外币购买本币，使外汇供给加大，目的是消除国际收支不平衡所形成的外汇需求缺口；反之，当一国国际收支顺差时，外汇供给过大，货币当局在外汇市场上用本币购买外币，消除国际收支不平衡所形成的超额的外汇供给。

通过这一政策来化解短期性的国际收支失衡，是一种既简便又有益的做法，不仅能使本币汇率免受失衡所带来的冲击，而且也有利于实现本国经济的内部均衡和外部平衡。但外汇缓冲政策仅能解决短期性失衡，因为如果完全依靠外汇缓冲政策，将可能影响该国外汇储备规模的稳定性。如果该国向国外借款来填补外汇储备的不足，又会增加外债，反而加剧国际收支的逆差。

当面临长期的巨额国际收支失衡时，一国政府通常将采取其他调整政策。但在调整期间适当地运用这一政策作为辅助手段，可以为调整创造宽松的环境，使国内经济避免因过于猛烈的调整而带来巨大的波动。

（二）财政货币政策

财政政策和货币政策是一国调整经济的重要手段，适当的财政和货币政策的使用同样会对平衡国际收支起到重要的作用。

1. 财政政策

财政政策是指通过财政开支的增减和调整税收政策来实现国际收支调节，主要调节手段有**支出政策**与**税收政策**两种。

例如，当一国国际收支逆差时，应采取紧缩性的财政政策，即减少财政支出和（或）增加税收，抑制公共支出和私人支出及社会总需求，使进口减少，国际收支趋于平衡；反之，当一国国际收支顺差时，应采取扩张性的财政政策，即扩大财政支出和（或）降低税收，增加公共支出和私人支出及社会总需求，使进口增加，国际收支趋于平衡。需要注意的是，一国政府在调节国际收支失衡时，不仅要考虑国际收支状况，还需考虑国内的经济情况。否则，国际收支得以改善却造成国内经济的动荡，只会得不偿失。

2. 货币政策

货币政策是间接调节国际收支的政策措施，主要手段包括调节**再贴现率**、调节**存款准备金率**以及**公开市场操作**等。

例如，当国际收支产生逆差时，政府可以采取紧缩的货币政策，即中央银行可以用提高再贴现率、提高法定存款准备金率或在公开市场卖出政府债券等手段减少国内货币供给，提高利率，抑制国内总需求，从而增加出口、减少进口，吸引外资流入，以达到消除逆差、恢复国际收支平衡的目的。反之，当国际收支产生顺差时，则可以采用扩张性的货币政策来平衡收支。

> 采取财政和货币政策有助于扭转国际收支的失衡，但也有明显的局限性，即它可能同国内经济目标发生冲突。例如，为消除国际收支逆差，而实行紧缩性的财政货币政策，会导致经济增长放慢，使失业率上升；当为消除国际收支顺差，而实行扩张性财政货币政策时，又会加快物价上涨，导致通货膨胀。因此，两种调节政策必须合理配合，才能达到预期效果。

（三）汇率政策

汇率政策就是在国际收支失衡时，官方宣布本币**法定升值**或**法定贬值**，从而促进国际收支恢复平衡。

在固定汇率制下，当国际收支出现严重逆差时，可以实行本币法定贬值政策。本币法定贬值，以外币表示的本国出口商品价格降低，提高了本国出口商品的竞争力，增加出口。同时，以本币表示的进口商品价格升高，进口减少，从而改善国际收支。反之，则可以实行本币法定升值政策，以减少和消除国际收支顺差。值得注意的是，这里的汇率调整政策，是指一国官方公开宣布的本币法定升值与法定贬值，不包括金融市场上自发产生的汇率变动。

当然，运用汇率调整特别是法定贬值政策是有弊端的。因为一国货币对外贬值，也相当于另一国的货币要升值，可能会引起对方报复，引发货币战。因此，调整汇率要避免摩擦。同时，汇率的调整是受到一定的制度约束的。国际货币基金组织认为，只有在成员国际收支发生根本性失衡时才允许调整汇率。其判断的标准是：在保持汇率不变的情况下，要恢复国际收支平衡就必须实施紧缩的财政或货币政策，但会造成国内失业加剧，国内经济失衡；如果要维持充分就业，就要实施扩张性财政或货币政策，从而进一步使国际收支恶化。这时，内部均衡和外部均衡的矛盾无法协调，国际货币基金组织才允许成员调整其汇率。

（四）直接管制政策

直接管制是指政府通过发布行政命令，对国际经济交易进行行政干预，以使国际收支达到平衡。直接管制政策包括**金融管制**、**财政管制**和**贸易管制**等。

金融管制通常是从外汇使用方面限制国际经济交易，如对出口结汇、进口换汇进行外汇管制；财政管制包括关税政策、出口信贷与出口补贴等政策，如对出口免关税，对进口收取高额关税等；贸易管制是直接对进出口进行限制，是直接管制的重要内容，其主要措施包括对商品输入/输出实行进出口许可证制和配额制等。

实施直接管制的好处在于措施有力，见效快，能按照本国的不同需要，对进出口贸易和资本流动给予区别对待。但是，直接管制的弊病也很大，它并不能真正解决国际收支失衡问题，只是将显性失衡变为隐性，一旦取消管制，失衡仍会重新出现。直接管制还可能限制资源合理配置、扭曲价格体系，导致黑市猖獗、资金流动受阻，影响经贸关联国家的利益，招致报复管制等问题。因此，国际货币基金组织和世界贸易组织（WTO）均不提倡此方法。

（五）国际经济合作措施

国际经济是相互关联的，一国的顺差往往是另一国的逆差，每个国家都会为平衡国际收支采取各种对策，但各自在单方面采取行动可能会损害他国的利益，而使国际经济困难重重。因此，有必要加强国际经济合作，从而在解决国际收支不平衡问题的同时，又不造成国际经济秩序混乱。

国际经济合作的具体措施包括：推行区域经济一体化，加强区域内各种经济政策的协调；完善加强国际货币基金组织的职能和作用，帮助各成员协调货币金融政策，强化各国金融信贷合作；完善加强世界贸易组织的职能与作用，加强各国外贸政策的协调，提倡贸易自由化，消除贸易壁垒等。

🐾 学习思考

简述国际收支失衡的调节机制。

第五节　国际收支调节理论

国际收支调节理论是国际金融理论的重要组成部分，用以研究国际收支的决定因素、国际收支失衡的原因以及消除失衡的调节方法等基本问题，是各国政府用以调节国际收支平衡的理论依据。世界经济的不断演进推动了国际收支调节理论的发展，其发展过程大致如表 1.2 所示，本节将依次介绍。

表 1.2　国际收支主要理论形成的时间及其代表人物

学说（理论）	形成时间	代表人物
价格-铸币流动机制	18 世纪	大卫·休谟
弹性分析法	20 世纪 30 年代	琼·罗宾逊
乘数分析法	20 世纪 30—40 年代	马克卢普、哈罗德
吸收分析法	20 世纪 50 年代	西德尼·亚历山大
货币分析法	20 世纪 60 年代	蒙代尔、约翰逊、弗兰克尔

一、价格-铸币流动机制

价格-铸币流动机制理论由**大卫·休谟**（David Hume）在 1752 年《政治论丛》中提出，被公认为是第一个系统分析了国际收支运动规律的国际收支理论。该理论以金本位制下的黄金自由兑换和自由输出入为背景，以古典货币数量论为基础，阐述了金本位下国际收支失衡的影响及国际收支会自动恢复平衡的机理，是资本主义自由发展时期各国制定国际收支政策的理论依据。

在国际金币本位时代，由于黄金作为本位货币可以自由流通、自由兑换、自由铸造、自由输出入国境等，这使得一个国家的国际收支可通过物价的涨落和现金（即黄金）的输出入自动恢复平衡。因此，这种国际收支失衡的自动调节机制被称为**"价格-铸币流动机制"**（price-specie flow mechanism）。

该理论认为，一国的国际收支（指贸易收支）如果出现逆差，则迫使本国黄金外流。黄金外流导致本国银行准备金降低，从而迫使货币流通量减少，物价下跌。而物价下跌提高了本国商品在国际市场上的竞争力，削弱了外国商品在本国市场的竞争力，改善了本国的贸易条件，促进出口增加、进口减少，于是国际收支渐趋平衡。反之则相反。国际收支的自动调节过程如图 1.1 所示。

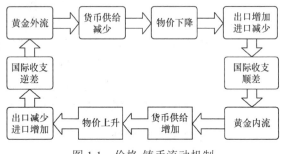

图 1.1　价格-铸币流动机制

"价格-铸币流动机制"奠定了国际收支自动调节的分析基础，对其后的国际收支调节理论产生了深刻的影响。但该理论建立在严格的假设之上，同时忽略了政府对国际收支进行干预的能力，这在一定程度上限制了该理论在经济中的运用。

二、弹性分析法

20 世纪 30 年代西方经济大萧条后，国际金本位制彻底崩溃，各国为摆脱危机纷纷采用货币贬值的手段，希望通过刺激出口来调节国际收支。但汇率的变动究竟对国际收支具有怎样的影响，能否通过货币贬值起到刺激出口的作用呢？

弹性分析法（the elasticity approach）正是对此问题的分析与研究。该理论是由经济学家琼·罗宾逊（J. Robinson）在马歇尔微观经济学和局部均衡分析法的基础上发展起来的，是一种适于纸币流通下的国际收支理论，着重讨论了货币贬值取得成功的条件及其对贸易收支的影响。由于该理论提出时是围绕进出口商品的供求弹性来阐述的，因而称为弹性分析法。

（一）马歇尔-勒纳条件

马歇尔最早运用局部均衡的方法，对货币贬值和贸易收支差额的关系进行研究，后经勒纳的发展，形成了马歇尔-勒纳条件（Marshall-Lerner condition）。马歇尔-勒纳条件主要说明在什么样的情况下，贬值才能实现贸易收支的改善。

我们知道，本币贬值会引起本国进出口商品价格的变动，进而引起进出口商品数量的变化，最终影响贸易收支。而贸易收支额变动取决于两个因素：一是由贬值引起的进出口商品价格的变化；二是由价格变动引起的进出口商品需求量的变化。若将需求变动率与价格变动率之比称为需求的**价格弹性**，则在进出口方面有以下关系式：

$$进口商品的需求弹性\ E_{\mathrm{M}} = \frac{进口商品需求量的变动率}{进口商品价格的变动率}$$

$$出口商品的需求弹性\ E_{\mathrm{X}} = \frac{出口商品需求量的变动率}{出口商品价格的变动率}$$

马歇尔-勒纳条件指出：假定进出口商品供给具有完全的弹性，那么本币贬值后，只有当本国进口商品的需求弹性和出口商品的需求弹性之和大于 1 时，贸易收支才能得以改善。即贬值能取得成效的必要条件是

$$E_{\mathrm{M}} + E_{\mathrm{X}} > 1 \text{[①]}$$

（二）J 曲线效应——贬值效应时滞问题

本币贬值能即刻改善贸易收支吗？通常认为在短期内，即使满足马歇尔-勒纳条件，本币贬值也不一定能立即改善贸易收支。相反，货币贬值后的最初一段时间里，贸易收支反而可能会恶化，经过一段时间（几个月甚至几年）后才能得以改善。这种货币贬值对贸易收支的时滞效应，用曲线描述出来呈字母 J 形，被称为"J 曲线效应"（J-Curve Effect），如图 1.2 所示。

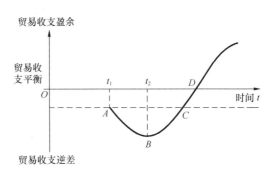

图 1.2　J 曲线效应

在图 1.2 中，$B_{t2} > A_{t1}$，表示贬值后贸易收支首先恶化，逆差进一步扩大。其后随时间推移，逆差经过 C 点和 D 点得到改善。"J 曲线效应"表明，货币贬值后必须配合其他措施来缩短其负效应扩大的时间，以充分发挥货币贬值的正效应。否则，贬值的效果很可能随时间的推移而被其他因素抵消。

"J 曲线效应"产生的主要原因如下。首先，贸易合同调整滞后。在货币贬值前已签订但在贬值后执行的贸易合同下，通常出口商品数量不能快速增加以冲抵出口商品外币价格的下降，进口商品数量也不会迅速减少以冲抵进口商品本币价格的上升，这会导致贸易收支进一步恶化。其次，生产者和消费者反应滞后。短期内，国内企业扩大出口的能力有限，国外消

---

① 当 $E_{\mathrm{M}} + E_{\mathrm{X}} = 1$ 时，货币贬值对贸易收支不发生作用；当 $E_{\mathrm{M}} + E_{\mathrm{X}} < 1$ 时，货币贬值反而会使贸易收支逆差扩大。

费者对本国出口商品需求的增加也需要时间，同理，进口商品的数量也不会立即改变。再次，不完全竞争的影响、国家经济环境及在生产链中所处地位等，都会减缓贬值对国际收支的调节速度。

（三）小结与评价

弹性分析法为国家实施对经济的干预和控制提供了理论依据，同时纠正了货币贬值一定能改善贸易收支的片面看法，指出只有在一定条件下贬值才能改善贸易收支。但建立在局部分析基础上的弹性论忽略了汇率调节引起的收入效应和支出效应，也没有考虑国际资本流动的影响，这使其在现实中的运用仍有一定的局限性。

三、乘数分析法

乘数分析法（multiplier approach）又称**收入分析法**，是由马克卢普（Machlup）、哈罗德（Harrod）等经济学家基于凯恩斯（Keynes）的乘数原理创建的，主要分析了收入变动在国际收支调整中的作用。

该理论在假定经济处于非充分就业状态、价格和汇率保持不变、不存在跨境资本流动的条件下，认为进口支出是国民收入的函数，自主性支出的变动通过乘数效应引起国民收入的变动，进而影响进口支出，且影响程度取决于一国边际进口倾向和进口需求弹性的大小以及开放程度的高低。推证过程如下。

首先，引入进出口贸易因素后，凯恩斯的国民收入决定模型可以表示为

$$Y = \frac{1}{1-c+m}\left(C_0 + I + G + X - M_0\right) \tag{1.1}$$

式中，Y 为国民收入；c 为边际消费倾向；m 为边际进口倾向；C_0 为自主性消费；I 为投资；G 为政府支出；X 为出口；M_0 为自主性进口。而式中的 $\frac{1}{1-c+m}$ 即为开放经济中的乘数。

其次，定义进口函数为

$$M = M_0 + mY \tag{1.2}$$

式中，M 为进口额。

再次，设定一国净出口为出口额减进口额，结合式（1.2）得到：

$$NX = X - M = X - (M_0 + mY) \tag{1.3}$$

式中，NX 为净出口。

最终，将式（1.1）代入式（1.3），得到：

$$NX = X - M_0 - \frac{m}{1-c+m}\left(C_0 + I + G + X - M_0\right)$$

由此可以看出，一国贸易收支（净出口）受到该国国民收入水平和对外贸易乘数的直接影响。

乘数论开辟了从一般均衡的宏观经济角度分析国际收支与国民经济相互关系的新思维，具有一定的实践价值和政策意义。但它没有考虑国际资本流动、价格变动、货币量因素等对国际收支的影响，且只在国内没有达到充分就业和不存在跨境资本流动的前提下才能发挥作用，具有一定局限性。

四、吸收分析法

吸收分析法（absorption approach）又称**支出分析法**，是经济学家西德尼·亚历山大（Sidney Alexander）于 1952 年提出的。该理论是以开放经济中的国民收入方程式为基础，通过进行一定的逻辑变换而来的。若将国际收支差额用 B 表示，国民收入用 Y 表示，国内总支出（亦称为国内经济的总支出或总吸收）用 A 表示，则其基本表达式为

$$B = Y - A$$

由上式可得以下结论：

首先，国际收支状况是一国国民收入 Y 与总支出 A 比较的结果。当国民收入大于总支出时，国际收支为顺差；当国民收入小于总支出时，国际收支为逆差；当国民收入等于总支出时，国际收支平衡。

其次，国际收支失衡最终要通过改变国民收入（或吸收）来调节，即**支出转换政策与支出增减政策**。当国际收支出现逆差时，采取增加国民收入或者减少支出的政策；当国际收支出现顺差时，采取减少国民收入或者增加支出的政策。

吸收论从宏观角度将一国的国际收支同该国的国民经济相结合，对弹性论、乘数论进行扬弃，有助于加深人们对国际收支失衡和均衡性质的认识，成为 20 世纪 60 年代后期出现的货币分析法的先驱。但它没有考虑相对价格变动、国际资本流动、充分就业等因素的作用，也没有考虑到国家间的回应，因而其分析不够全面。

五、货币分析法

20 世纪 60 年代后期，蒙代尔（Mundell）、约翰逊（Johnson）和弗兰克尔（Frankel）等经济学家将封闭条件下的货币主义原理引到开放经济中来，形成了**货币分析法**（monetary approach）。

该理论基本假设包括：①在充分就业条件下，一国实际货币需求函数稳定；②长期内货币是中性的；③长期内一国的价格和利率接近世界市场水平；④汇率是固定的，国际收支失衡主要依靠国际储备来调节。

货币论认为，国际储备变动是货币市场均衡的结果。其中，一国的货币需求 M_d 是收入和利率的函数；货币供给分成国内通过银行体系所创造的部分 D 和国际收支所获得的盈余（即国际储备）部分 R。若长期货币供求相等，则导出最基本的方程式：

> **视野拓展**
>
> 国际收支调节理论的演进与发展

$$R = M_d - D$$

可知，国际收支是一种货币现象，所有国际收支不平衡都可以由国内货币政策来解决，而不需要改变汇率。同时，国际收支问题实际上反映的是实际货币余额（货币存量）对名义货币供应量的调整过程。一国国际收支赤字的根源在于国内信贷扩张过度。因此，应实行紧缩性货币政策，使货币增长与经济增长保持一致的速度。

自凯恩斯主义出现以后，对国际收支的分析只注重实体因素，却忽视了货币因素对其的作用。货币论的独创之处就在于它把国际收支失衡与货币余额的增减联系起来，并强调货币政策的重要性。但该理论把货币因素视为国际收支的唯一决定性因素，同时认为要改善国际收支状况就必须采取紧缩性的货币政策，这显然是以牺牲国内经济增长为代价的，因而受到

了不少经济学家的批评。

学习思考

请深入思考和讨论不同的国际收支调节理论的优缺点以及应用条件。

本章小结

1. 国际收支有广义和狭义之分。国际收支的广义概念为一国居民在一定时期内与非居民之间全部政治、经济、文化往来所产生的全部经济交易货币价值的系统记录。

2. 根据国际货币基金组织《国际收支和国际投资头寸手册》(第六版)，国际收支平衡表的账户分为经常账户、资本账户、金融账户以及误差与遗漏净额四项。国际收支平衡表是将国际收支按特定账户分类和按复式记账原则编辑出来的报表，其记账原则为有借必有贷，借贷必相等。

3. 一国国际收支是否平衡，关键看自主性交易所产生的借贷金额是否相等。自主性交易无论盈余还是赤字，都是国际收支失衡的表现。导致国际收支失衡的原因主要有周期性失衡、结构性失衡、货币性失衡、收入性失衡以及季节性或偶然性失衡等。

4. 国际收支失衡的调节除经济自身通过价格机制、利率机制、汇率机制和收入机制进行自动调节之外，还包括外汇缓冲政策、财政政策、货币政策、汇率政策、直接管制和国际经济合作等政策调节。

5. 国际收支调节理论用以研究国际收支的决定因素、国际收支失衡的原因以及消除失衡的调节方法等基本问题，是各国政府用以调节国际收支平衡的理论依据。其主要包括价格-铸币流动机制、弹性分析、乘数分析法、吸收分析法和货币分析法等。

课后练习及实训操作

一、填空题

1. 我们把_____通称为狭义的国际收支。广义的国际收支是以_____为基础的。世界各国普遍采用的是_____的国际收支概念。

2. 国际收支是以统计表的形式呈现出一国（地区）在一年、一个季度或一个月之内对外货币收支的综合状况记录，是_____概念。

3. 国际收支平衡表就是将国际收支按特定_____和_____原则编辑出来的报表。

4. 一国的国际收支是否平衡，关键是看_____所产生的借贷金额是否相等。

5. 世界各国为改变国际收支不平衡的状况采取了各种各样的政策和措施，归纳起来有_____、_____、_____、直接管制以及国际经济合作。

6. 国际收支调节理论主要有_____、_____、_____、_____、_____。

二、不定项选择题

1. 最早的国际收支概念是指（　　　　）。

A．广义国际收支　　B．狭义国际收支　　C．贸易收支　　　　D．外汇收支

2．判定一项交易是否属于国际收支范围的依据是（　　　）。

　　A．国籍　　　　　　　　B．地理位置　　　　C．民族　　　　　　D．经济利益中心

3．为使国际收支的借贷数额相等而人为设立的抵销账户是（　　　）。

　　A．经常账户　　　　　　　　　　　　B．误差与遗漏净额账户

　　C．资本账户　　　　　　　　　　　　D．金融账户

4．根据国际交易性质和内容的不同，国际收支账户所记录的交易项目可分为（　　　）。

　　A．经常账户　　　　　　　　　　　　B．误差与遗漏净额账户

　　C．资本账户　　　　　　　　　　　　D．金融账户

5．经常账户的内容包括（　　　）。

　　A．经常转移　　　　　B．货物　　　　　　C．服务　　　　　　D．收入

6．用减少财政支出，提高税率、再贴现率和法定存款准备金率等方法来对国际收支赤字进行调整的政策是（　　　）。

　　A．外汇缓冲政策　　　　　　　　　　B．直接管制

　　C．财政和货币政策　　　　　　　　　D．汇率政策

7．国际收支出现顺差时应采取的调节政策有（　　　）。

　　A．扩张性的财政政策　　　　　　　　B．紧缩性的货币政策

　　C．鼓励出口的信用政策　　　　　　　D．降低关税

8．运用汇率的变动来消除国际收支赤字的做法，叫作（　　　）。

　　A．外汇缓冲政策　　　　　　　　　　B．直接管制

　　C．财政和货币政策　　　　　　　　　D．汇率政策

9．直接管制是指政府通过发布行政命令，对国际经济交易进行行政干预，以使国际收支达到平衡，其主要包括（　　　）。

　　A．金融管制　　　B．财政管制　　　　C．贸易管制　　　　D．行政管制

10．关于国际收支调节的理论包括（　　　）。

　　A．弹性分析法　　B．乘数分析法　　　C．吸收分析法　　　D．货币分析法

三、判断题

1．国际收支是一个存量概念。（　　　）

2．居民为非居民提供劳务（运输、保险、旅游等）或从外国取得投资及其他收入，记入借方项目；非居民为居民提供劳务或从本国取得收入，记入贷方项目。（　　　）

3．在纸币流通条件下，因为黄金流动对于国际收支的平衡发挥的作用已经不复存在，所以国际收支的自动调节机制不能发挥作用。（　　　）

4．当一国国际收支出现逆差时，提高存款准备金率可以缩减商业银行等金融机构的贷款资金规模，因此货币的流量减少，社会总需求下降，从而进口减少，国际收支逆差缓解。（　　　）

5．一般来说，经济结构性因素和经济增长率变化所引起的国际收支不平衡具有长期、持久的性质，因而被称为持久性不平衡。（　　　）

四、名词解释

　　国际收支　　国际收支平衡表　　自主性交易　　补偿性交易　　偶然性不平衡

周期性失衡　　货币性失衡　　　结构性失衡　　收入性失衡　　马歇尔-勒纳条件

五、简答题

1. 怎样判断国际收支的失衡?
2. 国际收支失衡的原因有哪些?
3. 国际收支是如何自动调节的?
4. 货币当局是如何调节国际收支的?
5. 马歇尔-勒纳条件是怎样说明贬值对国际收支的影响作用的?

六、实训操作

假设 A 国在某年度与世界其他国家的交易项目资料如下。

（1）A 国政府获得价值 40 亿美元的国外援助。

（2）进口价值 200 亿美元的小麦。

（3）在 A 国经营的跨国公司的利润为 50 亿美元。

（4）出口创汇 150 亿美元。

（5）某国银行向 A 国政府贷款 200 亿美元。

（6）A 国购买外国不动产 100 亿美元。

（7）A 国中央银行卖出 20 亿美元储备资产以干预外汇市场。

分析上述资料并回答以下问题。

（1）计算该年度 A 国的贸易差额、经常项目差额。

（2）其资本账户是盈余还是赤字?

（3）以上情况该如何调节不合理的地方?

第二章 外汇与汇率

【学习目标】

（1）理解外汇的含义、特征、分类。

（2）掌握汇率的含义、标价方法及分类。

（3）理解汇率的决定基础、影响汇率变动的因素及汇率变动对经济的影响。

（4）理解汇率决定的相关理论。

案例导读

保持人民币汇率在合理均衡水平上的基本稳定

2023 年以来，美元利率水平高企，全球避险情绪上升，美元指数升至 2003 年以来较高水平，非美元货币对美元集体贬值。而得益于国内经济持续回升向好，人民币对一篮子货币基本稳定，对非美元货币有所升值。下半年以来，中国外汇交易中心人民币汇率指数上涨 2%，人民币对美元小幅贬值 0.3%，对欧元、英镑、日元分别升值 1.5%、2.1%、3.7%。国际市场普遍认为美联储此轮加息接近尾声，美元持续升值的动能减弱。

我们坚持市场在汇率形成中起决定性作用，有效发挥汇率的宏观经济和国际收支自动稳定器功能。同时，坚决对市场顺周期行为进行纠偏，坚决对扰乱市场秩序的行为进行处置，坚决防范汇率超调风险，防止形成单边一致性预期并自我强化。我们有信心、有能力、有条件维护外汇市场的稳定运行，保持人民币汇率在合理均衡水平上的基本稳定。

（节选自 2023 年 11 月 8 日中国人民银行行长、国家外汇局局长潘功胜在 2023 金融街论坛年会上的讲话，国家外汇管理局官方网站）

现代经济条件下国与国之间的贸易往来愈加频繁，金融服务的范围也愈加广泛，一国货币不可避免地要越出国境与他国货币发生联系，外汇与汇率的问题便显得尤为重要。本章对外汇及汇率的基础知识进行介绍，并重点阐述影响汇率变动的因素、汇率变动对经济的影响以及主要的汇率决定理论。

第一节 外汇概述

一谈到外汇，有的人就认为是外国货币。实际上，这种理解是不准确的。那么，外汇究竟是什么？

一、外汇的含义

"外汇"（foreign exchange），是国际汇兑的简称。我们可以从动态和静态这两个角度去理解它。

1. 动态的含义

动态的外汇是指人们为了清偿国际间的债权债务关系，将一种货币兑换成另一种货币的金融活动过程。这种兑换由外汇银行办理，通过银行间的往来账户划拨资金来完成，通常不需要现钞支付和现钞运输。

2. 静态的含义

静态的外汇又有广义和狭义之分。

广义的外汇泛指一切能用于国际结算和最终偿付国际收支逆差的**对外债权**。通常的定义是：货币当局（中央银行、货币机构、外汇平准基金组织、财政部）以银行存款、财政部库券、长短期政府债券等形式保存的，在国际收支逆差时使用的债权。

狭义的外汇是指以外币表示的可直接用于**国际结算**的**支付手段**，具体包括以外币表示的汇票、支票、本票和以银行存款形式存在的外汇，其中以银行存款形式存在的外汇是狭义外汇的主体。

人们通常所说的外汇指的就是静态狭义的外汇。部分国家或地区的货币代码、符号及习惯用法见表2.1。

表 2.1　部分国家或地区的货币代码、符号及习惯用法

国家或地区	货币名称	货币代码	符号/习惯用法
中国	人民币	CNY	RMB；￥
美国	美元	USD	US$
英国	英镑	GBP	£
欧元区	欧元	EUR	€
加拿大	加拿大元	CAD	CAN$
瑞士	瑞士法郎	CHF	SF；SFR
瑞典	瑞典克朗	SEK	SKR
日本	日元	JPY	￥；JY
新加坡	新加坡元	SGD	S$
澳大利亚	澳大利亚元	AUD	A$
马来西亚	马来西亚林吉特	MYR	M$

二、外汇的特征

作为国际支付手段的外汇，必须具备以下三个基本特征。

（1）国际性，即金融资产必须是以外币表示的，任何以本国货币表示的信用工具、支付手段、有价证券对于本国居民来说，都不能称之为外汇。

（2）自由兑换性，即外汇必须是可以自由兑换成其他外币或以外币表示的金融资产。例如，美国、英国、日本、澳大利亚、加拿大等国家已经取消了外汇兑换管制，因此这些国家的货币可以称为自由兑换货币。在我国境内银行可以自由兑换成人民币的常见外汇有美元、英镑、欧元、日元、澳大利亚元、加拿大元等。

（3）可偿付性，即外汇能在各国得到普遍认可，并能在对外经济交往中作为支付手段对外支付，对方无条件接受。无法得到偿付的各种外币证券、空头支票、银行汇票等，即使是以某种流通性很高的外币计价，也不能视为外汇。

总之，尽管外汇从形态上要用外币来表示，但外币并不能等同于外汇，外汇的内涵要丰富得多。

三、外汇的分类

根据不同的分类标准，外汇可以分为不同的类别，常用的有以下几种。

1. 按照自由兑换程度划分

根据自由兑换的程度不同，外汇可以分为自由外汇和记账外汇。

自由外汇即无须外汇管理当局批准，便可自由兑换为其他国家货币，或直接向第三国进行支付的外国货币与支付凭证。在国际结算中普遍使用的自由外汇主要有美元、欧元、英镑、瑞士法郎、日元等。

记账外汇，也称双边外汇、清算外汇或协定外汇，它是两国政府间支付协定项下的只能用于双边清算的外汇，未经货币发行国批准，不能兑换为其他国家货币，也不能支付给第三国。

2. 按照外汇买卖的交割期限划分

按照外汇买卖的交割期限，外汇可以分为现汇和期汇。

现汇即即期外汇，是指外汇交易达成后，买卖双方必须在两个营业日内完成资金收付的外汇。

期汇即远期外汇，是指买卖外汇的双方先按商定的汇率签订合同，预约到一定期限才能实际办理资金收付的外汇。

3. 按照外汇的形态划分

按照形态的不同，外汇可以分为现钞外汇和现汇外汇。

现钞外汇，是指外国钞票、铸币，主要由境外携入。

现汇外汇，是指在货币发行国本土银行的存款账户中的自由外汇，主要是由境外携入或寄入的外汇票据经本国银行托收后存入。

现钞外汇是实物的外国货币，当客户需要将现钞从国内汇出至国外时，需要将现钞转化为账面上的现汇。这种转化在现实中就表现为客户把现钞卖给银行，同时从银行买入现汇，银行将现汇汇出。而现汇外汇是账面上的外汇，它的汇出除了账面上的转化以外，不存在实物形式的转化。

学习思考

以"人民币国际化"为关键词搜索相关新闻，了解人民币国际化的新进展，思考人民币成为可兑换货币（也称"可自由兑换货币"）后的利弊。

第二节　汇率概述

外汇作为一种以外币计值的资产，和其他商品一样也可以进行买卖，其买卖价格就是汇率。现在，让我们来深入学习汇率的相关知识。

汇率（foreign exchange rate）又称汇价、外汇牌价或外汇行市，是不同货币之间的兑换比率或比价。如果把外国货币当作商品，那么汇率就是买卖外汇的价格，是以一种货币表示另一种货币的相对价格。

一、汇率的标价方法

若想标示两种不同货币之间的比价，就先要确定用哪个国家的货币作为标准货币、哪个国家的货币作为标价货币。由于确定的标准不同，于是便产生了几种不同的汇率标价方法。

1. 直接标价法

直接标价法是以一定（1个或100个）单位的外国货币为标准，折算成若干本国货币的方法，也称应付标价法。在这种标价法下，外国货币数额固定不变，本国货币数额则随着汇率的变化而变化。一定单位的外币折算的本币减少，说明汇率下跌，即外币贬值或本币升值。我国和绝大多数国家都采用直接标价法。

2. 间接标价法

间接标价法是以一定（1个或100个）单位的本国货币为标准，折算成若干外国货币的方法，也称应收标价法。在这种标价法下，本国货币数额固定不变，外国货币数额则随着汇率的变化而变化。一定单位的本币折算的外币数量增多，说明汇率上涨，即本币升值或外币贬值。世界上只有少数国家采用间接标价法。在英国，英镑对所有其他货币汇率均以间接标价法表示；在美国，美元除对英镑实行直接标价法外，对其余货币的汇率也都以间接标价法表示。

3. 美元标价法

在外汇交易中，如果涉及的两种货币都是外币，则很难用直接标价法或间接标价法来判断。为了适应全球化的外汇交易发展，国际外汇市场上逐步形成了以美元为标准货币进行标价的市场惯例，即**美元标价法**，又称**纽约标价法**。在美元标价法下，各国均以一定单位的美元为标准来计算应该汇兑多少单位的他国货币，非美元外汇买卖时，则根据各自对美元的比率套算出买卖双方货币的汇率。除英镑、欧元、澳大利亚元和新西兰元外，美元标价法基本已在国际外汇市场上通行。例如，日本东京某银行某日报出的汇率为

1 美元 = 108.36 日元

1 英镑 = 1.3194 美元

1 美元 = 1.3230 加元

二、汇率的种类

根据不同的分类标准，汇率可以分为多种类型。

（一）根据银行买卖外汇的方向划分

按照银行买卖外汇方向的不同，汇率可分为买入汇率、卖出汇率和中间汇率。

1. 买入汇率

买入汇率又称买入价，是银行向同业或者客户买进外汇时使用的汇率。采用直接标价法时，数额较少的那个汇率是买入价，它表示买入一定数额的外汇需要付出多少本国货币。而在间接标价法下则刚好相反，数额较多的那个汇率为买入价。

2. 卖出汇率

卖出汇率又称卖出价，是银行向客户卖出外汇时使用的汇率。采用直接标价法时，数额

较多的那个汇率是卖出价，它表示银行卖出一定数额的外汇需要收回多少本国货币。而在间接标价法下则刚好相反，数额较少的那个汇率是卖出价。

综上所述，直接标价法下，买入价在前，卖出价在后。例如，某日纽约外汇市场上某银行报出的汇率为 1 英镑 = 1.5455/1.5457 美元，表示该银行买进 1 英镑外汇时付给对方 1.5455 美元，而卖出 1 英镑时向对方收取 1.5457 美元。在间接标价法下则相反，卖出价在前，买入价在后。例如，某日伦敦外汇市场上某银行英镑兑美元的汇率为 1 英镑 = 1.5455/1.5457 美元，则前者表示银行卖出 1 美元的价格是 0.6470 英镑（1/1.5455），后者表示银行买入 1 美元的价格为 0.6469 英镑（1/1.5457）。

国际外汇市场上买入价与卖出价之间的差额一般为 1‰ ~ 5‰，外汇市场越发达，差价越小。

3．中间汇率

中间汇率又称中间价，是银行买入价与卖出价的算数平均数。中间价不用于外汇交易，常用于对汇率进行分析，以及衡量和预测某种货币汇率变动的幅度和趋势。各国政府规定和公布的官方汇率以及经济理论著作中或报道中出现的汇率一般也是中间价，商业银行或企业进行内部核算时也用中间价。

除上述三种类型外，在银行汇率报价中，我们还会看到一种叫**现钞汇率**的类型。现钞汇率又称现钞买卖价，是银行买入或卖出外币现钞时所使用的汇率。从理论上讲，现钞汇率同外币支付凭证、外币信用凭证等外汇形式的买卖价应该相同。但在现实生活中，由于大多数国家都规定不允许外币现钞在本国流通，这就需要相关机构把收入的外币现钞运送到发行国或能流通的地区去，从而需要花费一定的运费和保险费，这些费用要由客户承担。因此，银行在买入外币现钞时所使用的汇率稍低于其他外汇形式的买入价，而银行卖出外币现钞时使用的汇率与其他外汇形式的卖出价相同。

（二）根据汇率的计算方法不同划分

按照计算方法不同，汇率可分为基本汇率和套算汇率。

1．基本汇率

基本汇率是指一国货币兑某一关键货币的比率。所谓**关键货币**，是指在国际贸易或国际收支中使用最多、在各国的外汇储备中占比最大、自由兑换性最强、普遍为各国所接受的货币。各国普遍把美元作为制定汇率的关键货币。

2．套算汇率

套算汇率又称**交叉汇率**，是在基本汇率基础上套算出的本币与非关键货币之间的比率。各国外汇市场上每天公布的外汇汇率都是各种货币兑美元之间的汇率，非美元货币之间的汇率均须通过该汇率套算出来。

下面，我们来介绍几种由基本汇率计算套算汇率的方法。

（1）若两个汇率的标准货币相同，则交叉相除。

【例 2.1】已知某日外汇市场行情：美元兑日元的汇率为 USD1 = JPY99.05/99.06，美元兑人民币的汇率为 USD1 = CNY6.1359/6.1369，计算人民币兑日元的汇率。

解：

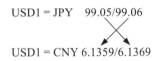

$$USD1 = JPY \quad 99.05/99.06$$
$$USD1 = CNY \; 6.1359/6.1369$$

人民币兑日元的汇率为

$$CNY1 = JPY(99.05 \div 6.1369)/ JPY(99.06 \div 6.1359) = JPY \; 16.1401/16.1443$$

套算汇率计算的本质是：从银行的角度出发，根据贱买贵卖的原则进行外汇之间的买卖。

例如，计算人民币与日元之间的汇率。计算卖出价时，首先因为银行卖出 1 元人民币同时收取美元，银行会选择收取更多的美元，所以选择 6.1359 的价格进行交易，从而获得 1/6.1359 的美元；其次卖出美元买入日元，因为银行会选择用所得既定的美元换取更多的日元，所以选择 99.06 的价格交易，从而获得 99.06/6.1359 日元。最终人民币兑日元的卖出价为 CNY1= JPY(99.06÷6.1359)。买入价计算同理。

（2）若两个汇率的标价货币相同，则交叉相除。

【例 2.2】已知某日外汇市场行情：美元兑英镑的汇率为 GBP1 = USD1.5452/1.5457，美元兑欧元的汇率为 EUR1 = USD1.3148/1.3151，计算欧元兑英镑的汇率。

解：

$$EUR1 = USD1.3148/1.3151$$
$$GBP1 = USD1.5452/1.5457$$

欧元兑英镑的汇率为

$$EUR1 = GBP(1.3148 \div 1.5457)/ GBP(1.3151 \div 1.5452) = GBP \; 0.8506/0.8511$$

（3）若一个汇率的标准货币与另一个汇率的标价货币相同，则同边相乘。

【例 2.3】已知某日外汇市场行情：美元兑日元的汇率为 USD1 = JPY99.07/99.09，美元兑欧元的汇率为 EUR1 = USD1.3164/1.3165，计算欧元兑日元的汇率。

解：

$$USD1 = JPY \quad 99.07/99.09$$
$$EUR1 = USD \; 1.3164/1.3165$$

欧元兑日元的汇率为

$$EUR1 = JPY(99.07 \times 1.3164) / JPY(99.09 \times 1.3165) = JPY \; 130.42/130.45$$

（三）按照外汇买卖的交割时间不同划分

按照外汇买卖的交割时间不同，汇率可分为即期汇率和远期汇率。

（1）即期汇率也称现汇汇率，是指买卖双方成交后在两个营业日内办理外汇交割所使用的汇率。一般在外汇市场上挂牌的汇率，除特别标明远期汇率以外，都是指即期汇率。

（2）远期汇率是指买卖双方约定在未来某一时间进行交割，而事先签订合同、达成协议的汇率。到了交割日期，由协议双方按约定的汇率、金额进行交割。期汇买卖是一种预约性交易，是由于外汇购买者对外汇资金需要的时间不同，以及为了避免外汇风险而设计的。

远期汇率是双方以即期汇率为基础约定的，但往往与即期汇率有一定差价，其差价称为升水或贴水。当远期汇率高于即期汇率时称汇率升水，当远期汇率低于即期汇率时称汇率贴水。升水、贴水主要产生于利率差异、供求关系、汇率预期等因素。另外，远期汇率虽然是未来交割所使用的汇率，但与未来交割时的即期汇率是不同的，前者是事先约定的远期汇率，后者是即时的即期汇率。

（四）按照汇率的适用范围不同划分

按照适用范围不同，汇率可分为单一汇率与复汇率。

（1）单一汇率是指一国外汇管理机构对本国货币与外币兑换只规定一种汇率，该国一切外汇收支均按一种汇率进行结算。在外汇管制较松、国际收支状况基本平衡的国家，官方往往只规定一种汇率。

（2）复汇率又称多元汇率，是指一种货币（或一个国家）有两种或两种以上汇率，不同的汇率用于不同的国际经贸活动。设置复汇率的目的主要在于：鼓励或限制某些商品进出口。例如，德国在20世纪30年代曾对战备物资的进口给予较优惠的汇率，对其他物品的进口则以较高的汇率来兑换。

（五）按照汇率制度的不同划分

按照汇率制度的不同，汇率可分为固定汇率和浮动汇率。

（1）固定汇率是本国货币与其他货币之间维持一个固定比率，将汇率波动限制在一定范围内。信用本位条件下通常由官方干预来保证汇率的稳定。固定汇率不是永不改变的，在经济形势发生较大变化时可以对汇率水平进行调整（法定升值或贬值）。

（2）浮动汇率是指汇率水平完全由外汇市场供求决定，政府不加任何干预的情况。在现实生活中，由于汇率对国家的国际收支和经济均衡有重大的影响，各国政府大多会通过调整利率、在外汇市场上买卖外汇及控制资本流动等方式来影响汇率的走向，我们将这种有干预、有指导的浮动汇率称为管理浮动汇率。依照干预程度的大小，浮动汇率又可分为较大灵活性和较小灵活性的管理浮动汇率。

（六）按照外汇管制程度的不同划分

按照外汇管制程度的不同，汇率可分为官方汇率和市场汇率。

（1）官方汇率又称法定汇率，是外汇管制较严格的国家授权其外汇管理当局制定并公布的本国货币与其他各种货币之间的外汇牌价。官方汇率一经制定通常不会频繁更改，这虽然保证了汇率的稳定，但是汇率较缺乏弹性。

（2）市场汇率是外汇管制较松的国家在自由外汇市场上买卖外汇的汇率。它受外汇供求关系的影响经常自发地波动。官方不能规定市场汇率，只能通过参与外汇市场活动来影响汇率。

（七）按照汇率的测算方法不同划分

按照测算方法的不同，汇率可分为名义汇率、实际汇率、有效汇率与实际有效汇率。

（1）名义汇率是指在社会经济生活中被直接公布、使用的汇率。名义汇率有时不能反映两国货币的实际价值。

（2）实际汇率是用两国价格水平对名义汇率进行调整后的汇率，即 eP^*/P（其中，e 为直接标价法的名义汇率，P^* 为以外币表示的外国商品价格水平，P 为以本币表示的本国商品价格水平）。实际汇率反映了以同种货币表示的两国商品的相对价格水平，从而反映了本国商品的国际竞争力。

（3）有效汇率是本币对一组外币汇率的加权平均数，反映一国货币对多国货币的综合变动趋势和变动幅度。这一指标对于考察汇率变动对一国贸易的影响更有意义，因而权重一般选择双边贸易在该国对外贸易中的比重。

（4）实际有效汇率是指各个国家的汇率经过通货膨胀调整后，再按贸易权重加权后计算的汇率。实际有效汇率最能全面考察汇率变动对一国贸易竞争力的影响。

学习思考

根据例 2.1，请自行计算日元兑人民币的买入价，并写出详细过程及思路。

第三节　影响汇率变动的因素及汇率变动的影响

汇率是外汇的价格，会随着外汇供求关系的变化而变化。这就需要我们掌握影响汇率变动的主要因素以及汇率变动带来的主要经济影响。

一、影响汇率变动的主要因素

汇率的变动和其他商品一样，归根结底是由供求关系决定的。当某种货币的需求大于供给时，该货币具有升值倾向；反之，当货币的供给大于需求时，该货币具有贬值倾向。

1. 国际收支状况

国际收支，简单来说就是商品、劳务的进出口及资本的流入和流出。国际收支状况的影响归根结底是外汇的供求关系对汇率的影响。当一国出现国际收支顺差，即出口额大于进口额时，外汇流入，这意味着外汇市场上外汇供给增加，而当外汇需求不变时，会导致外汇贬值，本币升值。反之，当一国出现国际收支逆差，即出口额小于进口额时，外汇流出，这意味着外汇市场上外汇供给减少，而当外汇需求不变时，会导致外汇升值，本币贬值。

2. 经济增长

一国经济增长态势好会吸引国外资金流入，从而导致外汇供给增加，并推动外汇贬值、本币升值。反之，一国经济衰退可能导致本币贬值、外汇升值。可见，一国经济持续稳定增长将有利于本币汇率的稳定乃至升值。

3. 通货膨胀

当一国货币的发行量超过了商品流通中实际需要的货币量时，就会造成通货膨胀。通货膨胀使该国货币所代表的价值量减少，实际购买力降低，国内物价总水平上升，削弱了本国商品在国际市场上的竞争能力，引起出口减少、进口增加，从而对外汇市场上的外汇供求关系产生影响，易导致该国货币贬值、外汇升值。同时，一国货币对内价值的下降也会削弱该国货币在国际市场上的信用地位，人们会出于避险的考虑把手中持有的该国货币替换为他国货币，这也会促进该国货币贬值。

4. 利率政策

利率作为货币"价格"的另一种表现，其变动会直接影响一国的资金流入和流出。如果一国的利率水平高于他国，就会吸引国外资金流入，从而引起外币贬值，本币升值；反之，则会引起本币贬值，外币升值。

5. 中央银行对外汇市场的干预

各国货币当局为保持汇率稳定，都会采取一定的政策对外汇市场中的供求关系进行干预，主要手段包括通过利率变动影响汇率、直接干预外汇市场、对资本流动进行管控等。货币当局对外汇市场的干预虽无法从根本上改变汇率的长期变化趋势，但短期内有利于汇率的稳定。例如，1987年年底，美元持续贬值，为了维持美元汇率的基本稳定，西方七国财长和中央银行总裁发表联合声明，并于1988年1月4日开始在外汇市场实施大规模的联合干预行动，大量抛售日元和联邦德国马克，购进美元，从而使美元汇率回升，维持了美元汇率的基本稳定。

6. 市场预期和投机因素

在国际金融市场上，短期性资金（即热钱）的数额十分庞大。这些巨额资金对世界各国的经济、政治、军事等都具有高度的敏感性，一旦出现风吹草动，就会因为保值或为了攫取高额利润而到处流窜，这就会给外汇市场带来巨大的冲击，造成各国汇率的频繁动荡。当市场上形成了某种货币将会贬值的预期时，交易者就会立即大量抛售该货币，造成该货币贬值的事实；反之，当人们预期某种货币趋于坚挺时，又会大量买进该种货币，造成其升值。由于公众预期具有投机性和分散性的特点，因此加剧了汇率的短期波动。

另外，国际金融市场投机者往往拥有雄厚的实力，常常利用市场趋势在外汇市场上兴风作浪，扰乱外汇供求关系，使汇率水平大大偏离其均衡值，加剧外汇市场动荡，阻碍正常外汇交易。例如，国际金融投机大鳄索罗斯发现泰国经济泡沫不小并且短期债务严重，预测泰铢将可能大幅度贬值。1997年年初及6月下旬，索罗斯的量子基金及追随其后的其他投机者两次掀起了抛售泰国资产的狂潮，泰国政府干预失败后被迫于1997年7月2日放开泰铢同美元挂钩的汇率，由1美元兑换25泰铢迅速贬值到1美元兑换40泰铢，从而掀起了一场波及东南亚、东亚多国的金融风暴。这场金融风暴使多国经济遭受重创，也影响了世界经济。

7. 政治与突发因素

政治与突发因素包括政治冲突、军事冲突、政权更迭、经济制裁和自然灾害等。如果全球形势趋于紧张，则会导致外汇市场不稳定，汇率有可能大幅波动。通常意义上，一国的政治形势越稳定，该国的货币就越稳定。例如，在美国总统里根当政时，里根突然遭到刺杀，生死未卜，市场上的投机客听到这个消息立即大量抛售美元，买入瑞士法郎和联邦德国马克，从而令美元大幅下跌。美国和伊拉克战争前夕，美元汇率一直面临压力，导致避险货币瑞郎的汇率节节上升。

总之，影响汇率的因素是多种多样的，这些因素对汇率变动的影响作用有轻重缓急之分，有时相互促进，有时相互抵消。只有对各种因素进行综合全面的考察，辩证地看待汇率变动问题，才能对汇率变动做出较为全面的判断。

二、汇率变动的影响

汇率变动一方面会受到一系列因素的影响和制约，另一方面它的变动又会对一国经济、政策甚至整个世界经济产生重大影响。掌握汇率变动对经济的影响，进而采取相应有效的应对措施，对一国经济发展与稳定至关重要。

（一）汇率变动对一国国际收支的影响

国际收支包括贸易收支、资本流动、外汇储备等多个方面。因此，需要分门别类地探讨汇率变动对不同方面的影响。

1. 对贸易收支的影响

理论上，一国货币贬值，即以外币表示的出口商品价格下降，而以本币表示的进口商品价格上升，这有利于扩大出口，不利于增加进口，从而可以改善贸易收支状况。但实际中贸易状况有时并不会产生上述结果，这主要受马歇尔-勒纳条件、J曲线效应等两个因素的制约。

2. 对资本流动的影响

汇率波动对资本流动的影响在很大程度上取决于人们对汇率进一步变动的心理预期，它对短期资本和长期资本流动的影响有所不同。短期资本流动对汇率波动的反应很敏锐。当一国货币对外贬值时，为了避免持有该国货币可能遭受的损失，人们会将本国货币换成坚挺的货币转移到国外，从而引起资本外逃。若随着时间的推移，货币贬值已到位，外逃的资本可能会回流国内；若投资者认为本币超幅度贬值且预期汇率将会反弹，就会积极将资本调到该国。因此，从长期看，汇率波动对资本流动的影响较小。

3. 对外汇储备的影响

首先，本币汇率的变动直接影响该国外汇储备的规模。通常情况下，本币贬值有助于国际收支实现顺差和增加外汇储备；反之则会造成国际收支出现逆差，外汇储备减少。其次，汇率变动可以改变一国存量储备货币的实际价值。如果一国储备货币对本国货币贬值，则储备货币折算成的本国货币减少，外汇储备实际价值受损；反之，如果一国储备货币对本国货币升值，则外汇储备实际价值增加。再次，从长期看，储备货币汇率的变动可以影响一国外汇储备资产的结构，不断升值的外汇在储备资产中的比重将会上升，而逐步贬值的外汇在储备资产中的比重将会下降。

（二）汇率变动对国内经济的影响

汇率变动对国内经济的影响是多层面的，在此只代表性说明对几个关键经济变量的影响。

1. 对国内物价的影响

汇率变动对国内经济的最直接影响主要表现为物价的上涨或下跌。从出口角度看，本币贬值将有利于扩大出口，增加外汇收入，结汇后折算的本币供给增加，促进物价上涨；同时对国内出口商品的需求增加，国内生产力在短期内还来不及调整，这会加剧国内供需矛盾，从而造成物价上涨，容易引发通货膨胀。从进口角度看，本币贬值会使进口商品的本币价格上升，以进口商品为原材料的产品生产成本也会上升，甚至会引发国内替代品的价格上涨，最终推动产品价格全面上涨。

2. 对国民收入和就业的影响

一国货币贬值，将有利于出口而不利于进口，如果国内存在闲置的生产要素，则会刺激国内出口商品生产规模的扩大，进而带动国内其他行业生产的发展，推动就业水平的提高，增加国民收入。同时，本币贬值减少了进口，导致对进口商品的需求转向国内的同类商品，使生产进口替代品的部门和企业的收益增加，从而引起资源在国内各部门的重新配置。上述的一系列变化会使该国的国民收入总额增加。如果一国的货币升值，则情况正好相反。

3. 对国内利率的影响

一国货币贬值，人们往往会形成该国货币会进一步贬值的预期，从而引起短期资本外逃，使国内资本供给减少，利率上升。但是，当货币贬值达到一定程度时，则会激发起人们对汇率反弹的预期，从而可能导致短期资本流入，使国内资本供给增加，利率下降。

（三）汇率变动对国际经济关系的影响

外汇市场上各国货币汇率频繁、不规则地变动，不仅会给各国对外贸易、国内经济造成深刻的影响，而且也会影响各国之间的经济关系，甚至影响整个国际货币体系。

1. 对国际贸易的影响

汇率变动加深了各国争夺销售市场的斗争，影响着国际贸易的正常发展。如果一国实行以扩大出口、改善贸易逆差为主要目的的货币贬值，则会对与之进行商品竞争的国家产生紧缩效应，使对方国家的货币相对升值，出口竞争力下降，导致其贸易收支恶化。如果是小国，那么这种影响较轻微；但如果是有着强大生产力的大国，这种影响则相对较大，可能会引起对方国家，特别是经济依赖性较强的国家的贸易报复，比如直接或间接地抵制贬值国商品的进入，甚至爆发贸易战和汇率战。货币竞相贬值以促进各自国家的商品出口是国际上很普遍的现象，由此造成的各国之间的利益分歧和矛盾也层出不穷，这加深了国际经济关系的复杂化。

2. 对国际货币体系的影响

汇率波动会影响储备货币的地位。某些储备货币发行国的国际收支恶化，其货币不断贬值，导致国际地位下降；而有些国家的情况相反，其货币在国际领域的地位和作用日益加强，进而促进了国际储备货币多元化的形成。历史上就曾出现英镑、美元的不断贬值致使其原有的国际储备货币地位削弱，继而出现了日元、联邦德国马克等货币与其共同充当国际货币的局面。

3. 对国际金融市场的影响

汇率变动给了外汇交易投机行为一定的空间，投机活动导致汇率波动，加剧了国际贸易与金融的外汇风险，也加剧了国际金融市场的动荡。但同时也进一步促进了期货和期权交易、货币互换和欧洲票据等金融衍生工具的出现，使国际金融业务的形式与市场机制不断创新。

学习思考

思考汇率变动对我们微观个体生活的影响。

第四节　汇率决定理论

汇率决定理论是国际金融理论体系中的核心内容，是对汇率决定因素的分析。它至今仍是国际金融关注和研究的重点领域之一。在不同的货币制度下，各国货币所具有或代表的价值量是不同的，货币之间的汇率便具有不同的决定基础。根据货币制度的演进，我们将分别探讨金本位制度下的汇率决定和纸币流通条件下的汇率决定。

一、金本位制下的汇率决定

金本位制可以具体分为<u>金币本位制、金块本位制及金汇兑本位制</u>等三个阶段。

1. 典型的金本位制——金币本位制下的汇率决定

金币本位时代，流通中的货币是以一定重量和成色的黄金铸造而成的金币，金币的代用品银行券可以自由兑换为黄金且黄金可以跨国自由流动。各国货币的单位价值就是铸造该金币所耗用的实际黄金量，两国货币单位的含金量之比就称为铸币平价。<u>**铸币平价是**金币本位制下汇率的决定基础。</u>

由铸币平价决定的汇率是一种法定的中心汇率，不会轻易变动，市场汇率则会随着外汇供求关系的变化围绕中心汇率上下波动。这种变化并不是无限制地上涨或下跌，而是被限定在铸币平价上下一定界限内，这个界限就是**黄金输送点**。黄金输送点等于铸币平价加减黄金运费。

以英镑兑美元汇率为例，1925—1931 年，英国规定 1 英镑金币的重量为 123.274 4 格令，成色为 22K 金，即 1 英镑含 113.0016 格令纯金；美国规定 1 美元金币的重量为 25.8 格令，成色为 0.9000，则 1 美元含 23.22 格令纯金。根据含金量之比，英镑与美元的铸币平价是

$$113.0016/23.22=4.8665$$

即 1 英镑的含金量是 1 美元含金量的 4.8665 倍，或 1 英镑可兑换 4.8665 美元。假定在美国和英国之间运送价值为 1 英镑黄金的运费为 0.03 美元，英镑与美元的铸币平价为 4.8665，那么对美国来说：

$$黄金输出点=4.8665+0.03=4.8965（美元）$$
$$黄金输入点=4.8665-0.03=4.8365（美元）$$

当外汇市场上的汇率上涨达到或超过 4.8965 时，美国债务人用美元兑换英镑就不如直接运送黄金再兑换英镑来得成本低，从而引起美国黄金输出，这一汇率上限就是美国"黄金输出点"；当外汇市场上的汇率下跌达到或低于 4.8365 时，美国债权人用英镑兑换美元的所得就会少于用英镑直接兑换黄金再运输回国内的所得，从而引起美国黄金输入，这一汇率下限就是美国"黄金输入点"。也就是说，汇率最高不会超过黄金输出点，即铸币平价加运费；最低不会低于黄金输入点，即铸币平价减运费。<u>黄金输出点和黄金输入点共同构成了金本位制下汇率波动的上下限。超过或低于这一界限，就会引起黄金的输出输入和货币汇率的自动调节。</u>其汇率波动如图 2.1 所示。

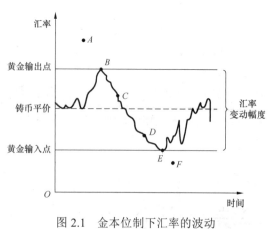

图 2.1 金本位制下汇率的波动

2. 蜕化的金本位制——金块本位制和金汇兑本位制下的汇率决定

第一次世界大战后，许多国家通货膨胀严重，银行券的自由兑换和黄金的自由流动遭到

破坏，许多国家纷纷开始实行蜕化的金本位制，即金块本位制和金汇兑本位制。在这两种货币制度下，国家用法律规定货币的含金量，货币的发行以黄金或外汇作为准备金，并允许在一定限额以上与黄金、外汇兑换。各国货币的单位价值由法律所规定的含金量来决定，<u>两国货币单位所代表的含金量之比就称为金平价。金平价是金块本位制和金汇兑本位制下汇率决定的基础。</u>

在第二次世界大战结束后建立起来的布雷顿森林体系时期，各国汇率制度普遍采用可调整的固定汇率制度。美元与黄金挂钩，其他货币与美元挂钩，汇率波动被人为维持在一定区间内。因此，布雷顿森林体系下的汇率决定亦属于金块本位制（美国）和金汇兑本位制（其他国家）。

随着货币制度进入不可兑现的信用货币制度时期，汇率决定开始变得更为复杂。与金本位制下的汇率决定不同，由于纸币本身并不具有真实价值，因此对于纸币流通条件下的汇率决定产生了众多理论。其中较具代表性的包括购买力平价说、利率平价说、国际收支说等传统理论，以及 20 世纪 70 年代以后诞生的资产市场说等现代汇率决定理论。

二、购买力平价说

购买力平价说（theory of purchasing power parity，PPP）是汇率决定理论中最具影响和争议的理论之一。该理论的一些思想渊源可以追溯到 16 世纪中叶，但直到 1922 年，该理论才由瑞典经济学家卡塞尔（Cassel）正式提出。在《1914 年以后的货币和外汇》一书中，卡塞尔对该理论进行了完整阐述。<u>其基本思想是：货币的价值在于其购买力，不同货币之间的兑换比率取决于其购买力之比，即汇率与各国的物价水平有直接的联系。</u>购买力平价理论基于"一价定律"原理，分为绝对购买力平价和相对购买力平价。

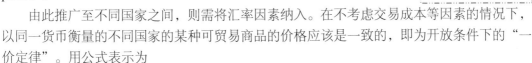

1. 一价定律

假设不同地区的同种商品是同质的，均为可贸易商品[①]，且不存在价格黏性，那么当同种可贸易商品在不同地区的价格不同时，就会引发地区间低买高卖的套利活动，最终使得地区间的价格趋于一致。这种可贸易商品在不同地区的价格一致关系称为<u>"一价定律"</u>（law of one price）。

由此推广至不同国家之间，则需将汇率因素纳入。在不考虑交易成本等因素的情况下，以同一货币衡量的不同国家的某种可贸易商品的价格应该是一致的，即为开放条件下的"一价定律"。用公式表示为

$$P_i = eP_i^*$$

式中，e 为直接标价法的汇率；P_i 为以本币表示的某可贸易商品的价格；P_i^* 为以外币表示的该可贸易商品的价格。在固定汇率制下，套利活动会引起两国物价水平的调整；而在浮动汇率制下，套利活动带来的外汇市场供求变化将迅速引起汇率的调整，从而实现两国价格的均衡。

2. 绝对购买力平价

以"一价定律"为基础，可推导出绝对购买力平价。由于货币的购买力实际上是物价水

---

① 商品可分为可贸易商品和不可贸易商品。其中，可贸易商品是指可以移动或交易成本较低的商品；不可贸易商品是指不可移动或交易成本无限高的商品，主要包括不动产和个人劳务项目，如房地产、理发等。

平的倒数，故两国货币的汇率就取决于两国物价水平之比，这就是**绝对购买力平价**。

假定对任何一种可贸易商品"一价定律"都成立，且在各国物价指数中的权重相同，那么将各个可贸易商品的价格汇总得到该国的一般物价水平后，可得绝对购买力平价的一般形式为

$$e_t = \frac{P_t}{P_t^*}$$

式中，e_t 为 t 时刻外汇市场的直接标价法汇率；P_t 为 t 时刻本国的一般价格水平；P_t^* 为 t 时刻外国的一般价格水平。这表明，在某一时期若本国价格水平不变，外国价格水平上涨，则外国货币的购买力下降，即本国货币升值，外国货币贬值；反之则外国货币升值，本国货币贬值。

绝对购买力平价是购买力平价的最典型形式，说明的是某一时点上的汇率决定，即某一时点上的汇率等于两国一般物价水平之比，是对汇率的静态分析。

3. 相对购买力平价

绝对购买力平价的计算要获得反映两国真实物价水平的数据，这在实际操作过程中是比较困难的，而两国物价水平的变动率（即通货膨胀率）是相对容易获得的。为此，卡塞尔又提出了**相对购买力平价**。其一般形式为

$$\Delta e \approx \Delta P - \Delta P^*$$

式中，Δe 为直接标价法下的汇率变动率；ΔP 为本国通货膨胀率；ΔP^* 为外国通货膨胀率。这表明，汇率的升贬值是由两国通货膨胀率之差决定的。若本国通胀率超过外国，则本币将贬值；反之，本币将升值。

在相对购买力平价中，设计算期汇率为 e_1，基期汇率为 e_0，本国通货膨胀率为 ΔP，外国通货膨胀率为 ΔP^*，则利用相对购买力平价计算汇率的公式为

$$e_1 = e_0 \times \frac{1 + \Delta P}{1 + \Delta P^*}$$

与绝对购买力平价相比，相对购买力平价是动态的，可用于解释某一时间段上汇率变动的原因。它强调两国间相对物价水平变化（表现为通货膨胀率）对汇率变动率的影响，而不再追究汇率与物价间的直接关系，因而对汇率的变动做出解释和预测的能力更强。

4. 小结与评价

在所有的汇率决定理论中，购买力平价理论是最核心且最具有影响力的。该理论从货币的基本功能——购买力出发，利用简单的数学表达式，对汇率与物价水平之间的关系做了描述。经过多年的发展完善，其已成为经济学家和政府部门计算均衡汇率的常用方法。

但购买力平价也具有一定的缺陷。一方面，该理论只是从商品角度对汇率决定做分析，不是完整的汇率决定理论；另一方面，该理论是建立在一系列假设基础上的，且在现实操作中存在很大的技术困难，实用性是有限的。

三、利率平价说

除了从商品角度，汇率决定还可以从利率角度进行分析，这就是利率平价说（interest parity theory）。早在 1889 年，德国经济学家沃尔塞·洛茨第一个研究了利息差额与远期汇率的关系。其后，凯恩斯于 1923 年在《货币改革论》一书中提出了古典利率平价说，该学

说后来在其他经济学家的研究中得以发展和修正。利率平价理论突破了传统的国际收支和物价水平的研究范畴，从资本流动的角度探讨汇率的变化，奠定了现代汇率理论的基础。

利率平价理论假设：各国间资本能够完全流动，不存在任何资本管制；金融市场比较发达，外汇市场是有效的；不考虑交易成本；本国和外国的金融资产在到期时间和风险方面完全替代；套利资金无限，可满足任何资金需求。

该理论的基本观点是：汇率变动与两国的相对利差有关，投资者根据两国利差大小及对未来汇率的预期进行投资选择，以期防范风险或获取收益。基于对不同投资者风险偏好的假设，利率平价理论可分为**抵补利率平价**（covered interest-rate parity，CIP）和**非抵补利率平价**（uncovered interest-rate parity，UIP）。

1. 抵补利率平价

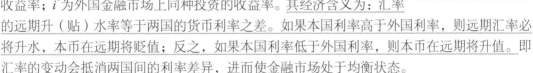

抵补利率平价假定投资者为风险规避者[①]。抵补利率平价是指利用两国利率之差，在现汇市场和期汇市场同时进行反向操作以赚取利息差额的投资方法。其一般表达形式为

$$\rho = i - i^*$$

式中，ρ 为远期汇率的升（贴）水率；i 为本国金融市场上某种投资的收益率；i^* 为外国金融市场上同种投资的收益率。其经济含义为：汇率的远期升（贴）水率等于两国的货币利率之差。如果本国利率高于外国利率，则远期汇率必将升水，本币在远期将贬值；反之，如果本国利率低于外国利率，则本币在远期将升值。即汇率的变动会抵消两国间的利率差异，进而使金融市场处于均衡状态。

抵补利率平价有很高的实践价值，被作为指导公式广泛运用于交易中，许多银行就是根据各国间的利差来确定远期汇率的升贴水额的。在实践中，除了外汇市场的剧烈波动期，该平价通常能够成立，但也会因达不到假设条件而产生偏离。

2. 非抵补利率平价

与抵补利率平价不同，非抵补利率平价假定投资者为理性预期和风险中立的，即投资者不进行套期保值，而根据自己对未来汇率变动的预期来计算预期收益，并在承担一定外汇风险下进行投资活动。非抵补利率平价的一般形式为

$$E_\rho = i - i^*$$

式中，E_ρ 为预期的远期汇率的升（贴）水率；i 为本国金融市场上某种投资的收益率；i^* 为外国金融市场上同种投资的收益率。其经济含义为：预期的远期汇率变动率等于两国货币利率之差。如果本国利率高于外国利率，则市场预期本币在远期将贬值；反之，如果外国利率高于本国利率，则市场预期本币在远期将升值。

由于预期汇率变动在一定程度上是心理变量，很难获得可信的数据进行分析且实际意义也不大，所以随着期汇市场的发展，根据对汇率的预期所进行的非抵补套利活动已越来越少，更多的是抵补套利。

3. 小结与评价

利率平价理论从资金流动的角度说明了利率、汇率、期汇市场、现汇市场之间的关系，具有坚实的分析基础和较高的应用价值。由于利率的变动非常迅速且可对汇率产生立竿见影

---

① 这里是指投资者会采取套期保值措施来减少汇率变动的风险。正是基于该假设，该理论被称为"抵补利率平价"。

的影响，所以货币当局可以利用汇率和利率的关系来灵活调整外汇市场，这使该理论具有特殊的实践意义。

然而，利率变动只是影响汇率的一个因素，利率平价说也不是独立的汇率决定理论。同时，该理论没有考虑交易成本，且假定资本流动不存在障碍、套利者为风险中立等，这显然在现实中难以满足，因而也具有一定的局限性。

四、国际收支说

前文两种理论分别是从商品和利率的角度对汇率决定进行分析，但都忽略了国际收支对汇率水平的影响。国际收支说正是从这一角度出发，认为国际收支状况决定着外汇供求，进而决定了汇率水平。

该学说的理论渊源可追溯至 14 世纪。1861 年，英国学者葛逊（Goschen）首次较为系统地阐述了汇率与国际收支的关系，该理论被称为国际借贷说（theory of international indebtedness）。第二次世界大战后，很多学者应用凯恩斯模型来说明影响国际收支的主要因素，进而说明影响汇率的因素，从而形成了国际收支说的现代形式。

1. 国际收支说的起源——国际借贷说

国际借贷说是国际收支说的早期形式，奠定了国际收支说的理论基础。英国学者葛逊在其 1861 年出版的《外汇理论》中指出，正如商品价格取决于商品供求关系一样，汇率也取决于外汇的供求关系，而外汇供求则是由国际收支引起的，这就构建了国际收支影响汇率的分析框架。

尽管商品进出口、证券买卖、旅游收支和捐赠等都会引起国际外汇的流动，但只有已进入收支阶段的外汇才会影响外汇供求。当一国进入收入阶段的外汇收入大于进入支出阶段的外汇支出时，外汇的供大于求，则本币升值；反之，则本币贬值。当进入收支阶段的外汇供求相等时，汇率处于均衡状态。通常将进入支出阶段的外汇支出称为流动债务，进入收入阶段的外汇收入称为流动债权。因此，葛逊的理论被称为国际借贷说。

可见，国际借贷说实际上就是汇率的供求决定论。但该理论并未说明影响外汇供求的具体因素，这就大大限制了这一理论的应用价值。该缺陷在现代国际收支说中得以弥补。

2. 现代国际收支说

现代国际收支说以国际借贷说为基础，利用凯恩斯宏观经济模型来说明影响国际收支的主要因素及其对汇率的影响，是国际借贷说的现代形式。

该理论认为，汇率是由外汇供求决定的，而外汇供求又取决于国际收支，尤其是经常账户收支。因此，凡是影响国际收支均衡的因素，都可以引起均衡汇率的变动。在肯定价格和利率对汇率影响的同时，该理论又将国民收入纳入其中，作为影响经常账户收支及汇率的重要因素。

假定汇率完全自由浮动，政府不对外汇市场进行任何干预，该理论的基本公式为

$$E = E(Y, Y^f, P, P^f, i, i^f, E^e)$$

式中，Y 和 Y^f 分别代表本国和外国的国民收入水平；P 和 P^f 分别代表本国和外国的物价水平；i 和 i^f 分别代表本国和外国的利率水平；E^e 代表人们对汇率变化的预期。关于各因素对国际收支进而对汇率变动的影响，参见第一章和本章前述相关内容。

3. 小结与评价

国际收支说是从宏观经济角度（国民收入、国内吸收、储蓄投资等）而非从货币数量角度（价格、利率等）研究汇率问题，具有浓厚的凯恩斯主义色彩，是现代汇率理论的一个重要分支。该理论在运用供求分析的基础上，将影响国际收支的各种因素纳入汇率的均衡分析中，这对于短期外汇市场分析具有重要的意义。

但国际收支说仍不是一种完整的汇率决定理论。同时，该理论是关于汇率决定的流量理论，且只是简单运用价格与供求之间的关系对外汇市场进行分析，这使其对一些经济现象很难做出全面解释。

五、资产市场说

资产市场说是 20 世纪 70 年代发展起来的一种重要汇率决定理论。该理论认为，在国际资本流动高度发展的背景下，汇率呈现出与金融资产价格相似的特点，如价格波动幅度大、波动极频繁且受心理预期的影响大等。因此，我们可将汇率看成一国货币用另一国货币表示的相对资产价格，采用与普通资产价格决定相同的方法分析汇率问题。

资产市场说认为，理性预期是决定当期汇率的重要因素，同时强调金融资产市场的存量均衡对汇率的决定作用，突破性地将商品市场、货币市场和证券市场相结合进行汇率决定分析。由于三种市场之间本币资产和外币资产的替代性不同，以及受到冲击后调整速度的快慢不同，从而引出了各种类型的资产市场说，具体如图 2.2 所示。

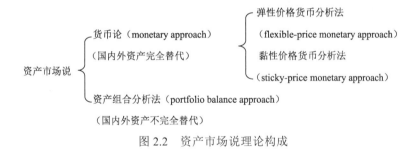

图 2.2　资产市场说理论构成

（一）弹性价格货币分析法

汇率的弹性价格货币分析法（flexible-price monetary approach）简称为**汇率货币模型**，主要代表人物有弗兰克尔、穆萨、考瑞、比尔森等。该模型是 1975 年在斯德哥尔摩召开的关于"浮动汇率与稳定政策"的国际研讨会上提出的。该模型假定本币资产和外币资产是完全可替代的（即这两种资产市场是统一的市场），只要本国与外国的货币市场平衡，则资产市场也必然平衡。因此，汇率货币模型将集中分析货币市场上的供求变动对汇率的影响。

1. 基本模型

该理论主要分析货币市场上各种因素对汇率自由调整的影响。基本假设包括：稳定的货币需求方程，即货币需求与某些经济变量存在着稳定的关系；购买力平价长期有效；总供给曲线是垂直的。根据上述假设，其基本公式为

$$e = \alpha(y-y^*) + \beta(i-i^*) + (M_s-M_s^*) \tag{1.1}$$

式中，e 为汇率；y 为国民收入；i 为本国利率水平；M_s 为本国的货币供给量；相应地 y^*、i^* 与 M_s^* 分别为外国的国民收入、利率与货币供给量。除利率外，其余变量均为对数形式。α

与 β 均为常数，分别表示货币需求的收入弹性与利率弹性。式（1.1）表明：本国与外国之间的实际国民收入、利率水平及货币供给量都是影响汇率水平的主要因素，这样就将货币市场上的一系列因素引入了汇率的决定之中。

2. 小结与评价

汇率货币模型是资产市场说中最简单的一种形式。它以购买力平价说为分析基础，抓住了汇率作为一种资产价格的特殊性质，同时引入货币供给量、国民收入等经济变量，并运用一般均衡的方法分析了这些变量的变动对汇率造成的影响，具有更广泛的应用价值。但该理论也因某些假定脱离实际而具有一定的局限性。

（二）黏性价格货币分析法

黏性价格货币分析法（sticky-price monetary approach）又称"超调模型"（overshooting model），是 20 世纪 70 年代美国经济学家鲁迪格·多恩布什（Rudiger Dornbusch）在《预期与汇率动态》一文中首先提出的，后经弗兰克尔、布依特和米勒等人得以进一步发展。超调模型是货币主义的现代汇率理论，其最大特点是认为价格在商品市场中具有黏性，使得购买力平价在短期内不成立，经济存在一个由短期均衡向长期均衡的过渡过程[①]。由此可见，汇率货币模型实际上是超调模型中长期均衡的情况。

1. 基本模型

该理论的假设有两点与弹性分析法相同，即货币需求是稳定的、非抵补利率平价成立。但它同时也认为商品市场价格存在黏性，这使其假设与汇率货币模型也有两点不同：一是购买力平价在短期内不成立；二是总供给曲线在短期内不是垂直的，且在不同时期有着不同的形状[②]。

在超调模型中，其他条件不变，货币供给一次性增加造成的经济调整过程如图 2.3 所示。货币市场失衡（货币供给量增加）后，短期内由于黏性价格的存在，本国价格水平不变而利率水平下降，同时本币汇率的贬值程度会瞬时超过长期水平（通常将该现象称为"汇率超调"）。在经过一段时间的调整后，长期内的价格水平会缓慢上升，利率会逐渐恢复到以前的均衡水平，而汇率也会在过度贬值之后向长期均衡水平趋近。

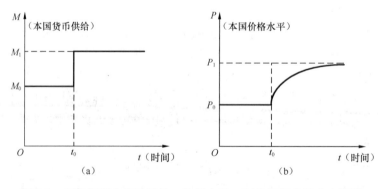

图 2.3　超调模型中货币供给、价格水平、利率和汇率的动态调整

---

① 在这里，短期均衡是指价格还来不及发生调整时的经济均衡，长期均衡就是价格充分调整后的经济均衡。

② 短期内，价格水平不发生变动，总供给曲线是水平的；长期内，价格水平可以进行充分调整，总供给曲线是垂直的；而在短期向长期的过渡阶段，价格开始缓慢调整，此时总供给曲线是由左下方向右上方倾斜的。

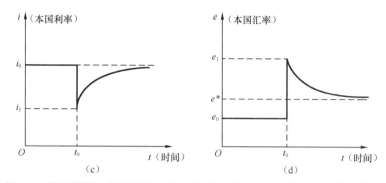

图 2.3　超调模型中货币供给、价格水平、利率和汇率的动态调整（续）

2. 小结与评价

超调模型综合了货币主义与凯恩斯主义，是汇率分析全面系统的一般模型。该模型首次涉及汇率的动态调整问题，开创了汇率理论的一个重要分支——**汇率动态学**（exchange rate dynamics）。此外，它具有鲜明的政策含义，由于"超调"是资金自由流动和汇率自由调整的必然现象，为保障经济稳定运行，政府有必要对资金流动、汇率乃至整个经济进行干预和管理。但该模型也具有一定的局限性，如假定脱离实际，忽略了对国际收支流量的分析等。

（三）资产组合分析法

货币论的分析是基于国内外资产具有完全替代性的假设，但现实中各种因素的存在（如政治风险、税负差别等）使得该假定很难满足。为解决这一问题，产生了资产组合分析法（portfolio balance approach）。该理论最早由布朗森（Branson）于 1975 年提出，后来考雷、艾伦与凯南、多恩布什、费雪等人对该理论进行了发展。

该理论认为国内外货币资产之间是不可替代的。投资者根据对收益率和风险性的考察，将财富分配于各种可供选择的资产，确定自己的资产组合。一旦资产组合达到稳定状态，汇率也就相应被决定。

1. 基本模型

该模型的基本假设为：国外利率是既定的，将本国居民持有的财富 W 划分为本国货币 M、本国债券 B 和外币资产 F 等三种形式，则投资者的总财富为

$$W = M + B + eF$$

式中，e 为直接标价法下的汇率。根据这一等式可知，一国资产总量受两种因素的影响：一是各种资产供给量的变动（如 M、B、F 的变动）；二是本币汇率 e 的变动。在三个市场的调整过程中，本国资产与外国资产之间的替换会引起外汇供求流量的变化，从而带来汇率的变化。短期内，若各种资产的供给量既定，则由资产市场均衡可确定本国的汇率水平。长期内，在本国经常账户处于平衡状态的条件下，由此确定的本国汇率水平亦保持稳定。

2. 小结与评价

资产组合分析法区分了本国资产与外国资产的不完全替代性，将汇率水平与外汇供求的流量及资产市场的存量相结合，同时又采用一般均衡分析的方法，将商品市场、货币市场和资本市场结合起来进行分析，将汇率模型对各种因素的综合提高到前所未有的程度，具有特殊的政策分析价值。但该模型过于复杂，且是建立在金融市场高度发达和资本完全自由流动

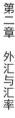

的前提下，其应用也受到局限。

📖 学习思考

在学习了汇率决定理论之后，请深入思考各种理论假设条件的不同之处。

📘 本章小结

1. 外汇是国际汇兑的简称，有动态和静态含义之分。通常所说的外汇是指静态狭义的外汇，即以外币表示的可直接用于国际结算的支付手段。外汇必须具备国际性、自由兑换性和可偿付性等三个基本特征。

2. 汇率是不同货币之间的兑换比率或比价。汇率的标价方法有直接标价法、间接标价法和美元标价法等三种标价方法。

3. 汇率的变动由供求关系决定，当某种货币供不应求时，该货币具有升值倾向；反之具有贬值倾向。影响汇率波动的主要因素有：一国的国际收支状况、经济增长、通货膨胀、利率政策、央行对外汇市场的干预，以及市场预期和投机因素、政治与突发因素等。同时，汇率波动会对一国的贸易收支、资本流动、外汇储备、国内物价、国民收入和就业、国内利率及国际经济关系产生一定的影响。

4. 纸币流通下的汇率决定理论主要包括购买力平价说、利率平价说、国际收支说、资产市场说等。

📘 课后练习及实训操作

一、填空题

1. 以外币表示的可直接用于国际结算的支付手段是指_____，具体包括以外币表示的汇票、支票、本票和以银行存款形式存在的外汇。人们通常所说的外汇指的就是_____的外汇。

2. 外汇按照自由兑换的程度，可分为_____和_____，其中_____可使用交易双方任何一方的货币，也可使用第三国货币或某种货币篮子。

3. 直接标价法是以一定单位的外国货币为标准，计算应付多少单位本国货币的方法，也称_____，我国和绝大多数国家都采用_____。

4. 套算汇率又称交叉汇率，是在_____的基础上套算出的本币与_____之间的比率。

5. 铸币平价决定的汇率是一种法定的或中心汇率，不会轻易变动，而市场汇率则会随着_____的变化围绕中心汇率上下波动。这种变化并不是无限制地上涨或下跌，而是被限定在铸币平价上下一定界限内，这个界限就是_____。

6. 汇率决定理论中的资产市场说主要包括_____和_____。

二、不定项选择题

1. 人们通常所说的外汇指的就是（　　　）。

A．动态外汇　　　　B．静态外汇　　　　C．广义外汇　　　　D．静态狭义外汇

2．作为国际支付手段的外汇，必须具备的基本特征有（　　　）。

A．国际性　　　　B．自由兑换性　　　　C．可偿付性　　　　D．收益性

3．按照外汇的交割时间不同，汇率可分为（　　　）。

A．固定汇率　　　　B．浮动汇率　　　　C．即期汇率　　　　D．远期汇率

4．直接标价法和间接标价法的区别主要有（　　　）。

A．使用的标准货币不同　　　　　　　　B．汇率波动所表现的货币不同

C．实行的国家不同　　　　　　　　　　D．买入卖出汇率标示的位置不同

5．在国际贸易或国际收支中使用最多、在各国的外汇储备中占比最大、自由兑换性最强、汇率行情最稳定、普遍为各国所接受的货币，称为（　　　）。

A．基础货币　　　　B．关键货币　　　　C．高能货币　　　　D．强势货币

6．影响汇率变动的长期原因主要有（　　　）。

A．一国的国际收支状况　　　　　　　　B．经济发展状况

C．通货膨胀差异　　　　　　　　　　　D．利率差异

7．影响汇率变动的短期原因主要有（　　　）。

A．一国的国际收支状况　　　　　　　　B．各国政府的干预

C．市场的心理预期　　　　　　　　　　D．利率差异

8．汇率变动对一国国内经济的影响有（　　　）。

A．就业　　　　B．经济增长　　　　C．国内物价水平　　　　D．产业结构

9．影响一国货币汇率最基本的因素是该国的国际收支状况，一般来讲（　　　）。

A．若一国国际收支为顺差，则该国外汇形势好，货币汇价可能下跌

B．若一国国际收支为逆差，则该国外汇形势不好，货币汇价可能上涨

C．若一国国际收支平衡，则该国外汇形势尚好，货币汇价会趋于平稳

D．该国的国际收支情况对该国货币的汇率产生的影响不大

10．汇率决定理论不包括（　　　）。

A．弹性分析法　　　　B．国际收支说　　　　C．超调模型　　　　D．利率平价说

三、判断题

1．自由外汇可以自由兑换其他国家货币。　　　　　　　　　　　　　　　　　（　　　）

2．记账外汇可以对第三国进行支付。　　　　　　　　　　　　　　　　　　　（　　　）

3．在国家间进行外汇业务交易时，银行之间的报价通常以美元为基础来表示各国货币的价格，这一标价法称为美元标价法。　　　　　　　　　　　　　　　　　　　（　　　）

4．在直接标价法下，升水表示远期汇率比即期汇率贵，贴水表示远期汇率比即期汇率便宜；间接标价法下相反。　　　　　　　　　　　　　　　　　　　　　　　　（　　　）

5．通货膨胀引起出口的减少、进口的增加，从而对外汇市场上的供求关系产生影响，导致该国货币汇率下跌，外汇汇率上涨。　　　　　　　　　　　　　　　　　　　（　　　）

四、名词解释

外汇	自由外汇	记账外汇	汇率	直接标价法
间接标价法	美元标价法	基本汇率	套算汇率	即期汇率

远期汇率　　　　买入汇率　　　　卖出汇率　　　　中间汇率　　　　现钞汇率

固定汇率　　　　浮动汇率　　　　实际汇率　　　　单一汇率　　　　复汇率

购买力平价　　　利率平价

五、简答题

1. 什么是外汇？外汇的基本特征有哪些？

2. 汇率有哪些标价方法？我国采用何种标价方法？

3. 为什么银行买入现钞的价格比买入现汇的价格低？

4. 如何区分直接标价法和间接标价法中的买入价与卖出价？

5. 试分析不同货币制度下，汇率的决定基础是什么。

6. 如果美国物价水平相对于我国上涨了 5%，根据购买力平价说，试分析以人民币表示的美元价值会发生怎样的变动。

7. 试述汇率变动对经济有哪些方面的影响。

8. 简述超调模型的基本原理。

六、实训操作

查询中国银行或其他商业银行的官方网站，了解当前人民币外汇牌价。

第三章　汇率制度与外汇管理

【学习目标】

（1）掌握固定汇率制度与浮动汇率制度的概念、类型以及各自的优缺点。

（2）了解外汇管理的含义、目标、机构及对象。

（3）掌握外汇管理的方法、内容，以及外汇管理的作用与弊端。

案例导读

人民币现行汇率制度

2005 年 7 月 21 日，中国人民银行宣布开始实行以市场供求为基础、参考一篮子货币进行调节、有管理的浮动汇率制度。人民币汇率制度包括三个方面的内容：一是以市场供求为基础的汇率浮动，发挥汇率的价格信号作用；二是根据经常账户（主要是贸易平衡状况）动态调节汇率浮动幅度，发挥"有管理"的优势；三是参考一篮子货币，即从一篮子货币的角度看汇率，不片面地关注人民币与某个单一货币的双边汇率。

汇率制度是国际货币体系的有机组成部分，是在不同的国际货币体系下产生和发展起来的。由于一国货币的汇率水平、汇率变动方式以及变动的幅度范围对经济有着重大影响，并且不同的汇率制度意味着政府在实现内外均衡目标的过程中需要遵循不同的规则，所以选择合理的汇率制度无论是对于一国国内经济发展还是对于国际货币体系都具有重要意义。本章我们将着重探讨汇率制度、外汇管理等内容。

第一节　汇率制度

汇率制度又称汇率安排，是指一国货币当局对本国汇率变动的基本方式所做的一系列安排或规定。根据汇率调整的频率、幅度以及方式等不同，总体上可分为固定汇率制度和浮动汇率制度。

一、固定汇率制度

固定汇率制度是指两国货币比价基本固定，其波动的界限被限定在一定幅度之内的一种汇率制度。当汇率波动超过上下限时，货币当局有义务进行干预。历史上出现过金本位制下的固定汇率制度与布雷顿森林体系下的固定汇率制度两种形式。

1. 金本位制下的固定汇率制度

在第二次世界大战之前，黄金长期作为世界通行的国际货币（本位货币）。在金本位制下，铸币平价是汇率的决定基础，汇率波动要受到黄金输送点的自动调节，并且以黄金的输送点为界限。因此，汇率的变化幅度很小，仅在铸币平价上下各 6‰左右的范围内波动。其稳定是靠自动而非人为的措施来维持的。

在 1929—1933 年的世界经济危机冲击下，金本位制彻底崩溃，以金本位制为基础的固定汇率制度也随之消亡，资本主义国家开始普遍实行纸币流通制度。

2. 布雷顿森林体系下的固定汇率制度

第二次世界大战之后，国际货币体系进入第二个固定汇率时代——**布雷顿森林体系**时代。

此体系实行**"双挂钩"制度**，即美元与黄金挂钩，其他各国的货币与美元挂钩。国际货币基金组织要求其成员规定本国货币的含金量，通过含金量的比率（金平价）来确定与美元的汇率，即各国货币钉住美元并与之建立固定的比价关系。同时，国际货币基金组织又规定，两国货币汇率的波动界限为其金平价的上下各 1%。

可见，在布雷顿森林体系下，汇率的波动界限已大大超过了金本位制下的黄金输送点，其调节不具备自动稳定机制，需要人为的政策来维持。因此，这种汇率制度下的汇率只是相对固定，又被称为**"可调整的钉住汇率制度"**。

在短期内，由于两国货币比价基本是固定的，可以将汇率看作一个**名义锚**，从而降低了汇率波动的不确定性，促进了国内物价水平和通货膨胀预期的稳定。同时，汇率的稳定也为国际贸易与国际投资提供了较为有利的环境，从一定程度上减少了汇率变动的风险，便于进出口商、国际信贷和国际投资的经济主体进行成本和利润的核算，从而推动了对外贸易的发展，促进了世界经济的共同繁荣。

但是，固定汇率制度也存在一些缺陷。首先，在固定汇率制度条件下，想要使汇率固定不变，必须处理好内外平衡的问题。一国政府既要平衡国际收支，以便保持汇率稳定，又要控制国内总需求，以便接近没有通货膨胀的充分就业的状态。而实际上，保持两者共同平衡是非常困难的，需要各国付出很大的调整代价。其次，由于一国有维持固定汇率的义务，因此当其他国家的经济出现各种问题而导致汇率波动时，该国货币当局就必须进行干预——要么牺牲本国货币政策的独立性，要么限制资本的自由流动，否则易引发货币和金融危机。例如，1994 年的墨西哥比索危机、1997 年的亚洲金融危机、1998 年的俄罗斯卢布危机等。这些发生危机的国家都是采用了固定汇率制度，同时又不同程度地放宽了对资本项目的管理，导致了由资本流动引发投机冲击，最终固定汇率遭到破坏的后果。

总之，固定汇率制使各成员的经济紧密相连，互相影响。一旦有一国出现经济动荡，必然会波及他国，并且也使一国很难独立地实行国内经济政策。

二、浮动汇率制度

浮动汇率制度是指一国货币当局不规定本币与外币的金平价和汇率上下波动的界限，汇率随外汇市场供求关系的变化而自由涨落，货币当局也不再承担维持汇率波动界限的义务。当外币供过于求时，外币汇率就下跌；当外币供小于求时，外币汇率就上涨。

（一）浮动汇率制度的类型

根据不同的分类标准，浮动汇率制度包括诸多子类型。

1. 按照政府是否对市场汇率进行干预划分

按照政府是否对市场汇率进行干预划分，浮动汇率可分为自由浮动和管理浮动。

（1）**自由浮动**又称清洁浮动，是指一国货币当局对汇率的波动不采取任何干预措施，而完全听任外汇市场的供求变化自由波动。纯粹的自由浮动汇率是不存在的。由于一国汇率的波动直接影响一国经济的稳定与发展，各国政府都不愿本国汇率长期在供求关系的影响下无限制地波动。因此，各国政府总是或明或暗地对外汇市场进行干预，使汇率朝着对本国有利的方向变动，这就是**管理浮动汇率制度**。

（2）**管理浮动**又称肮脏浮动，实行浮动汇率制度的国家大都属于管理浮动。政府主要采取以下几种方式管理本国汇率。一是直接干预外汇市场，可以是一国政府独自干预，也可以联合他国政府共同干预。如2011年3月，日本地震发生后，日元汇率飙升至历史新高，七国集团（G7）联合进行干预，阻止日元走强。二是运用货币政策调节国内货币供应量，进而影响本币的汇率。三是实行外汇管理，主要是通过各种措施来影响国际资本流动的方向和规模，借以影响汇率水平。

2. 按照汇率浮动的形式划分

2009年，国际货币基金组织根据各成员汇率制度的实际情况，按照汇率制度弹性的大小及是否存在对于给定汇率目标的正式或非正式的承诺，将浮动汇率制度分为以下10种形式。

（1）**无独立法定货币的汇率制度**。这种制度是指将另一国货币作为单一法定货币在本国流通，或者遵从货币联盟成员之间的汇率制度。采用这种汇率制度意味着要放弃本国货币政策的独立性，因而这种制度一般为小型经济体所采用，主要代表有厄瓜多尔、密克罗尼西亚、巴拿马等国。

（2）**货币局汇率制度**。这种制度是指在法律中明确规定本国货币与某一外国可兑换货币以固定比率进行兑换。外汇储备资产的多少决定了本国货币的发行量，外汇储备资产为货币发行量作全额保证。这一汇率制度的核心是联系汇率制。采用这种制度的代表有中国香港、东加勒比货币联盟等。

（3）**传统钉住汇率制度**。这种制度是指将本币按照固定汇率钉住单一外币或一篮子货币，汇率上下波动幅度不超过±1%。通常情况下，货币当局或是在外汇市场上买卖外汇进行直接干预，或是通过利率政策、外汇管理等手段间接干预，以维持固定汇率。巴哈马、西非经济货币联盟、中部非洲经济与货币共同体等均采用这一汇率制度。

（4）**水平带内钉住汇率制度**。这种制度是指本币钉住单一外币或一篮子货币，汇率围绕中心汇率上下波动的幅度超过±1%，一般最高汇率与最低汇率之间的波动幅度大于±2%。

（5）**爬行钉住汇率制度**。这种制度是指本币与外币保持一定的平价关系，但是货币当局根据一系列经济指标频繁、小幅度地调整平价。实行该汇率制度的包括洪都拉斯、尼加拉瓜、博茨瓦纳等国。

（6）**类爬行安排**。这种制度是指在一个统计识别趋势上，汇率波动需维持在±2%的波幅范围内，并持续至少6个月。只有汇率以充分单调或连续的方式升值或贬值，且其年化率的波动不小于±1%，才能被定义为类似爬行制度。采用这种汇率制度的有利比里亚、埃及、柬埔寨等国。

（7）**稳定化安排**。这种制度是指通过统计技术确定锚货币或者一篮子货币，本币汇率相对于锚货币或者一篮子货币而言，在即期市场上应在至少 6 个月时间里维持在 ±2% 的波幅范围内。采用这种汇率制度的有伊朗、越南、摩洛哥等国。

（8）**浮动汇率制度**。这种制度是指汇率波动由市场决定，但是满足固定汇率制度或爬行钉住汇率制度下汇率波动的特征。采用这种汇率制度的有白俄罗斯、韩国、印度等国。

（9）**自由浮动汇率制度**。这种制度是指政府干预仅偶然发生，旨在处理无序的市场条件。政府需要提供信息和数据证实干预在过去 6 个月被限制在 3 次以内，且每次不超过 3 个工作日。如果信息和数据没有递交给国际货币基金组织，则归类于浮动汇率制度。实行该汇率制度的有澳大利亚、加拿大、日本、欧元区等国家和地区。

（10）**其他管理安排**。这种分类是对汇率制度的查漏补缺，是指货币当局政策变动无规律的汇率制度。属于该类别的国家包括科威特、叙利亚、阿富汗等。

（二）浮动汇率制度的影响

浮动汇率制度下，由于各国政府不再需要人为维持汇率的稳定，加之浮动汇率有利于经济的自动调节，这使得浮动汇率下的宏观经济调控变得相对简化。但浮动汇率下汇率频繁无规律的大幅波动，也给经济带来了新的风险。

1. 浮动汇率制对经济的有利影响

浮动汇率对经济的有利影响主要体现在以下五个方面。

（1）浮动汇率可以自动调节国际收支。在浮动汇率制下，汇率可根据市场供求自由浮动，不断进行调整，从而使得一国的国际收支自动达到均衡，无须以牺牲国内经济为代价。如当一国国际收支发生逆差时，本币就会开始呈现贬值趋势，这种情况有利于出口，不利于进口，从而使国际收支逆差减少。

（2）浮动汇率避免了外汇储备大量流失。在浮动汇率制度下，各国货币当局没有义务维持货币的固定比价，在很大程度上听任汇率由外汇市场的供求来支配。当本币贬值时，货币当局不必动用外汇储备去购进被抛售的本币，有助于节省国际储备，使得更多的外汇能用于本国的经济建设。

（3）浮动汇率有利于保证一国货币政策的独立性。在浮动汇率制度下，当汇率发生波动时，一国货币当局不必急于动用外汇储备干预汇率，从而对国内货币供给量也不会产生明显影响，不影响本国货币政策的稳定性和独立性。

（4）浮动汇率还可以在一定程度上缓解国际游资的冲击。在浮动汇率制度下，汇率随外汇市场供求关系而自由浮动，市场汇率与货币内在价值相背离的可能性降低，减少了国际游资套汇或套利的机会，降低了投机风险。

（5）浮动汇率限制了通货膨胀的跨国传播。在浮动汇率制度下，国外通货膨胀会促使本国货币升值，避免了固定汇率制度下国外通胀通过"一价定律"促使本国商品和服务价格上涨，或通过外汇储备增加使国内货币供给增加，间接引起国内物价上涨的风险。

2. 浮动汇率制对经济的不利影响

浮动汇率对经济的不利影响主要有以下五个方面。

（1）浮动汇率的频繁波动不利于国际贸易和国际投资。在浮动汇率制度下，汇率变动频繁剧烈，不利于进出口的成本核算和利润计算，阻碍了国际贸易的稳定发展。另外，汇率波动导致对外投资损益的不确定性加大，可能会使投资的预期利润化为泡影，给投资者带来普遍的不安全感，使人们不愿意缔结长期国际投资，以致国际资金借贷受到严重影响。

（2）浮动汇率助长了投机，加剧了动荡。在浮动汇率制度下，汇率的波动取决于外汇市场的供求关系，汇率波动越频繁、波动幅度越大，外汇投机者就越有机可乘，比如通过预测汇率变化在外汇市场上低买高卖，牟取暴利。这种巨额频繁的投机活动加剧了国际金融市场的动荡。

（3）浮动汇率降低了对通货膨胀倾向的约束。在浮动汇率制度下，各国的货币政策和财政政策因受到的约束较小，容易盲目扩张，引发通货膨胀。加之许多国家利用货币贬值来刺激出口，带动了国内物价上涨，加重了全球通货膨胀的压力。

（4）浮动汇率为竞争性货币贬值提供了借口。为了刺激出口、改善贸易收支，进而扩张国内经济、增加生产和就业，各国可能会以货币贬值为手段，输出本国失业，或以他国经济利益为代价扩大本国就业和产出，这就是"以邻为壑"的政策。此种做法削弱了金融领域的国际合作，不利于开展正常的贸易交往活动，使得国际经济关系矛盾加剧。

📖 **视野拓展**

国际货币基金组织对汇率分类法的调整和修订

（5）在浮动汇率制度下，国际协调更困难，对发展中国家不利。与固定汇率制度相比，采用浮动汇率制度的国家通常没有维持汇率稳定的法定义务，各国汇率政策的独立性更高，易发生政策的不协调。对处于产业链和贸易链不利地位的发展中国家而言，国际协调的难度更大。

浮动汇率制度的优缺点并存，尽管它不是最理想的、最完善的国际汇率制度，但仍不失为一种适应当今世界经济的可行的汇率制度。

📖 **学习思考**

浮动汇率制与固定汇率制的异同和各自的优缺点是什么？

第二节　外汇管理

在国际金融领域，外汇管理是很常见的一种做法。一个国家外汇管理的范围大小与严格程度，主要取决于该国的经济、贸易、金融和国际收支等状况。随着世界经济的不断发展与变化，外汇管理也在不断发展和完善。

一、外汇管理概述

外汇管理，是指一国为了平衡国际收支、维持汇率稳定以及集中外汇资金，通过法律、法令、条例等形式对外汇资金的收入和支出、外汇汇率、外汇市场以及外汇资金来源与运用等进行的干预和控制。

一般来说，外汇供给较丰富且外汇市场较发达的国家，大多通过设立**外汇平准基金**

（exchange equalization fund）来维持汇率的稳定；而外汇供给较缺乏且外汇市场欠发达的国家，则实施较为严格的外汇管理办法。事实上，完全不受管理的自由外汇交易是不存在的。世界上所有国家（地区）都实行某种程度的外汇管理，差别只是管理松紧程度不同。

1. 外汇管理目标

一国实行外汇管理的主要目标是维持本国国际收支平衡，保持汇率有秩序的安排，维持金融稳定，抑制通货膨胀，提高本国商品在国际市场上的竞争力和促进本国经济发展。外汇管理已成为许多国家调控宏观经济的重要手段，也是国与国之间在经济金融领域进行斗争的重要工具。

2. 外汇管理机构

外汇管理一般由中央政府授权给财政部、中央银行，或另外成立专门机构作为执行机构。如1939年英国实施外汇管理后，指定英国财政部为决定外汇政策的权力机构，英格兰银行代表财政部执行外汇管理的具体措施。日本由财务省负责外汇管理工作。我国设立了外汇管理的专门机构——国家外汇管理局，主要负责处理外汇管理的日常事务、执行外汇管理的法令条文、提出外汇管理的政策建议。另外，大多数国家都将外汇交易交给外汇银行具体办理，因此外汇银行也属管理主体。

3. 外汇管理对象

外汇管理的对象可分为对人、对物、对地区、对行业和对国别等五个层次。

（1）对人的管理。外汇管理包括对法人和自然人的管理，根据自然人与法人居住或营业的地区不同又划分为居民和非居民。在正常情况下，由于居民的外汇支出关系到居住国的国际收支状况，故管理较严，对非居民的管理则相对较松。

（2）对物的管理。物的管理是指对外汇及外汇有价物进行管理。其中包括外币现钞、外国铸币、支付工具（如汇票、本票、支票、旅行信用证等）、有价证券（如股票、公司债券、人寿保险单、存折）和黄金，有的国家还把白银、白金和钻石包括在内。

（3）对地区的管理。地区管理是指对本国不同地区实行不同的管理政策。如一国对出口加工区、保税区、经济特区等实行比较宽松的外汇管理政策，而对其他地区则实行比较严格的政策。

（4）对行业的管理。行业管理主要指国家根据产业政策，对不同行业的进出口商品采取不同的外汇政策或实行复汇率制。这是一些新兴工业化国家常采取的一种办法。比如，我国曾经执行过的外汇留成制度，就是一种典型的行业差别政策。即对传统出口行业结汇采取正常的外汇管理，对高新技术和重工业出口结汇则采取相对优惠的政策，同时对生活奢侈品行业的进口用汇采取较严的政策。

（5）对国别的管理。国别管理主要是指针对不同国家、不同地区实行不同的资本输出输入、商品进出口用汇的管理政策。

二、外汇管理的方法

我们主要将外汇管理方法分为直接管理和间接管理两种。

1. 直接管理

直接管理是指对外汇交易和汇率进行直接的干预和控制。按照实行的方式，又可分为行政管理、**数量管理**和**价格管理**等三种类型。

（1）行政管理是指政府以行政手段对外汇买卖、外汇资金的来源和运用所实行的监督和控制。具体的方法如政府垄断外汇买卖、管理外汇资产、管理进出口外汇、控制资本的输出输入等。

（2）数量管理是指政府对外汇收支进行数量控制。通过进口限制、许可证制、管理贸易与非贸易外汇，以及限定外汇市场交易数额，对资本输出输入、对银行账户存款调拨进行审批管理等，实现对进出口数量和非贸易外汇的统筹与管理。

（3）价格管理也称成本管理，是指通过调整汇率来影响外汇供求关系。其主要形式有以下三种。第一，规定法定的差别汇率，对进口国计民生必需的商品给予优惠的汇率，而对进口奢侈品则以较高汇率供给外汇。第二，执行外汇转移制度，出口商按官方汇率向中央银行结售外汇时，除取得本币外还从中央银行领取外汇转移证明，以便到外汇市场上出售转移证明而从中得到额外收益。第三，实行复合结汇制度，部分外汇收入按要求向银行结汇，同时允许其余部分按更高汇率在自由市场上出售。

2．间接管理

间接管理是指通过控制国际收支经常账户和资本账户等途径，间接影响外汇收支和供求关系，进而调控汇率。一般做法是，各国中央银行建立外汇平准基金或**外汇稳定基金**（exchange stabilization fund），央行凭此进行公开市场操作，即利用基金进入外汇市场买卖外汇或黄金，从而影响或调节外汇供求。这种方法对扭转国际收支短期性逆差效果较好，但在应对长期性逆差上的效果并不明显。

三、外汇管理的内容

1．对外汇资金收入的管理

外汇收入主要是指贸易出口、服务出口和资本输入引起的收入。一般而言，一国对贸易和服务出口收汇管理相对较松，对资本流动的管理相对较严。

一国对出口收汇管理的主要内容可分为两类：一类是出口收汇的集中，最严格的规定是出口商必须把全部出口收汇按官方汇率结售给政府指定的银行机构；另一类是对出口收汇的鼓励，即允许出口收汇中的部分收入归企业留成，或按较优惠的汇率结售给政府，以使出口企业得到更多的本币收入。出口收汇管理的主要目标是集中和增加外汇收入，以保证进口需要和平衡国际收支。

一国对资本输入的管理主要集中在两个方面。一是对长期资本输入实施期限结构、投入方向等输入条件的管理，即还款期限不宜过分集中，投入方向要符合本国经济发展的需要，资金入市的比重要适当，资本来源不宜过分集中在某一国家，利润的返回方式要适当等。二是对短期资本输入的管理。在这方面，大多数国家都采取比较严厉的管理措施。例如，发达国家为了稳定金融市场、维持汇率稳定，避免资本流入造成国际储备过剩和通货膨胀，通常会对银行吸收非居民存款规定较高的存款准备金率，对非居民存款不付利息或倒收利息，限制非居民购买本国有价证券等。

2．对外汇资金运用的管理

对外汇资金运用的管理主要体现在对贸易和服务进口付汇及资本输出方面。经济发达程度较低的国家为了保证合理用汇和促进经济发展，大都实行比较严格的用汇管理。通常对进口商品的种类、数额及货物来源进行管理，如将商品分为禁止进口类、限制进口类和按规定渠道进口类等。实施严格外汇管理的国家，通常采用进口许可制。凡进口商办理进口时，必须先获得进口许可证或进口配额，然后才能向外汇银行申购所需的外汇。进口许可证的签发，通常要考虑进口数量、进口商品的结构、进口品的生产国别、进口支付的条件等。

在资本输出的管理方面，发达国家一般采取鼓励资本输出的政策，但是它们在特定时期，如面临国际收支严重逆差之时，也采取一些限制资本输出的政策。这些政策主要包括：规定银行对外贷款的最高额度，限制企业对外投资的国别和部门，对居民境外投资征收利息平衡税等。而发展中国家大都实施严格的管理，一般不允许个人和企业自由输出或汇出外汇资金。随着区域经济一体化和贸易集团化趋势的出现，不少发展中国家开始积极向海外投资，以期通过直接投资来打破地区封锁，带动本国出口增长。例如韩国、东盟各国、中国的海外投资都十分活跃，因此放松了资本输出的外汇管理。

3. 对货币兑换的管理

对外汇资金收入和运用的管理，归根结底是依靠货币兑换管理来进行的。如果一国货币可以自由地兑换成另一国的货币，那么外汇收入和运用的管理就难以进行。实施货币兑换管理的原因主要有外汇短缺、金融秩序混乱、国内外经济体制不同、国内外价格体系存在差异等。

4. 对黄金、现钞输出输入的管理

实行严格外汇管理的国家对黄金交易也进行管理，一般不准私自输出输入黄金，而由中央银行独家办理。对现钞的管理，习惯的做法是对携带本国货币出境规定限额和用途，有时甚至禁止携带本国货币出境，以防止本币输出用于商品进口和资本外逃而冲击本币汇率。

视野拓展

中国外汇体制改革及人民币汇率制度的变迁

5. 对汇率的管理

汇率管理一般分为直接管理和间接管理两种。

（1）**直接管理汇率**是指一国政府指定某一部门制定、调整和公布汇率，这一官方汇率对整个外汇交易起着决定性的作用，各项外汇收支都须以此汇率为基础。但由于官方汇率与千变万化的市场价格有可能脱节，实际上会形成官方汇率与自由市场汇率并存的现象，成为一种变相的复汇率制。

一些经济欠发达、市场机制发育不健全、缺乏有效市场调控机制的国家，常常采用复汇率制度等带有行政色彩的方式来管理汇率。复汇率按其表现形式不同又可分为公开和隐蔽的两种。例如，对出口企业创汇实行不同的外汇留成比例，并允许企业按高于指定的汇率售出，这就形成了事实上的多重汇率。复汇率一般起着"奖出限入"的作用，是经济欠发达国家或出口创汇能力低的国家调节国际收支逆差的重要手段。但实行复汇率制度，易造成管理成本较高、外汇管理比较复杂以及价格扭曲，不利于公平竞争。

（2）**间接管理汇率**是指政府有关部门利用外汇市场买卖外汇，以影响外汇供求关系，控制汇率变动的方法。政府通过建立外汇平准基金、动用外汇储备、调整国内的货币政策及利率水平等方式来干预外汇市场，影响本币汇率的变动。

四、外汇管理的作用和弊端

外汇管理是各国普遍采用的措施之一，这足以说明必要的管理对于一国经济的内外均衡有着重要的意义，但过度的、不合时宜的管理措施也会破坏经济自身的规律，从而带来不利影响。

1. 外汇管理的积极作用

外汇管理的重要目的在于维持汇率的合理水平、保持国际收支的基本平衡，并在此基础上促进经济的持续健康发展。

（1）促进国际收支平衡或改善国际收支状况。外汇管理有利于控制资本的国际流动，维持国际收支平衡，防止和减缓国际收支危机和金融危机的发生，保证本国经济稳定发展。

（2）稳定本币汇率，减少涉外经济活动中的外汇风险。汇率的频繁、大幅度波动所造成的外汇风险会严重阻碍一国对外贸易和国际借贷活动的进行。拥有大量外汇储备的国家可以通过动用储备来稳定汇率；而对于缺乏外汇储备的发展中国家来说，外汇管理则是稳定本币汇率的重要手段。

（3）限制资本外逃和大规模的投机性资本流动，维护本国金融市场的稳定。经济实力较弱的国家存在着非常多的可供投机资本利用的缺陷。例如，在经济高速发展时，商品、股票、房地产价格往往上升过快，以致高于其内在价值。在没有外汇管理的情况下，这会吸引投机性资本流入，更显著地加剧价格信号的扭曲。一旦泡沫破灭，投机性资本外逃，又会引发一系列连锁反应，造成经济局势迅速恶化。因此，外汇管理是国家维护本国金融市场稳定运行的有效手段。

（4）有效利用外汇资金，推动重点产业优先发展。外汇管理使政府拥有更多对外汇运用的支配权。政府可以利用它限制某些商品进口，以保护本国的相应幼稚产业；或者向某些产业提供外汇，以扶持重点产业优先发展。

（5）增强本国产品国际竞争能力。在本国企业不足以保证产品国际竞争能力的条件下，政府可以借助外汇管理为企业开拓国外市场。例如，规定官方汇率是外汇管理的重要手段之一，当政府直接调低本币汇率或限制短期资本流入时，都有助于增加本国出口。

2. 外汇管理的弊端

过度的外汇管理必然会扭曲经济规律，引发国际摩擦。

（1）不利于国际贸易发展和加快资本国际化进程。从世界范围来看，外汇管理阻碍着多边结算体系的形成，进而阻碍了国际贸易和国际资本的正常运行。对发展中国家来说，高估本币汇率和限制外汇自由交易会打击出口企业的创汇积极性，而外汇短缺也影响该国进口贸易的发展。同时，限制资本外流和限制投资收益回流的做法也会打击外商对该国投资的积极性。许多国家的经验证明，要打破国际收支逆差、外汇储备不足、对外开放程度低、经济发展速度慢之间的恶性循环，需要在逐步取消外汇管理上寻找突破口。

（2）扭曲汇率，不利于资源的合理配置。无论是政府规定官方汇率，还是政府限制外汇买卖，都会使汇率偏离市场均衡汇率。对发展中国家来说，汇率扭曲主要表现在本币汇率过高，会打击该国的出口产业和进口替代产业，因为它抬高了本国出口商品的外币价格并压低了进口商品的本币价格。而且，本币汇率过高也不利于吸引外资，它使得外资只能支配较少数量的该国实际资源。从长远来看，这不利于发展中国家的经济发展、技术进步和国际竞争能力的提高。

（3）出现外汇黑市，外汇官价和黑市并存可能带来非法交易。在实行严格外汇管理的国家，政府或主管部门掌握部分外汇分配权后，容易出现以权谋私、黑市、走私等问题。当外汇黑市规模较大时，政府甚至不得不开放外汇调剂市场，使该国出现合法的双轨制汇率。而为了以较低的官价购买外汇，某些个人和企业可能向掌握外汇配给权的官员行贿，助长社会的腐败风气。

（4）容易遭到国际贸易对手国的报复，增加国际间矛盾。一国政府为了本国的经济利益实行奖出限入政策，可能会招致其他贸易伙伴国的报复，增加国家间经济矛盾。从长期看，这会对一国经济与贸易产生一定的负面影响。

> 外汇管理是一把双刃剑，它虽然见效迅速且针对性强，但管制越严格、时间越长，它对经济的消极影响也越大。从世界经济的长远发展来看，各国逐步放宽和最终取消外汇管理是一种历史趋势，但这将会是一个非常漫长的过程。许多国家的经验表明，外汇管理放松的进程取决于该国经济稳定发展、金融发达及其监管程度，要与一个国家经济的整体开放程度以及金融业发展的步伐相适应。一国既要逐渐放松外汇管理，促进金融国际化发展，又要保证国内金融有序稳定，促进本国经济的发展。

📖 学习思考

简述外汇管理的内涵及分类，以及实行外汇管理的目的。

📘 本章小结

1. 汇率制度是一国货币当局对本国汇率变动的基本方式所做的一系列安排或规定，可分为固定汇率制度和浮动汇率制度。

2. 外汇管理是一国为了平衡国际收支、维持汇率稳定以及集中外汇资金，通过法律、法令、条例等形式对外汇资金的收入和支出、外汇汇率、外汇市场以及外汇资金来源与运用所进行的干预和控制。外汇管理一般由中央政府授权给财政部、中央银行，或另外成立专门机构作为执行机构。外汇管理的对象可分为对人、对物、对地区、对行业和对国别等五个层次。

3. 外汇管理的方法包括直接管理和间接管理两种。其中直接管理包括行政管理、数量管理和价格管理；间接管理主要通过控制国际收支经常账户和资本账户等途径，间接影响外汇收支和供求关系，进而调控汇率。

4. 外汇管理的内容包括对外汇资金收入的管理、对外汇资金运用的管理、对货币兑换的管理、对黄金和现钞输出输入的管理以及对汇率的管理。

📘 课后练习及实训操作

一、填空题

1. 一国货币当局对本国汇率变动的基本方式所做的一系列安排或规定，被称为_____。

2．固定汇率制度是指两国货币比价_____，其波动的界限_____的一种汇率制度。与此相对，在浮动汇率制度下，汇率随_____的变化而自由涨落，货币当局也不再承担维持固定汇率的义务。

3．按照汇率浮动的形式，可分为_____、_____、_____、_____、_____、_____、_____、_____、_____和_____。

4．中央银行对外汇市场的管理分为直接管理和间接管理，其中直接管理包括_____、_____和_____。

5．爬行钉住汇率制度是指本币与外币保持一定的平价关系，但是货币当局根据一系列_____频繁、小幅度地调整平价。

二、不定项选择题

1．属于固定汇率制的国际货币体系有（　　　　）。

A．国际金本位制　　　　　　　　　B．布雷顿森林体系

C．牙买加体系　　　　　　　　　　D．以上都是

2．与固定汇率制相比，浮动汇率制的主要优点是（　　　　）。

A．自动调节国际收支　　　　　　　B．保证一国货币政策的独立性

C．缓解国际游资的冲击　　　　　　D．避免国际性的通货膨胀传播

3．按照政府对汇率是否干预，浮动汇率制度可分为（　　　　）。

A．货币局汇率安排浮动　　　　　　B．清洁浮动

C．水平带内钉住汇率安排浮动　　　D．肮脏浮动

4．将另一国货币作为单一法定货币在本国流通，或者遵从货币联盟成员之间的汇率制度是（　　　　）。

A．水平带内钉住汇率制度　　　　　B．无独立法定货币的汇率制度

C．货币局汇率制度　　　　　　　　D．传统钉住汇率制度

5．各国政府总是或明或暗地对外汇市场进行干预，使汇率朝着对本国有利的方向浮动，这就是（　　　　）。

A．管理浮动汇率制　　　　　　　　B．浮动汇率制

C．爬行钉住汇率制　　　　　　　　D．传统钉住汇率制

6．各国执行外汇管理的机构通常包括（　　　　）。

A．外汇银行　　　　　　　　　　　B．外贸管理机构

C．海关　　　　　　　　　　　　　D．专门的外汇管理机构

7．外汇管理的内容主要有（　　　　）。

A．对外汇资金的管理　　　　　　　B．对货币兑换的管理

C．对黄金、现钞的管理　　　　　　D．对汇率的管理

8．一般情况下，中央银行在外汇市场卖出债券，市场上的货币供给量就会减少，汇率会（　　　　）。

A．下降　　　　　B．上升　　　　　C．不变　　　　　D．不能确定

9．外汇管理的方法包括价格管理，它的主要形式有三种，分为（　　　　）。

A．规定法定的差别汇率　　　　　　B．制定外汇转移制度

C．实行复合结汇制度　　　　　　　D．调整再贴现率

10．布雷顿森林体系下的固定汇率制度允许两国货币汇率的波动界限为其金平价的上下各（　　　）。

    A．0   B．1%   C．5%   D．10%

三、判断题

1．复汇率制是指一国实行两种汇率的制度。　　　　　　　　　　　　　　（　　）

2．自由浮动又称清洁浮动，这种汇率制度的灵活性最大，实行浮动汇率制度的国家大都属于该种汇率制度。　　　　　　　　　　　　　　　　　　　　　　　（　　）

3．政府通过建立外汇平准基金、动用外汇储备、调整国内的货币政策及利率水平等方式来干预外汇市场，对本国汇率进行直接管理。　　　　　　　　　　　　　　（　　）

4．外汇管理无助于外汇失衡的消除和国际收支问题的根本解决。　　　　（　　）

5．自由浮动汇率制度是指政府干预仅偶然发生，旨在处理无序的市场条件。政府需要提供信息和数据证实干预在过去6个月被限制在3次以内，且每次不超过3个工作日。如果信息和数据没有递交给国际货币基金组织，则归类于浮动汇率制度。　　　　　（　　）

四、名词解释

汇率制度	固定汇率制度	浮动汇率制度	自由浮动 　　管理浮动
无独立法定货币的汇率安排	货币局汇率制度	传统钉住汇率制度	
水平带内钉住汇率制度	爬行钉住汇率制度	类爬行安排	
稳定化安排	浮动汇率制度	自由浮动汇率制度	其他管理安排
复汇率制	外汇管理		

五、简答题

1．什么是汇率制度？它有哪几种基本类型？

2．根据政府干预程度的不同，浮动汇率制度可以分为哪几种？

3．浮动汇率制度对经济有哪些影响？

4．外汇管理的含义与目标是什么？

5．简述外汇管理的方法。

6．试述中央银行干预外汇市场的方式。

六、实训操作

查阅国家外汇管理局网站，了解我国现行外汇管理的措施及人民币汇率制度的相关规定。

第四章　外汇交易

【学习目标】

（1）了解外汇市场的概念、特征、分类及主要参与者。

（2）掌握外汇交易的主要品种。

（3）理解各种交易方式的概念、特点及应用。

（4）掌握各种交易方式的具体操作与计算。

案例导读

我国外汇市场向市场化、专业化、国际化迈进

2012 年以来，通过一次次改革创新、一轮轮扩大开放，我国外汇市场稳健运行的基础不断夯实，国际竞争力和影响力不断提升。

我国外汇市场已具备即期、远期、掉期、期权等国际成熟产品体系，能够满足市场主体多样化的汇兑和汇率避险保值需求。银行间外汇市场的可交易货币扩大至 29 种发达和新兴市场经济体货币。银行柜台外汇市场的挂牌货币超过 40 种，基本涵盖了我国跨境收支的结算货币，可满足企业跨境投融资产生的基本汇兑和汇率避险需求。

银行间外汇市场已具有国际市场主流和多元化的交易清算机制。交易模式可选择集中竞价、双边询价和双边授信下集中撮合等三种电子交易模式，以及货币经纪公司的声讯经纪服务。银行间外汇市场在标准化产品上支持撮合机制，在复杂衍生品上支持询价协商机制，形成竞价、撮合、询价等适用于不同交易品种、不同市场主体的各类机制，满足市场多元化交易需求，更好发挥市场价格发现功能。

（节选自乔林智《稳步推进中国外汇市场高质量发展》，《中国外汇》2022 年第 19 期）

外汇业务是国际金融业务的核心组成部分，外汇交易涉及多种不同的交易工具和交易者，其内容非常丰富。了解这些不同的交易工具，掌握交易者操作外汇业务的一些基本原则，能使我们更深入地认识国际金融活动的作用和意义。

第一节　外汇交易概述

外汇市场（foreign exchange market）是指外汇交易主体进行货币兑换或外汇买卖的场所或系统，它的职能是经营不同国家的货币商品。外汇市场上的外汇交易种类纷繁多样。如果我们将外汇看成一种商品，那么外汇交易同普通商品的交易一样，是一种买卖行为，只不过其交易的是特殊商品——货币。

一、外汇市场的特征

与其他金融市场相比，外汇市场具有以下特征。

第一，全天交易，交易时间长。由于全球各个金融中心的地理位置不同，全球各大外汇市场因时间差的关系成为昼夜不停、24 小时连续运作的巨大市场。惠灵顿、悉尼、东京、香港、法兰克福、伦敦、纽约等各大外汇市场紧密相连，为投资者提供了没有时间和空间障碍的理想投资场所。只有星期六、星期日以及各国（或地区）的重大节日，外汇市场才会关闭。

第二，交易方便且成交量巨大。外汇市场是世界上最大的金融交易市场，得益于计算机技术的广泛应用，交易者通过交易系统可以方便地进行买卖交易。国际清算银行于 2022 年 10 月表示，全球日均外汇交易量较之以前增长了 14%，达到 7.5 万亿美元，其规模已远远超过股票等其他金融商品市场，财富转移的规模越来越大，速度也越来越快。

第三，保证金制度且交易成本低。在杠杆式外汇交易保证金制度下，外汇市场资金可以较传统投资方式获得相对多的投资机会。交易者可以对外汇交易不收取佣金或手续费，而只设定点差作为交易的收益，相对而言，交易成本较为低廉。

第四，双向交易，操作方向多。外汇市场操作可以进行双向交易，交易者可以先买后卖进行**多头**交易，也可以先卖后买进行**空头**交易。

第五，全球市场，政策干预力低。虽然一国的中央银行会对外汇市场进行一定的干预活动，但其干预能力在这个容量巨大的外汇市场上并不突出，因为买卖双方阵营中随时都有大型金融机构和为数众多的普通交易者存在并不断地参与交易活动，所以是没有机构或个人能够操纵市场的。

二、外汇市场的分类

外汇市场一般可以根据以下几种不同的分类标准进行分类。

1. 按有无固定经营场所划分

外汇市场按有无固定经营场所划分，可分为有形外汇市场和无形外汇市场。

有形外汇市场，也称**交易所市场**，是指有固定的营业场所和规定的营业时间的外汇市场。巴黎、阿姆斯特丹、米兰等地的外汇市场即属于此类市场。有形外汇市场的主要特点：一是外汇交易所通常位于世界各国的金融中心；二是从事外汇业务经营的双方，在每个交易日的规定时间内进行外汇交易。在自由竞争时期，西方各国的外汇买卖主要集中在外汇交易所。但进入垄断阶段后，银行垄断了外汇交易，致使外汇交易所日渐衰落。

无形外汇市场，也称为抽象的外汇市场，它没有固定的营业场所，外汇买卖双方无须面对面进行交易，而是通过电话、计算机网络等电信方式同经营外汇的机构进行联系以达成外汇交易。世界上较大的外汇市场都是无形市场，如纽约、伦敦、东京等。无形外汇市场的主要特点：第一，没有确定的开盘与收盘时间；第二，外汇买卖双方无须面对面交易，可以凭借电传、电报和电话等通信设备与外汇机构进行联系；第三，各主体之间有着较好的信任关系，否则这种交易难以完成。除了个别欧洲大陆国家的一部分银行还与顾客在外汇交易所进行外汇交易，其他世界各国的外汇交易大多通过现代通信网络进行。

2. 按外汇交易参与者划分

按外汇交易参与者划分，外汇市场可分为银行间市场和客户市场。

银行间市场，是指银行同业之间买卖外汇形成的市场。银行间市场每日成交金额巨大，其交易量占整个外汇市场交易量的 90% 以上，故又称作"**外汇批发市场**"。

客户市场，是由外汇银行、个人和公司客户之间的交易构成的外汇市场。其交易规模较小，交易量占外汇市场交易总量的比重不足 10%，故又称作"**外汇零售市场**"。

三、外汇市场的主要参与者

国际外汇市场的参与者主要是以大型商业银行和大型跨国公司为代表，他们或出于自身目的进行交易，或接受客户委托代行交易，但主要目的是牟利。除此之外，中央银行为调控汇率水平，也会出没于外汇市场中。

1. 外汇银行

外汇银行也称**外汇指定银行**，是由各国中央银行指定或授权经营外汇业务的商业银行或其他金融机构。外汇银行主要有三种类型：专营或兼营外汇业务的本国商业银行；在本国经营的外国商业银行分行；经营外汇买卖业务的本国其他金融机构，比如信托投资公司、财务公司等。外汇银行是外汇市场上最重要的参与者，它的外汇交易构成外汇市场的重要部分。

外汇银行在两个层次上从事外汇业务：一是在客户市场为客户服务，进行外汇买卖，以赚取买卖汇率的价差，一般不承担外汇风险；二是在银行间市场上进行交易，通过开展掉期、期货、期权等业务为客户安排**外汇保值**和**套利**，从而获得高额的手续费和服务费。

2. 外汇经纪人

外汇经纪人，是指外汇市场上介于银行之间或银行和客户之间，为交易双方介绍、接洽业务，促成外汇交易完成的中间人。他们熟悉外汇供求情况和市场行情，有现成的外汇业务网络，而且具有丰富的外汇买卖经验。因此，一般客户愿意委托他们代理外汇买卖业务。外汇经纪人的收入是靠收取外汇买卖点差和手续费来获得的，他们自身并不承担交易风险。

外汇经纪人提供的外汇交易服务通常包括三种方式。①银行先询价，经纪人再报价。在外汇买卖时，首先由银行向经纪人提出询价，经纪人报价后银行觉得可以接受，就告知经纪人买入或卖出外汇的种类及数额；之后，经纪人通知参与该笔交易的银行并开出佣金收取通知书。②经纪人主动报价。为了争取更多的业务，改进服务质量，经纪人有时为银行交易厅无偿安装电信设备，并主动向银行报价。一旦银行觉得经纪人的报价可以接受，便立即促使其成交。③订单配对。外汇经纪人根据买方客户和卖方客户发出的交易订单进行比对，将其中交易条件相符的订单配对，然后分别向交易双方开出交易确认书，促成双方的交易。

3. 非金融机构和个人

非金融机构和个人是指外汇交易中最初的外汇供应者和最终的外汇需求者，包括进出口商、政府机构、跨国公司、出国旅游者及其他外汇供求者。其中，跨国公司凭借雄厚的资金和巨大的业务量，成为非金融机构在外汇市场的主要参与者。

出口商出口商品后需要把收入的外汇卖出，而进口商进口商品则需要买进对外支付的外汇，这些都要通过外汇市场的外汇交易来进行。其他外汇供求者是指因运费、旅费、留学费、汇款、外国有价证券买卖、外债本息收付、政府及民间私人借贷，以及其他原因形成的外汇供给者和需求者，包括有劳务外汇收入者、有国外投资收益者、接受国外援助者、收到侨汇者、接受外国贷款者、对本国进行直接投资的外国企业和在国外发行有价证券者等。

4．中央银行

中央银行也是外汇市场上的重要参与者，它一般不进行直接、经常性的买卖，主要通过经纪人和商业银行进行交易。其目的是以该国银行体系管理者的身份，通过买卖外汇，防止国际短期资金冲击本国外汇市场，管理与控制本国货币供应量，维持汇率稳定和国际收支平衡。

四、外汇交易的种类

外汇交易的方式和交易工具种类繁多，市场参与者可以根据自身的需要灵活选取。

（1）**现汇交易**，是指外汇交易双方以即时外汇市场的价格成交，并在合同签订后的两个营业日内进行交割的外汇交易。

（2）**期汇交易**，是指外汇买卖双方先签订合同，规定交易的币种、金额、汇率以及交割的时间、地点等，并于将来某个约定的时间按照合同规定进行交割的一种交易方式。

（3）**掉期交易**，是指货币、金额相同，但方向相反、交割期不同的两笔或两笔以上的外汇交易同时发生，其目的也是避免汇率波动的风险。

（4）**套汇交易**，是指套汇者在不同交割期限、不同外汇市场利用汇率上的差异进行外汇买卖，以防范外汇风险和牟取差价利润的行为。

（5）**套利交易**，是指套利者利用不同国家或地区短期利率的差异，将资金从利率较低的国家或地区转移至利率较高的国家或地区，从中获取利息差额收益的行为。

（6）**外汇期货交易**，是指交易双方按照合同规定，在将来某一指定时间以既定汇率交割标准数量外汇的外汇交易。

（7）**外汇期权交易**，是指期权买方支付给期权卖方一笔期权费后，享有在合约到期或到期之前以合约规定的价格购买或出售一定数额的某种外汇资产的权利。

人们从事外汇交易的动机是多种多样的，目的不同，交易的方式也会有所差异，后文将详细介绍上述七种外汇交易。

学习思考

外汇交易多采用保证金交易方式，请读者查阅资料，了解该交易方式中杠杆率对投资者收益率的影响，以及交易商对投资者保证金余额的要求等相关知识，进一步体会外汇交易与传统投资的不同。

第二节　即期、远期与掉期交易

现汇交易和期汇交易是外汇交易中最基本、最常见的交易形式。掉期交易是将即期、远期交易结合而产生的新的交易品种。

一、现汇交易

现汇交易（spot exchange transaction）又称**即期外汇交易**，是指外汇交易双方以即时外汇市场的价格成交，并在合同签订后的两个营业日内进行交割的外汇交易。即期交易的汇率构成了所有外汇汇率的基础。一般来说，在国际外汇市场上进行外汇交易时，若非特别指定日期，一般都视为即期交易。

（一）现汇交易的交割日

交割日，又称**起息日**，就是指外汇交易合同的到期日，在这一天交易双方发生实质性的货币交换并开始计息。只有在交割日后货币到账，才能最终确定外汇买卖的盈亏。因此，交割日是外汇交易尤其是短线的外汇交易中需考虑的重要因素。银行同业间现汇交易的交割日包括以下三种类型。

（1）当日交割，即在成交当日进行交割，如香港外汇市场的美元兑港元就是当日交割。

（2）次日交割，是指在成交后的第一个**营业日**交割，如遇上非营业日，则向后推迟到下一个营业日。例如香港外汇市场的港元兑日元、新加坡元、马来西亚林吉特、澳大利亚元，在成交的次日进行交割。

（3）标准交割日交割，是指在成交后的第二个营业日交割。如果遇上任何一方的非营业日，则向后顺延到下一个营业日，但交割日顺延不能跨月。外汇市场上大多数现汇交易都采取这种方式，因为国际货币的收付除了要剔除时差影响外，还需要时间对交易细节进行逐一核对，并发出转账凭证等。

另外，根据国际外汇市场惯例，交割日必须是两种货币的发行国家或地区的各自营业日，并且遵循"价值抵偿原则"，即一项外汇交易合同的双方必须在同一时间进行交割，以免任何一方因交割的不同时而蒙受损失。

（二）现汇交易的操作程序

外汇银行与客户之间的现汇交易活动一般包括汇出/汇入汇款、出口收汇、进口付汇等。大多数交易的程序包括以下环节。

1. 询价

当一家外汇银行自身需要调整外汇头寸而买卖外汇，或受托代为买卖外汇时，交易员首先要通过电话或电传向其他外汇银行进行**询价**。询价要简洁完整，包括交易的币种、交割日期、交易金额、交易类型等。为防止对方抬高价格或压低价格，询价时无须说明买进还是卖出的意图。

2. 报价

外汇银行报价时采用双向报价法，当外汇交易员接到相关银行的询价后，应立即报出该币种的买入价和卖出价。按照一般报价的简便原则，通常只报出汇率的最后两位小数。例如，某日美元兑英镑的汇率为 1 英镑＝1.2461/1.2464 美元，则报价时只报出 61/64。这是因为汇率变化在一天之内一般只涉及最后两位数，不需要报全价，这也是银行报价的习惯。如果汇率在一天内暴涨暴跌，又另当别论。报价方的价格有法律效力，只要询价者愿意按所报出的汇率进行交易，报价者都必须同意，买卖一经成交即不得反悔、变更或要求撤销。

3. 成交

当报价方报出汇价后，询价方就必须立刻给予答复（成交或放弃），而不应与报价方讨价还价。如果对报价不满意，应回答"Thanks, Nothing"，表示谢绝交易。一旦成交，便对交易双方具有约束力。除非双方同意，否则任何一方无权擅自对交易细节进行修改或否认。

4. 证实

成交后，交易双方必须就交易的详细内容进行一次完整的重复确认。其中包括：①成交汇率，大小数全部列明；②交易货币的名称，买入哪种货币，卖出哪种货币；③买卖货币的总金额；④交割日；⑤收付账户，交易双方应把各自买入的货币划入哪个银行账户告知对方。

通过路透社、美联社等外汇交易机构终端做成的现汇交易，交易对话在打印纸上的记录可以作为交易契约，无须进一步的电传确认。若交易借助于电话进行，则需通过电传再次确认。交易结束后，若发现原证实有错误或遗漏，交易员应尽快向交易双方重新证实，重新证实后的内容得到交易双方的同意方可生效。

视野拓展

两个外汇交易员现汇交易的"对话"

5. 交割

这是外汇交易的最后也是最重要的一个环节。双方的交易员把交易的文字记录交给后台交易员，后台交易员根据交易双方当事人的要求，将卖出的货币划入对方指定的账户上。

现汇交易的交割方式有电汇、信汇和票汇等三种，具体说明可参见第二章中相关内容。

1977年9月，SWIFT（环球银行金融电信协会）系统正式启用，用于专门处理国际间银行转账和结算，使转账变得迅速和安全。大多数国际性大银行都已加入该系统。银行同业间各种货币的结算也是利用 SWIFT 系统，通过交易双方的代理行或分行进行的，最终都是以有关交易货币的银行存款的增减或划拨为标志的。

（三）现汇交易中的汇率折算与套算

在现汇交易中，由于各国外汇市场的报价方式不同，有直接报价方式，也有间接报价方式，所以经常遇到各种货币之间汇率的折算与套算问题。

1. 汇率折算

汇率折算就是已知甲货币兑换乙货币的汇率，求乙货币兑换甲货币的汇率。

【例4.1】已知报价方报出 EUR/USD 的即期汇率 1.0581/85，则报价方应如何报出 USD/ EUR 的即期汇率？

解：按报价惯例可知 EUR/USD 报价的实际含义是

$$\frac{卖出\ 1.0581\ 美元}{买入\ 1\ 欧元} \longleftrightarrow \frac{买入\ 1.0585\ 美元}{卖出\ 1\ 欧元}$$

相当于：

$$\frac{卖出\ 1\ 美元}{买入\ 1/1.0581\ 欧元} \longleftrightarrow \frac{买入\ 1\ 美元}{卖出\ 1/1.0585\ 欧元}$$

即报价方报出 USD/EUR 的即期汇率分别为 1/1.0581＝0.9451，1/1.0585＝0.9447。按惯例写出报价为 USD/EUR＝0.9447/51。

 **即学即练 4.1**

已知报价方报出 USD/JPY 的即期汇率 113.75/114.79，则报价方应如何报出 JPY/USD 的即期汇率？

2. 汇率套算

汇率套算即以第三种货币作为中介推算出两种货币的汇率，应遵循"同边相乘"或"交叉相除"原则。具体做法请参照第二章第二节的套算汇率。

二、期汇交易

期汇交易又称**远期外汇交易**（forward exchange transaction），是指外汇买卖双方先签订合同，规定交易的币种、金额、汇率以及交割的时间、地点等，并于将来某个约定的时间按照合同规定进行交割的一种交易方式。

（一）期汇交易的特点

期汇交易有以下三个特点。

（1）大额交易，合同规范。期汇交易一般数额较大，所以交易双方都比较谨慎，签订的合同相当规范，合同不仅注明买卖双方的姓名、币种、金额，还要标明汇率、远期期限和交割日等。合同一经签订，双方必须按期履约，不能任意违约，否则违约方就会受到经济处罚。

（2）交割期限较长。交易双方签订远期合同时，并不是即刻支付外汇或本国货币，而是按照合同规定，在将来某个时间进行交割，一般为 1～6 个月，最长为 1 年，通常是 3 个月。

（3）需要提供担保。外汇银行与普通客户签订交易合同时，要求客户必须由外汇经纪人做担保，并提供一定的抵押金或抵押品（通常为交易额的 1/10），以防客户不履行合同使银行遭受损失。一旦汇率变动引起的损失超过了抵押金或抵押品的价值，银行就会通知客户增加抵押金或抵押品。

（二）期汇交易的交割日

期汇交易与现汇交易的主要区别就在于交割日的不同。凡是交割日在两个营业日以后的外汇交易，都属于期汇交易。

期汇交割日依照国际惯例一般是按月而不是按天计算的，采取"日对日、月对月，节假日顺延，不跨月"的规则计算交割日。其期限一般为 1 个月、2 个月、3 个月、6 个月，最长为 1 年，最常见的为 3 个月。

"日对日"是指远期交易的交割日与成交时的**即期日**（即成交后的第二个营业日）相对。例如，一笔期汇交易为期 3 个月，在 1 月 10 日成交，则这笔交易的即期日为 1 月 12 日，因此，远期的交割日为 4 月 12 日。

"月对月"是指当远期交易的即期日为月底日（即某月最后一个营业日）时，则远期交易的交割日也为相应月份的月底日。例如，一笔期汇交易发生在 1 月 29 日，期限为 1 个月，则其即期日为 1 月 31 日，为月底日，那么对应的交割日是 2 月 28 日（或 29 日）（月底日）。

"节假日顺延"是指在期汇交易中节假日那天不是营业日，因此要顺延到下一个营业日。例如，一笔期汇交易发生在 4 月 7 日，则其即期日为 4 月 9 日，如果远期合约为 6 个月，则交割日应为 10 月 9 日；如果恰逢 10 月 9 日为周六，则交割日就要顺延到下一个营业日，即 10 月 11 日（周一）。

"不跨月"是指当远期交割日遇上节假日顺延时，不能超过这个月份。例如，一笔期汇交易为期 3 个月，发生在 8 月 28 日，则其即期日为 8 月 30 日。那么按理，其远期交割日应为 11 月 30 日，但是如果 11 月 30 日为周六，顺延后交割日就会到 12 月 2 日，这时交割日就需要向前推为 11 月 29 日，不可跨月。

（三）期汇交易的汇率报价

期汇交易使用的汇率是远期汇率，同即期汇率一样，其报价也采取双向报价，即同时报出远期买入价和卖出价；但不同的是，期汇交易除了采用直接报出期汇的实际汇率外，更经常采用的是通过报出**远期点数**差价来间接地表示远期汇率。

1. 直接报出期汇的实际汇率

直接报出远期汇价是指根据各种期汇的不同交割期限，将其买入价和卖出价直接公布出来。如：某日伦敦外汇市场上美元兑加拿大元的汇率表示为

USD/CAD	即期汇率	1.3062/66
USD/CAD	1 个月远期汇率	1.3073/85
USD/CAD	3 个月远期汇率	1.3104/46

采用这种方式的国家已越来越少。

2. 远期点数报价方式

远期点数报价法是指不直接报出远期汇率，而是报出远期汇率与即期汇率的差价，以升水和贴水来表示，再由询价方根据这个差价按一定的方法求出远期汇率。其中，如果远期汇率高于即期汇率，就称为"升水"（premium）；如果远期汇率低于即期汇率，就称为"贴水"（discount）；如果远期汇率与即期汇率相同，就称为平价（at par）。由于升水或贴水的幅度通常用报价的最后两位点数来表示，所以叫作点数汇率报价方式。1 个点通常为报价货币单位的万分之一。

如：某日纽约外汇市场上美元兑加拿大元的汇率表示为

即期汇率 USD1 = CAD1.3062/66

1 个月远期点数	25/19
3 个月远期点数	73/86

在远期点数报价法下，要计算远期汇率，需要关注升贴水点数的排列顺序。一般而言，点数按升序排列表示升水，点数按降序排列表示贴水，具体的计算方法是先将汇率点数换算成实数，然后对应即期汇率的两个数字，按照"点数前小后大对应相加、前大后小对应相减"的原则计算出远期汇率。

【例 4.2】某日纽约外汇市场上美元兑加拿大元的汇率表示为

即期汇率 USD1 = CAD1.3062/66

1 个月远期点数   25/19

点数前大后小，表示远期汇率贴水，计算方法为

远期汇率 = 即期汇率 - 点数（实数）

$$USD1 = CAD\ 1.3062\ /\ 1.3066$$
$$\underline{-\ 0.0025\quad 0.0019}$$
$$1.3037\ /\ 1.3047$$

因此，美元兑加拿大元 1 个月的远期汇率为 USD 1 = CAD1.3037/47。

 **即学即练 4.2**

已知某日纽约外汇市场上英镑兑美元汇率为即期汇率 GBP1=USD1.2181/82，1个月远期点数 33/28，则英镑兑美元 1 个月的远期汇率是多少？

【例 4.3】某日纽约外汇市场上美元兑加拿大元的汇率表示为

即期汇率　USD1 = CAD1.3062/66

3 个月远期点数　　　　　73/86

点数前小后大，表示远期汇率升水，计算方法为

远期汇率＝即期汇率＋点数（实数）

$$USD1=CAD \frac{1.3062 \ / \ 1.3066}{\underline{+ \ 0.0073 \quad 0.0086}}$$
$$1.3135 \ / \ 1.3152$$

因此，美元兑加拿大元 3 个月的远期汇率为 USD1 = CAD1.3135 /52。

 即学即练 4.3

已知某日纽约外汇市场上英镑兑美元汇率为即期汇率 GBP1=USD1.2181/82，3 个月远期点数 62/75，则英镑兑美元 3 个月的远期汇率是多少？

（四）期汇交易的作用

如前文所述，期汇交易的主要目的是保值、规避风险，但同时它也可以作为投机的工具使用。

1. 进行套期保值，避免外汇风险

视野拓展

两个外汇交易员期汇交易的"对话"

在国际贸易中，合同订立至货款清算之间通常有一段时间，在此期间若计价货币的汇率发生变动，不但不能正确地预估成本和利润，而且有时还会遭受损失。**套期保值**就是通过向外汇银行预约买进或卖出一笔期汇，使将来购买这笔外汇的价格免受汇率波动的影响，从而达到保值的目的。

例如对于进口商而言，在签订进口合同时，就向银行买进与货款价值、交割期相同的外汇，这样在付款日不管汇率如何变动，都不会影响到进口商的进口成本；对于出口商而言，在签订出口合同时，就向银行卖出与价款数量、交割期相同的外汇，这样在收款日不管汇率如何变动，都不会影响到出口商的出口利润。对于实行强制结售汇的国家，进出口商经常参与以套期保值为目的的期汇买卖。

2. 调整银行的外汇头寸

进出口商在进行期汇交易以避免或转嫁风险的同时，银行也在承担风险。外汇银行每天与客户进行了多种交易后，都会产生一天的外汇总头寸，可能会出现期汇和现汇的超买或超卖，这样，外汇银行就处于汇率变动的风险之中。为了避免外汇风险，针对不同期限、不同货币的头寸，银行通过期汇交易来**轧平**。例如，某银行在现汇市场上超买 100 万美元，一旦美元汇率下跌，将会遭受巨大损失。为避免这一损失，银行可在期汇市场上卖出该外汇来轧平美元头寸。

3. 进行外汇投机，牟取暴利

外汇市场的投机活动是指外汇市场参与者不是从实际需要出发，而纯粹是为赚取买卖差

价所进行的交易。期汇投机是基于预期未来某时点的即期汇率与当前的远期汇率不一致而进行的期汇交易。其特点是买空和卖空，只需和银行签订一份外汇的买卖合同，不用本钱或只交纳少量的保证金就能牟取暴利。当然，预测不准也会蒙受损失。

外汇投机既可在现汇市场上进行，也可在期汇市场上进行。两者的区别在于：在现汇市场上投机，因为现汇交易要求立即交割，投机者手中要有充足的现金或外汇，而不管其资金来源如何；在期汇市场上，投机由于不涉及现金或外汇的即期收付，因而在该市场上投机不必持有充足的外汇或现金。

4. 可作为中央银行的政策工具

期汇市场为中央银行提供了政策工具，中央银行可以运用多种干预手段来影响本国货币远期汇率的走势，进而影响市场对该货币未来走势的预期，由此反过来影响当前汇率的走势，并进一步实现货币政策的目标。

三、掉期交易

掉期交易（swap transaction），是指货币、金额相同，但方向相反、交割期不同的两笔或两笔以上的外汇交易同时发生。掉期交易最初是在银行同业之间的外汇交易过程中发展起来的，其目的是使某种货币的净头寸在某一特定日期为零，以避免外汇风险，后来发展成具有独立运作价值的外汇交易活动。

（一）掉期交易的操作案例

【例4.4】一家美国银行有两笔外汇业务：①6个月后向国外支付100万英镑；②3个月后向国外收取100万英镑。该银行既担心3个月后的英镑下跌，又担心6个月后的英镑上涨。试分析该银行采用怎样的掉期交易可以避免更大的损失。

假设：　　即期汇率　　　　GBP/USD = 1.2570/85

　　　　　3个月远期汇率　　GBP/USD = 1.2519/34

　　　　　6个月远期汇率　　GBP/USD = 1.2487/90

解：该银行可以采用以下两种掉期交易的方法。

1. 进行两次即期对远期的掉期交易

（1）买入100万英镑的6个月远期（汇率为1.2490），随即卖出100万英镑的即期（汇率为1.2570），每英镑可获得差价收益0.0080美元（1.2570-1.2490）。

（2）卖出100万英镑的3个月远期（汇率为1.2519），随即买入100万英镑的即期（汇率为1.2585），每英镑亏损0.0066美元（1.2519-1.2585）。

（3）不考虑交易费用，两笔交易合计每英镑可获得净收益0.0014美元（0.0080-0.0066），100万英镑共计获得收益0.14万美元（100×0.0014）。

2. 直接进行远期对远期的掉期交易

先买入100万英镑的6个月远期（汇率为1.2490），再卖出100万英镑的3个月远期（汇率为1.2519），每英镑可获得差价收益0.0029美元（1.2519-1.2490），100万英镑共计获得收益0.29万美元（100×0.0029）。

这样的掉期操作既可以固定未来的成本或收益，又可以轧平英镑的头寸，同时还可以获得收益，一举三得。而且，第二种方法比第一种方法可多获利1500美元。可见，选择第二种掉期交易方法更为划算。

即学即练 4.4

一家美国银行有两笔外汇业务：①6个月后向国外支付100万欧元；②3个月后向国外收取100万欧元。该银行既担心3个月后的欧元下跌，又担心6个月后的欧元上涨。试分析该银行采用怎样的掉期交易可以避免更大的损失。

假设：　即期汇率　　　EUR/USD = 1.0581/85
　　　　3个月远期汇率　EUR/USD = 1.0531/40
　　　　6个月远期汇率　EUR/USD = 0.9751/59

> 👓 **视野拓展**
>
> 远期交易和掉期交易
> 的区别与联系

（二）掉期交易的特点

通过上述案例，我们可以知道，掉期交易实际上就是时间套汇，即通过不同的交割期限形成的汇率差额进行获利。它具有以下特点：首先，外汇的买进与卖出是有意识同时进行的；其次，买进与卖出的外汇是同一种货币，而且金额相等；再次，买卖外汇的交割期限不相同；最后，掉期交易主要在银行同业之间进行，某些大公司也经常利用掉期交易进行套利活动。

（三）掉期交易的类别

掉期交易可以根据不同标准进行分类。

1. 按照交易对手是否相同分类

按交易对手是否相同，掉期交易可分为纯粹的掉期交易和操纵的掉期交易。

纯粹的掉期交易，是指在向交易方买进一种外汇的同时，向对方卖出种类相同、数量相等但交割日不同的外汇。这类交易只发生在两个交易者之间，由交易双方约定掉期汇率，签订合同后按约定的即期或远期汇率成交。

操纵的掉期交易，是指在按照某种汇率向交易方买进一种外汇的同时，又与第三方按照另一种汇率卖出种类相同、数量相等但交割日不同的外汇。这类交易实际发生在三个交易者之间。

2. 按照交割日期不同分类

按照交割日期不同，掉期交易可分为即期对即期的掉期交易、即期对远期的掉期交易、远期对远期的掉期交易。

即期对即期的掉期交易，是指成交后第一笔在第一个营业日交割，另一笔在第二个营业日做反方向交割的一种交易。

即期对远期的掉期交易，是指同时进行即期和远期的同种外汇、相同金额的交易，但两者交易方向相反。这是外汇市场上最常见的掉期交易形式。

远期对远期的掉期交易，是指买进并卖出两笔同种货币、不同交割期的期汇。该交易有两种方式：一是买进较短交割期的期汇，卖出较长交割期的期汇；二是买进期限较长的期汇，而卖出期限较短的期汇。

🖊 **学习思考**

在外汇交易市场上，什么是套期保值？什么是外汇投机？利用外汇远期分别如何操作才能达到目的？

第三节　套汇与套利交易

套汇和套利交易具有较强的投机性质，是外汇市场中常见的较为初级的投机获利工具之一。

一、套汇交易

套汇交易（arbitrage transaction），是指套汇者在不同交割期限、不同外汇市场利用汇率上的差异进行外汇买卖，以防范外汇风险和牟取差价利润的行为。<u>其核心就是做到低买高卖（亦称贱买贵卖），赚取汇率差价。</u>套汇交易市场是全球最大的金融交易市场，日均交易量达到 1.5 万亿美元。

<u>套汇交易可以分为时间套汇和地点套汇。</u>

时间套汇，就是前文所讲的掉期交易，不同的只是时间套汇侧重于交易动机，而掉期交易侧重于交易方法。时间套汇的目的在于获取套汇收益，只有在不同交割期的汇率差异有利可图时，才进行套汇。而掉期交易往往是为了防范外汇风险并进行保值，一般不过分计较不同交割期的汇率差异的大小。

地点套汇，是指套汇者利用两个不同的外汇市场之间的汇率差异，同时在不同的地点进行外汇买卖，以赚取汇率差价的一种套汇方式。<u>地点套汇又分为直接套汇和间接套汇两种。</u>

1. 直接套汇

直接套汇又称**两角套汇**，是指套汇者利用同一时间两个外汇市场的汇率差异，进行贱买贵卖，以赚取汇率差额的外汇买卖活动。

【例 4.5】在同一时间内，伦敦外汇市场上 EUR1 = USD1.0647/50，纽约外汇市场上 EUR1 = USD1.0669/75，如何进行套汇？

套汇者可以在伦敦外汇市场上先以 EUR1 = USD1.0650 的价格卖出美元，买进欧元，然后在纽约外汇市场上以 EUR1 = USD1.0669 的价格买进美元，卖出欧元，则每欧元可获利 1.0669-1.0650 = 0.0019 美元，套汇成功。此套汇活动会导致伦敦市场上欧元升值，纽约市场上欧元贬值，直到两地美元与欧元的汇率差距消失或极为接近时，套汇机会消失。

当然，套汇业务要花费电传费用、佣金等，所以套汇利润必须大于套汇费用，否则套汇就无利可图。

 即学即练 4.5

在同一时间内，东京外汇市场上 USD1 = JPY115.26/65，纽约外汇市场上 USD1 = JPY114.52/85，如何进行套汇？

2. 间接套汇

间接套汇又称**三角套汇**或**多边套汇**，是指利用同一时间三个或三个以上外汇市场之间货币的汇率差异，进行贱买贵卖，从中赚取差价的外汇买卖活动。

在套汇实务操作中，由于通信技术日益发达，不同外汇市场的汇差会同时被各国银行掌握，所以单纯依靠两地套汇谋利几乎已经不可能。因此，要想通过套汇获得利润，往往需要在三个或三个以上的外汇市场上同时操作。

【例 4.6】假定三个外汇市场的即期汇率如下。

伦敦市场：GBP1 = JPY140.68/140.72

纽约市场：GBP1 = USD1.2458/1.2463

东京市场：USD1 = JPY112.99/113.00

上述条件是否可以间接套汇？如可以，投资 100 万英镑获利多少（交易费用不计）？

　　1．分析英镑（即投资货币）的套汇可能线路

　　A 线：从伦敦开始交易，经东京市场，在纽约市场结束交易。即英镑兑日元，日元兑美元，美元换回英镑（GBP—JPY—USD—GBP）。

　　B 线：从纽约开始，经东京，到伦敦结束。即英镑兑美元，美元兑日元，日元换回英镑（GBP—USD—JPY—GBP）。

　　2．判断两条套汇路线的赢利可能性

　　首先选择 A 线：将三个汇率上下排列，并注意三式中的首尾货币相连。

伦敦市场：GBP1 = JPY 140.68

东京市场：JPY113.00 = USD 1

纽约市场：USD1.2463 = GBP 1

如果右边三个数的积除以左边三个数的积，其结果大于 1，就说明可以套汇，且此线路正确；若结果小于 1，也可以套汇，但应选择另一条线路进行；若结果等于 1，说明三个市场汇率处于平衡，不可套汇。即

$$(140.68 \times 1 \times 1)/(1 \times 113.00 \times 1.2463) = 0.9989 < 1$$

说明可以套汇，但应从 B 线操作。选择 B 线进行验证，将三个汇率上下排列，并注意三式首尾货币相连：

GBP1 = USD1.2458

USD1 = JPY112.99

JPY140.72 = GBP1

$$(1.2458 \times 112.99 \times 1)/(1 \times 1 \times 140.72) = 1.0003 > 1$$

说明有利可图。

　　3．计算收益

　　第一步，在纽约市场卖出 100 万英镑，买入 100 万×1.2458 = 124.58 万（美元）。

　　第二步，在东京市场卖出 124.58 万美元，买入 124.58 万×112.99 = 14076.29 万（日元）。

　　第三步，在伦敦市场卖出 14076.29 万日元，买入 14076.29 万÷140.72 = 100.03 万（英镑）。

　　第四步，100.03 万-100 万 = 0.03 万（英镑），即最终获利 0.03 万英镑。

　　需要注意的是，套汇活动是在市场有差价的前提下进行的，它使得套汇者能够赚到毫无风险的利润。然而，这种机会不会长期存在。因为套汇活动会使外汇市场上便宜的货币需求增加，从而推动这种货币汇率上涨，两地汇率的差异缩小直至均衡，套汇就不再有利可图。另外，银行的通信手段和技术也日益现代化，各外汇市场之间的联系更加紧密。因此，在不同市场之间出现货币汇率差异的机会日趋减少。

 即学即练 4.6

假定三个外汇市场的即期汇率如下。

纽约市场：EUR1 = USD1.1660/80

法兰克福市场：GBP1 = EUR1.4100/20

伦敦市场：GBP1 = USD1.6550/70

上述条件是否可以间接套汇？如可以，投资 100 万美元如何套汇？获利多少（交易费用不计）？

二、套利交易

套利交易（interest arbitrage）也称**利息套汇**，是指套利者利用不同国家或地区短期利率的差异，将资金从利率较低的国家或地区转移至利率较高的国家或地区，从中获取利息差额收益的一种行为。

（一）套利交易的分类

套利交易按照是否对外汇风险进行防范，可分为非抵补套利和抵补套利。

1. 非抵补套利

非抵补套利（uncovered interest arbitrage），是指套利者把外汇从利率低的市场转向利率高的市场，从中谋取利差收益，但并不对未来的汇率变动采取防范措施的一种外汇交易。

非抵补套利具有纯投机性质，一般在两种外汇汇率相对稳定的情况下进行，需承担高利率货币贬值的风险。

【例 4.7】假设美国市场美元的年利率为 6%，日本市场日元的年利率为 2%，美元兑日元的即期汇率为 USD/JPY＝112.99/113.00，一年期的汇率不变。如果一位日本投资者拥有 1.2 亿日元，请比较该投资者在一年期限内进行套利或不套利各自的收益情况。

（1）不套利，一年后 1.2 亿日元的本利和：

$$12000 \text{ 万} \times (1 + 2\%) = 12240 \text{ 万（日元）}$$

（2）套利，1.2 亿日元兑换成美元：

$$12000 \text{ 万} \div 113.00 = 106.19 \text{ 万（美元）}$$

存入美国银行，一年后得到的美元本利和：

$$106.19 \text{ 万} \times (1 + 6\%) = 112.56 \text{ 万（美元）}$$

再兑换成日元：

$$112.56 \text{ 万} \times 112.99 = 12718.15 \text{ 万（日元）}$$

（3）最终收益：

$$12718.15 \text{ 万} - 12240 \text{ 万} = 478.15 \text{ 万（日元）}$$

即套利比不套利多收入 478.15 万日元。

 即学即练 4.7

假设英国市场英镑的年利率为 9%，美国市场美元的年利率为 6%，英镑兑美元的即期汇率为 GBP/USD＝1.2217/20，一年期的汇率不变。如果一位美国投资者拥有 100 万美元，请比较该投资者在一年期限内进行套利或不套利各自的收益情况。

【例 4.8】假设美国市场美元的年利率为 6%，日本市场日元的年利率为 2%，美元兑日元的即期汇率为 USD/JPY＝112.99/113.00。如果一年后美元兑日元的市场汇率为 USD/JPY＝102.86/102.87，为谋取利差收益，一日本投资者欲将 1.2 亿日元转到美国投资一年，请比较该投资者进行套利和不套利的收益情况。

（1）不套利，1 年后 1.2 亿日元的本利和：

$$12000 \text{ 万} \times (1 + 2\%) = 12240 \text{ 万（日元）}$$

（2）套利，1.2 亿日元兑换成美元：

$$12000 \text{ 万} \div 113.00 = 106.19 \text{ 万（美元）}$$

存入美国银行，一年后得到的美元本利和：

$$106.19 \text{ 万} \times (1 + 6\%) = 112.56 \text{ 万（美元）}$$

兑换成日元：

$$112.56 \ \text{万} \times 102.86 = 11577.92 \ \text{万（日元）}$$

（3）最终收益：

$$11577.92 \ \text{万} - 12240 \ \text{万} = -662.08 \ \text{万（日元）}$$

即套利比不套利少收入 662.08 万日元。

 即学即练 4.8

假设英国市场英镑的年利率为 9%，美国市场美元的年利率为 6%，英镑兑美元的即期汇率为 GBP/USD = 1.2217/20。如果一年后英镑兑美元的市场汇率为 GBP/USD = 1.2154/68，为谋取利差收益，一美国投资者欲将 100 万美元转到英国投资一年，请比较该投资者进行套利和不套利的收益情况。

由上面两个例子可以看出，如果汇率发生变动，非抵补套利活动会有风险。一年后汇率变化，假设美元升值日元贬值，则套利者既有套利收益又有套汇收益。但如果日元升值美元贬值，则该投资者的套利收益很可能受损，这时就需要采用其他交易形式，对套利期间外汇风险进行保值，即进行抵补套利。

2. 抵补套利

抵补套利（covered interest arbitrage），是指套利者把资金从低利率市场调往高利率市场的同时，在外汇市场上卖出高利率货币的远期，以避免外汇风险的外汇交易方式。<u>这实际上是将远期交易和套利交易结合起来的套期保值。</u>

【例 4.9】承上例 4.8，假设美元兑日元一年期的远期汇率为 USD/JPY = 110.85/110.91，若日本投资者利用期汇交易来抵补套利，请比较该投资者套利与不套利的收益情况。

（1）不套利，1 年后 1.2 亿日元的本利和：

$$12000 \ \text{万} \times (1 + 2\%) = 12240 \ \text{万（日元）}$$

（2）套利，1.2 亿日元兑换成美元：

$$12000 \ \text{万} \div 113.00 = 106.19 \ \text{万（美元）}$$

存入美国银行，一年后得到的美元本利和：

$$106.19 \ \text{万} \times (1 + 6\%) = 112.56 \ \text{万（美元）}$$

卖出 112.56 万美元期汇，预收：

$$112.56 \ \text{万} \times 110.85 = 12477.28 \ \text{万（日元）}$$

（3）最终收益：

$$12477.28 \ \text{万} - 12240 \ \text{万} = 237.28 \ \text{万（日元）}$$

即套利比不套利可多收入 237.28 万日元。

 即学即练 4.9

假设英国市场英镑的年利率为 9%，美国市场美元的年利率为 6%，英镑兑美元的即期汇率为 GBP/USD = 1.2217/20，假设英镑兑美元一年期的远期汇率为 GBP/USD = 1.2200/06。若上述美国投资者拟用 100 万美元利用期汇交易来抵补套利，请比较该投资者套利与不套利的收益情况。

（二）套利交易应注意几个问题

套利交易是一种投机性交易，因此存在一定的交易风险。同时，套利交易也有相关费用需要考虑。

首先，套利活动都是短期投机，期限一般不超过一年。其次，抵补套利是市场利率有差异而产生的套利活动，然而随着抵补套利活动的不断进行，货币市场与外汇市场的利差水平和汇率水平会逐渐趋于均衡。再次，抵补套利是有交易成本的，如佣金、手续费、管理费、杂费等。因此，最终的收益要考虑扣除成本后是否值得做。最后，由于国际金融市场具有"政治风险"或"国家风险"，投资者应谨慎。

套利活动的机会在外汇市场上往往转瞬即逝，套利机会一旦出现，大银行和大公司便会迅速投入大量资金，从而使两地的利差与两地货币掉期率（即远期汇率与即期汇率之间的差额）之间的不一致迅速消除。所以说，套利活动客观上加强了国际金融市场的一体化，使两国之间的短期利率趋于均衡，并由此形成一个世界性的利率网络。

📖 学习思考

从个人和市场两个角度谈谈你对套利行为的看法。

第四节 外汇期货与外汇期权交易

外汇期货与外汇期权交易属于较为典型的外汇衍生工具，虽然此类交易具有保值的功能，但事实上，此种交易的核心价值在于投机获利，其交易具有标准化、杠杆化、对冲了结等典型的投机特征。

一、外汇期货交易

外汇期货交易（exchange future transaction），是指交易双方按照合同规定，在将来某一指定时间以既定汇率交割标准数量外汇的外汇交易。

在期货市场中，企业买卖期货合约的目的大多是规避现货价格波动的风险，而投机者则是为了赚取价格波动的差额。因此很少有人愿意参与商品的实物交割，在到期前都以对冲的形式了结。所谓的**对冲**，是指买进期货合约的人，在合约到期前会将期货合约卖掉；而卖出期货合约的人，在合约到期会买进期货合约来**平仓**。这种先买后卖或先卖后买的活动都是允许的。

（一）外汇期货交易的特点

外汇期货交易具有自己的特点。

1. 交易合约标准化

外汇期货合约是一种交易所制定的、标准化的、买卖双方通过公开叫价达成的、具有法律约束力的文件。其标准化体现为：一是每份外汇期货合约的交易单位都是标准的。以芝加哥国际货币市场为例，每份外汇期货合约的标准金额分别为加拿大元 10 万、日元 1250 万、瑞士法郎 12.5 万、英镑 2.5 万。外汇期货的交易可以是若干个合同单位，但最小是一个合同单位。二是交割月份与交割日期是标准的，交割月份为每年的 3 月、6 月、9 月和 12 月，交割月的第三个星期三为该月的交割日。如果当天不是营业日，则顺延至下一个营业日。所以一年中只有四个合同交割日，但是其他时间仍可以买卖。合约交易的截止日期为交割日前的第二个营业日，最后一个交易日的汇率为结算价。

例如，某人某年 6 月 6 日卖出一份 6 个月的欧元期货合同，如果在 12 月 6 日前没有进行对冲（即在 12 月 6 日前没有买进相同的一份欧元期货合同），那么，他必须在 12 月第三个星期三前用欧元现货按照合同商定的价格卖出。

2. 交易以美元报价

在外汇期货市场上，交易货币均以每单位货币值多少美元来标价，这种标价方式是由外汇期货交易的本质决定的。作为外汇期货标的物的货币和商品期货的标的物一样，其价值应由结算货币（通常为美元）表示出来。如某外汇期货交易报价：1 加拿大元 = 0.7635 美元，1 新加坡元 = 0.7050 美元，1 日元 = 0.0089 美元。

3. 最小价格波动和最高限价规定

最小价格波动是指交易中所允许的最小价格变动值，在交易上是指买入价和卖出价之间所允许的最小差额。它既可以用一定的点数，也可以用一定的金额来表示。如英镑合同规定的最低限额是 0.0005（简称 5 个点），则表示最小价格波动为 12.5 美元（25000 × 0.0005）。

最高限价是指每天的外汇期货交易中合同约定的货币价格变化的最高限额，超过这个限额，该种外汇的期货交易将被停止。如加拿大元的每天最高限价为 0.0075（简称 75 个点），则表示每天最高限价为 750 美元（100000 × 0.0075）。

4. 保证金制度

外汇期货交易合同的履行是由交易所提供担保的，交易双方均须向交易所交存保证金，不得私下进行交易。保证金按功能分为初始保证金和维持保证金。初始保证金是指客户在每一笔外汇期货交易开始时缴纳的保证金，一般占合同价值的 5%～10%。维持保证金是指保证金允许下降到的最低限额，一般是初始保证金的 50%或 75%。

在交易过程中，凡是未平仓的合同都要按照当日收市价逐日清算，通过结算价格反映盈亏，进而调整初始保证金数额。如果市场变化对客户有利，就把每日盈余部分记入客户的初始保证金账户内。如果客户缴纳的初始保证金随价格的变化低于交易所规定的最低保证金限额，外汇经纪商就会通知客户补缴保证金，否则交易所将强行对冲，由此带来的损失由客户自行承担。外汇期货交易通过保证金制度，可以较高的杠杆率控制交易合约金额，因此具有高投机性和风险性。

5. 每日清算制度

由于外汇期货交易的结算是每天进行的，因此只要结算价格有变化，每天就会发生损益的收付，直到交割或结清为止。因此，外汇期货交易实际上实行的是每日清算制度，即每个营业日结束时，交易所要对每笔交易结出余额，客户对自己的账面余额及其在市场中所处的地位非常清楚，如果想要退出市场，只要按照相反的方向对冲就可以了。这种清算制度的安全性可允许众多中小机构，甚至个人参与交易。

（二）外汇期货交易的参与者

外汇期货交易都是在专营或兼营外汇期货的交易所进行的。任何个人或企业不能进入交易所直接、面对面地进行交易，而能进入交易所进行交易的只有交易所会员。要取得会员资格必须向有关部门申请并经其批准，每年都必须缴纳高额的会费。交易所会员的数量一般是固定的，新会员只有通过递补的方式才能进入交易所交易。外汇期货交易市场由四部分组成，即外汇期货交易所、经纪公司、清算公司以及外汇期货交易者。

1. 外汇期货交易所

期货交易所是公众以个人名义加入而取得席位并实行会员制的一个非营利机构。交易所本身既不介入交易，也无权操控价格，只是向交易者提供一个公平竞争的场所。其主要职责为：提供交易场地，制定标准交易规则，负责交易规则的监督和执行，制定标准的期货合同，解决交易纠纷等。只有取得交易所会员资格的人才能进入交易所场地内进行期货交易，而非会员则只能通过会员代理进行期货交易。

2. 经纪公司

经纪公司又称佣金公司，是外汇期货交易所中充当中介的法人实体，可分为场内经纪人与期货佣金商。经纪公司内拥有交易所会员资格、进入期货交易所内进行交易的人员称为场内交易人。在场内交易人员中，有些人员专为自己的利益进行交易，称为专业投机商；而更多的人员是从交易所外接受大量的交易指令，按场外客户的交易指令进行期货交易，这部分人叫作（纯粹的）场内经纪人。

期货佣金商是代表金融、商业机构或一般公众进行期货交易的公司或个人组织，其目的是从代理交易中收取佣金。它是非交易所会员参加期货交易的中介，主要职责是向客户提供完成交易指令的服务，记录客户盈亏，代理期货合同的实际交割，处理客户的保证金，向客户提供决策信息以及咨询业务等。

3. 清算公司

清算公司又称清算所，是交易所下设的营利性机构，负责外汇期货合同的清算工作。它既可以是一个具有独立法人地位的组织机构，也可以是交易所的附属公司。清算公司一般作为交易双方的最后结算者。交易所的会员要想成为结算会员，必须单独申请；而非结算会员的交易所会员清算时，必须通过结算会员来进行，并缴纳一定的佣金。

4. 外汇期货交易者

外汇期货交易者指那些交易所的会员客户，也指代表期货经纪商从事自营业务的场内交易商。根据其交易目的，可以将外汇期货交易者分为商业交易者和非商业交易者，前者一般为企业，后者一般为个人。

商业交易者本身以从事现货市场交易为主，其参与外汇期货市场交易的主要动机有两点：一是对现货市场上已存在的交易未来的外汇收益或支出可能面临风险的考虑，希望利用期货市场规避外汇风险；二是利用期货市场来调配资产配置，以满足达到预期收益的目标。此类交易者主要是进出口商和商业企业。非商业交易者指交易所的会员客户，这些交易者从事外汇期货交易的主要目的是投机。

（三）外汇期货交易的操作程序

外汇期货交易的通常程序包括以下几步。

（1）委托交易。客户要进行外汇期货交易，首先应在经纪公司开设账户，并填写"安全（或保值）存款表"，按规定价格支付一定的保证金，表示愿意及时付款；其次，作为委托交易证明，还要签署一份客户授权经纪公司代为办理外汇期货交易合同的协议书；最后，买者或卖者将买进或卖出的订单通知经纪公司，后者再通过传递人传给场内经纪人。

（2）公开叫价。场内经纪人执行订单时，在交易栏的栏杆边上大声叫喊要买进和卖出的数量和金额。如果大厅过于嘈杂，还要采用标准手势进行交易。

（3）成交。经纪人按规定方式通过竞价交易指令达成协议后，就要在订单上注明交易价格，填写交易卡，然后把订单交付清算公司。

（4）清算。交易成交后，清算公司要集中进行清算，在每一个营业日结束时，根据市场情况对合同进行评估。

（5）交割。外汇期货交易合同一般具有双向性，即以对冲方式解除执行合同的义务，一般在合同未到期之前就已经平仓，涉及实物交割的很少。

视野拓展

期货交易方式与公开叫价制度

（四）外汇期货交易的操作案例

在此，本书以保值的案例说明外汇期货的交易方法。

1. 空头套期保值

空头套期保值又称**卖出套期保值**，是指在期货市场上先卖出某种外汇，再买进同样数量的外汇。一般是出口商将要收到外汇货款，为防止未来的应收账款价格下跌，出口商先在外汇期货市场上卖出与货款同等数量同一币种的外汇期货合约，等到将来收到货款在现货市场上出售外汇时，买入外汇期货合约与原来购进的卖出外汇期货合约对冲，从而锁定其价格。

【例4.10】某年2月17日，美国某公司出口到加拿大一批货物，价值100万加拿大元，加方承诺3个月后付款。同年2月19日的即期汇率为1美元=1.3097加拿大元，外汇期货报价为1加拿大元=0.9812美元。美方担心加拿大元未来会贬值，于是在外汇期货市场上进行空头套期保值。若3个月后外汇期货即期汇率为1美元=1.3263加拿大元，外汇期货报价为1加拿大元=0.9731美元，试分析空头套期保值过程和损益。

（1）若不采取保值措施：出口商等到该年5月份收回100万加拿大元货款。

在2月份，外汇即期市场1美元=1.3097加拿大元时，100万加拿大元卖出可获得100÷1.3097=76.35万美元；而实际上出口商到5月份才收到货款，此时在外汇即期市场以1美元=1.3263加拿大元卖出，获得100÷1.3263=75.40万美元；将损失0.95万美元（76.35-75.40）。

（2）若出口商采取空头套期保值措施。

某年2月份在外汇期货市场上先以1加拿大元=0.9812美元卖出3个月的加拿大元期货合约10份（即100万加拿大元），获得100×0.9812=98.12万美元；到了5月份再以1加拿大元=0.9731美元买进加拿大元期货合约10份，花掉100×0.9731=97.31万美元做对冲；赢利0.81万美元（98.12-97.31）。

由于出口商在外汇期货市场做空头套期保值，因此可以将外汇期货市场上的赢利补偿外汇即期市场上的亏损，从而只损失0.14万美元（0.95-0.81）。

注意，现货市场价格与期货市场价格受相同因素影响，因此它们的价格变动呈同一趋势，即现货市场价格上涨或下跌，期货市场价格也升高或降低。

即学即练4.10

某美国公司9月1日准备向加拿大出口一批货物，金额为100万加拿大元，于该年的12月1日收款。假设9月1日的3个月期美元的期货报价为1加拿大元=0.9911美元，交割日为12月15日，其他条件同例4.10。那么此公司应该怎样利用外汇期货交易来防范外汇风险呢？

2. 多头套期保值

多头套期保值又称**买入套期保值**，是指进口商将要以外汇支付货款，为避免计价货币汇率上升造成损失，先在外汇期货市场上购进同等数量的外汇期货合约，等到将来在现货市场上购进所需外汇时，卖出购进的期货合约。

【例 4.11】某年 2 月 18 日，美国某公司从德国进口一批设备，3 个月后必须支付 500 万欧元货款。2 月 18 日的即期汇率为 1 欧元=1.0611 美元，外汇期货报价为 1 欧元 = 1.0711 美元。为避免 3 个月后欧元升值而增加成本，该公司在外汇期货市场上进行多头套期保值，买进 40 份欧元期货合约（即 500 万欧元）。若 3 个月后即期汇率为 1 欧元=1.0831 美元，外汇期货报价为 1 欧元 = 1.0941 美元，试分析多头套期保值过程和损益。

（1）若不采取保值措施，进口商等到 5 月份再购买欧元支付货款，其成本为 500×1.0831 = 541.55 万美元，比 2 月的价格 500×1.0611=530.55 万美元，多花费了 11 万美元（541.55-530.55）。

（2）若进口商做一笔多头套期保值。2 月份先在外汇期货市场上以 1 欧元 = 1.0711 美元买进 40 份 3 个月欧元期货合约，花费 500×1.0711=535.55 万美元。5 月份再以 1 欧元 = 1.0941 美元卖出欧元期货合约 40 份，获得 500×1.0941 = 547.05 万美元做对冲，赢利 11.5 万美元（547.05-535.55）。

由于进口商在外汇期货市场做多头套期保值，因此将外汇期货市场上的赢利补偿外汇即期市场上的亏损后，还赢利 0.5 万美元（11.5-11）。

由上面两个例子可以得出，具有外汇债权的公司担心收汇时计价外汇贬值，可在外汇期货市场利用空头套期保值避免外汇风险；具有外汇债务的公司担心付汇时计价外汇升值，可在外汇期货市场利用多头套期保值避免外汇风险。

 即学即练 4.11

某美国公司 9 月 1 日准备从德国进口一批货物，金额为 125 万欧元，于该年 12 月 1 日收款。假设 9 月 1 日的 3 个月期欧元的期货价格为 EUR1=USD1.0675，交割日为 12 月 15 日，其他条件同例 4.11。那么此公司应该怎样利用外汇期货交易来防范外汇风险呢？

二、外汇期权交易

外汇期权交易（exchange option transaction），是指期权买方支付给期权卖方一笔期权费后，享有在合约到期之前（或到期时）以合约规定的价格购买或出售一定数额的某种外汇资产，或放弃合约的权利。

（一）外汇期权交易的特点

与期汇交易、外汇期货交易相比，外汇期权交易具有以下特点。

（1）权责不对等。在外汇期权合同中，买方拥有的是权利而不是责任，而卖方拥有的只是责任却没有权利。就是说，对于外汇期权的买方，当协定汇率与未来的市场汇率相比，对买方有利时，他就执行合同，否则就放弃合同。对期权交易卖方而言，他没有选择的余地。

（2）**期权费不能收回**。**期权费**是期权的买方在期权交易时，为了获得合同约定外汇的买进和卖出的选择权而向期权的卖方支付的费用。由于期权的买方获得了今后是否执行的决定权，期权的卖方就承担了汇率波动带来的风险。为了补偿外汇风险可能给卖方造成的损失，期权的买方要向卖方支付一定的风险金，所以这笔期权费实际上相当于对期权交易风险进行投保的保险费。期权费一般在合同成交的第二个营业日一次付清，期权买方无论在有效期内是否执行权利，都不能将期权费追回。期权费的高低，根据合同到期长短与汇率波动的大小而定。

（3）**期权交易风险小，灵活性强**。不管汇率如何变动，期权购买者的损失也不会超过期权费（即保险金）的支付数额，因此损失额度有限。另外，期权交易到期之前不必每日清算，也不必发生现金交割。当市场对购买者有利时，可选择执行的权利；不利时则可以放弃该种权利，在选择上具有一定的灵活性。

（4）期权交易方式的选择具有一定局限性。尽管随着金融资产运营的不断发展，期权交易的方式不断增多，期权交易已经成为外汇银行业务的重要组成部分，但是，由于期权合同存在以下不足，这使其在范围选择上受到一定限制。期权交易的主要缺点体现在：外汇期权交易也是标准化的合约，操作较为烦琐；期权交易的经营机构少，只有发达国家的大银行、大财务公司经营该种业务；期权有效期限短，一般只有半年期限；期权流动性较差，交易量较小，期权交易的币种主要限于美元、英镑、日元、瑞士法郎和加拿大元等，每笔限额 500 万美元。

（二）外汇期权交易合约的主要内容

外汇期权交易合约是标准化的合约。在期权交易中，期权费是唯一的变量，其他要素都是事先规定好的。

（1）计价货币。外汇期权交易涉及的汇率均以美元来计价，如 1 英镑等于多少美元，1 加拿大元等于多少美元。

（2）合同价格，又称履约价格、**执行价格**，是指在期权交易双方约定的期权到期日或期满前双方交割时所采用的买卖价格。合同价格确定后，在规定的期限内，无论价格怎样波动，只要期权的买方要求执行该期权，期权的卖方就必须以此价格履行义务。需要注意，合同价格是汇率，期权价格是保险金，它们同时在同一合约中出现，不要相互混淆。

（3）合约到期日，是指期权买方决定是否要求履行期权合约的最后日期。如我国的深交所规定，期权合约的到期日为到期月份的第四个星期三。该日为国家法定节假日、交易所休市日的，顺延至次一交易日。如果超过这一时限，买方未通知卖方要求履约，即表明买方已放弃这一权利。

（4）交割日，一般是指期权买方有权履约的最后一天。美国的股指期权交割日一般是每个月第三个星期五。我国期权交割日为行权日（行使权利的日期）的次一日。

（5）交易标准化单位。外汇期权的每一合同单位通常为外汇期货合约交易单位的一半，如 1.25 万英镑、6.25 万瑞士法郎、625 万日元或 5 万加拿大元。

（6）保证金，是指当买方依合同价格要求交割时，为保证卖方依约履行应尽的义务而要求卖方缴纳的费用。卖方所缴纳的保证金通过清算会员缴存在清算公司的保证金账户内，如果市场看跌，就要随时追加。

（7）期权费，也称为保险费，是指在签订合同时由买方支付给卖方，以获得履约选择权的费用。期权费的表示方法有两种：一是按照合同价格的百分比来表示；二是按合同价格的百分比换算的每单位货币折合的美元数表示。例如一笔合同价格为每英镑 1.24 美元的期权，其期权费可标为 4%或者每英镑 0.0496 美元。一般情况下，期权的买方须在期权成交日后的第二个银行工作日将期权费支付给卖方。

（8）交割方式。外汇期权的交割一般通过清算公司的会员来进行。世界上最大的外汇期权市场——芝加哥证券交易所专门设有清算公司（options clearing corp，OCC），以保证交易的顺利进行。也就是说，买卖双方不必考虑对方的信誉，到期会由 OCC 负责期权合同的清算事宜。

（三）外汇期权的分类

根据不同的分类标准，外汇期权可以分为多种类型。

1. 按期权买进或卖出的性质分类

按期权买进或卖出的性质分类，可分为看涨期权和看跌期权。

看涨期权（call option），又称**买入期权**或**多头期权**，即期权买方预测未来某种外汇价格上涨，购买该种期权以获得在未来一定期限内以合同价格和数量购买该种外汇的权利。购买看涨期权既可以使在外汇价格上涨期间所负有的外汇债务得以保值，又可以在外汇价格上涨期间有权以较低价格（协定价格）买进该种外汇，同时以较高的价格（市场价格）抛出，从而获得丰厚的利润。

看跌期权（put option），又称**卖出期权**或**空头期权**，即期权买方预测未来某种外汇价格下跌，购买该种期权以获得未来一定期限内以合同价格和数量卖出该种外汇的权利。购买看跌期权，一方面可使在外汇价格下跌期间所持有的外汇债权得以保值，另一方面又可以在外汇价格下跌期间以较低的市场价格买入外汇，以较高的价格（协定价格）卖出外汇而获得丰厚的利润。

2. 按行使期权的有效日分类

按行使期权的有效日分类，可分为欧式期权和美式期权。

欧式期权是指在合同到期日的纽约时间上午 9 点 30 分，方可办理交割的期权交易。欧式期权不能提前交割。

美式期权是指买方在合同到期日的纽约时间上午 9 点 30 分以前的任何一天，均可要求卖方执行期权合同的期权交易。与欧式期权相比，美式期权的买方在执行合同上更具有灵活性，但支付的期权费也更高。

3. 按外汇期权交易特点分类

按外汇期权交易特点分类，可分为现货期权交易、期货期权交易及期货式期权交易。

现货期权交易（options on spot exchange），是指期权买方有权在到期日或到期之前，以协定价格买入或卖出一定数量的某种外汇现货。

期货期权交易（options on foreign futures），是指期权买方有权在到期日或到期之前，以协定的汇率购入或售出一定数量的某种外汇期货。

期货式期权交易（futures-style options），是指交易双方以期货交易的方式，根据期权价格的涨跌买进或卖出该种期权。

后两种期权交易都是利用期货市场进行的，双方都要提交一定数额的保证金。在交易发生后，赢利的一方可提取保证金中超额的部分，而亏损的一方则要追加保证金，否则，期货交易所会强制平仓。

4. 按外汇期权交易地点分类

按外汇期权交易地点分类，可分为场内交易期权和场外交易期权。

场内交易期权（exchange trade option，ETO），是指在外汇期货交易所内成交的外汇期权。该种期权只有交易所的会员才能直接参加，交易双方一般需要签订标准化的交易合同。

场外交易期权（over the counter option，OTC），是指在非集中性的交易场所进行的非标准化的期权合约的交易。该种期权交易比较灵活，交易的币种、金额、期限以及约定价格由交易双方根据需要而定。

（四）外汇期权交易的操作案例

我们依然以保值为目的说明外汇期权交易的过程。

【例 4.12】买入看涨期权。某年 1 月 2 日，美国某公司从英国进口一批价值 12.5 万英镑的货物，并承诺 3 个月后付款。1 月 2 日的即期汇率为 1 英镑 = 1.23 美元，进口商为防止英镑升值或美元贬值带来外汇风险，于 1 月 2 日购买了 12.5 万英镑的 10 份看涨期权合约（每份合约 1.25 万英镑）。期权费为每份 2500 美元，协议价格为 1 英镑 = 1.23 美元。试分析下面两种情况，进口商应如何操作。

（1）3 个月后市场汇率为 1 英镑 = 1.48 美元。

（2）3 个月后市场汇率为 1 英镑 = 1.03 美元。

解：

（1）3 个月后汇率为 1 英镑 = 1.48 美元，英镑升值。进口商若不执行期权，直接在外汇即期市场上购买 12.5 万英镑，须支付 12.5×1.48=18.5 万美元，再加上期权费 10×2500=2.5 万美元，合计 21 万美元；而执行期权只需 12.5×1.23=15.375 万美元，加上期权费 2.5 万美元，一共支付 15.375+2.5=17.875 万美元，可节省 3.125 万美元（21-17.875）。

（2）3 个月后汇率为 1 英镑 = 1.03 美元，英镑贬值。该进口商放弃行使权利，直接到外汇即期市场上购买 12.5 万英镑，只需花费 12.5×1.03=12.875 万美元，再加上 2.5 万美元的期权费，总成本不过 15.375 万美元；而执行期权一共需支付 17.875 万美元，所以，放弃期权可节约成本 2.5 万美元（17.875-15.375）。

 即学即练 4.12

美国某进口商 3 个月后将支付 10 万英镑的货款，为防止外汇风险，该商人立即在外汇期权市场上买进英镑的欧式期权合约 8 份（每份合约 1.25 万英镑，8 份合约共 10 万英镑），期权费为每英镑 4 美分，共 0.4 万美元，协议价格为 GBP1=USD1.2。试分析下面两种情况，该进口商应如何操作。

（1）3 个月后市场汇率为 1 英镑 = 1.35 美元。

（2）3 个月后市场汇率为 1 英镑 = 1.12 美元。

【例 4.13】买入看跌期权。某年 1 月 3 日，美国某公司出口一批价值 12.5 万英镑的货物到英国，对方承诺 3 个月后付款。1 月 3 日的即期汇率为 1 英镑 = 1.23 美元，为防止英镑贬值或美元升值带来外汇风险，该出口商于 1 月 3 日购买了 12.5 万英镑的 10 份看跌期权合约（每份合约 1.25 万英镑），期权费为每份 2500 美元，协议价格为 1 英镑 = 1.23 美元。试分析下面两种情况，出口商应如何操作。

（1）3 个月后市场汇率为 1 英镑 = 1.10 美元。

（2）3 个月后市场汇率为 1 英镑 = 1.30 美元。

解：

（1）3 个月后汇率为 1 英镑 = 1.10 美元，英镑贬值。出口商若不做期权交易，直接在外汇即期市场上出售 12.5 万英镑，只能获得 12.5×1.1=13.75 万美元，再剔除期权费 2.5 万美元，收益只有 13.75-2.5=11.25 万美元；而执行期权可获得 12.5×1.23=15.375 万美元，减掉期权费，一共获得 15.375-2.5=12.875 万美元，比外汇即期市场多得 1.625 万美元（12.875-11.25）。

（2）3 个月后汇率为 1 英镑 = 1.30 美元，英镑升值。该出口商放弃行使权利，直接到外汇即期市场上出售 12.5 万英镑，可获得 12.5×1.3=16.25 万美元，支付 2.5 万美元期权费，剩余 13.75 万美元收入；若行使期权只获得 12.875 万美元。所以，放弃期权多获利 0.875 万美元（13.75-12.875）。

 即学即练 4.13

美国某出口商 3 个月后将收到 10 万英镑的货款，为防止外汇风险，该商人立即在外汇期权市场上卖出英镑的欧式期权合约 8 份（每份合约 1.25 万英镑，8 份合约共 10 万英镑），期权费为每英镑 4 美分，共 0.4 万美元，协议价格为 GBP1=USD1.2。试分析下面两种情况，该出口商应如何操作。

（1）3 个月后市场汇率为 1 英镑 = 1.14 美元。

（2）3 个月后市场汇率为 1 英镑 = 1.38 美元。

期权买方购买期权，支付给卖方期权费，等于将外汇价格未来波动的风险转移给了期权卖方，其损失是有限的，最多为期权费，而赢利是无限的；期权卖方预先得到期权费，就要承担外汇价格波动的风险，其损失是无限的，赢利最多为期权费。这就引发了读者的疑问：那为什么还会有卖方做期权交易呢？这是因为每个交易者的预测是不同的，而期权费一开始就支付给了卖方，不能收回。一旦买方预测失误，卖方就可获得纯期权费收入。

三、外汇期货交易与外汇期权交易的区别

外汇期货交易与期权交易具有很多类似的地方，如合约特点、交易功能等，但二者又有着重要的不同之处。

1. 买卖双方权利义务不同

期货交易的风险收益具有对称性。期货合约的双方都被赋予了相应的权利和义务。如果想免除到期时履行期货合约的义务，必须在合约交割期到来之前进行对冲，而且双方的权利和义务只能在交割期到来时才能行使。

而期权交易的风险收益具有非对称性。期权合约赋予买方享有在合约有效期内买进或卖出的权利。也就是说，当买方认为市场价格对自己有利时才行使其期权权利，当买方认为对自己不利时，完全可以放弃权利，其损失只是购买期权预先支付的一笔期权费。由此可见，期权合约对买方是非强迫性的，买方有执行的权利，也有放弃的权利，而对期权卖方则具有强迫性。

2. 交易内容不同

在交易内容上，期货交易是在未来远期支付一定数量和等级的实物商品的标准化合约；而期权交易的是权利，即在未来某一段时间内，按敲定的价格买卖某种标的物的权利。

3. 交割价格不同

期货到期交割的价格是竞价形成的，是市场上所有参与者对该合约标的物到期日价格的预期，交易各方注意的焦点就在这个预期价格上；而期权到期交割的价格在期权合约推出上市时就按规定敲定，不易更改，是合约的一个常量。期权标准化合约的唯一变量是期权费，交易双方注意的焦点就在这个期权费上。

4. 保证金的规定不同

在期货交易中，买卖双方都要缴纳一定的履约保证金。而在期权交易中，买方不需要缴纳保证金，因为他的最大风险是期权费，所以只需缴纳期权费；但卖方必须存入一笔保证金，必要时须追加保证金。

5. 价格风险不同

在期货交易中，交易双方所承担的价格风险是无限的；而在期权交易中，期权买方的亏损是有限的，其亏损不会超过期权费，而赢利则可能是无限的。

6. 获利机会不同

在期货交易中，做套期保值就意味着保值者放弃了当市场价格对自己有利时获利的机会，做投机交易则意味着既可获厚利，又可能损失惨重；但在期权交易中，由于期权的买方可以行使其买进或卖出期货合约的权利，也可放弃这一权利，所以对买方来说，做期权

交易的赢利机会就比较大。如果在套期保值交易和投机交易中配合使用期权交易，无疑会增加赢利机会。

7. 交割方式不同

期货交易的商品或资产，除非在未到期前卖掉期货合约，否则到期必须交割；而期权交易在到期日可不交割，致使期权合约过期作废。

8. 标的物交割价格的决定不同

在期货合约中，标的物的交割价格（即期货价格）由于市场的供需双方力量强弱不定而随时在变化；在期权合约中，标的物的敲定价格则由交易所决定、交易者选择。

9. 合约种类数不同

期货价格由市场决定，在任一时间仅能有一种期货价格，故在创造合约种类时，仅有交割月份的变化；期权的敲定价格虽由交易所决定，但在任一时间可能有多种不同敲定价格的合约存在，再搭配不同的交割月份，便可产生数倍于期货合约种类数的期权合约。

学习思考

你是怎样理解"期货是零和博弈"这句话的？

本章小结

1. 外汇市场是指外汇交易主体进行货币兑换或外汇买卖的场所或系统。外汇市场的主要参与者包括外汇银行、外汇经纪人、非金融机构和个人、外汇投机者、中央银行等。

2. 外汇交易品种繁多，主要包括现汇交易、期汇交易、掉期交易、套汇交易、套利交易、外汇期货交易、外汇期权交易等，其中最基本、最常见的交易形式是现汇交易和期汇交易。

3. 期权交易、期货交易与远期交易的比较见表4.1。

表 4.1　期权交易、期货交易与远期交易的比较

内　　容	期权交易	期货交易	远期交易
合约	标准化	标准化	非标准化
交易币种	少数几种国际货币	少数几种国际货币	无限制
报价方法	美元报价	美元报价	按交易所需币种报价
交易方式	公开竞价	公开竞价	电话、电传
价格波动	有限制	有限制	无限制
交割日期	美式期权可在到期日之前任何时间交割	标准化	买卖双方协定
保证金	买方支付期权费，卖方押保证金	买卖双方均交保证金	是否交保证金由银行决定
交易性质	买方有是否履约的权利；卖方有按买方要求履约的义务	买卖双方都有履约义务	买卖双方都有履约义务

课后练习及实训操作

一、填空题

1. 银行间市场，是指银行同业之间买卖外汇形成的市场。由于每日成交金额巨大，其交易量占整个外汇市场交易量的90%以上，故又称作_____。

2. _____市场是世界上最大的金融交易市场。

3. _____是指在成交后的第二个营业日交割。如果遇上任何一方的非营业日，则向后顺延到下一个营业日，但交割日顺延不能跨月。

4. _____是指在不同交割期限、不同外汇市场利用汇率上的差异进行外汇买卖，以防范汇率风险和牟取差价利润的行为。其核心就是做到_____，赚取汇率差价。

5. 购买_____一方面可使在外汇价格下跌期间所持有的外汇债权得以保值，另一方面又可以在外汇价格下跌期间以较低的市场价格买入外汇，以较高的价格（即_____）卖出外汇而获得丰厚的利润。

二、不定项选择题

1. 世界上最大的外汇交易市场是（ ）。
   A. 纽约　　　　　　B. 东京　　　　　　C. 伦敦　　　　　　D. 香港

2. 外汇市场的主要参与者有（ ）。
   A. 外汇银行　　　　B. 中央银行　　　　C. 中介机构　　　　D. 顾客

3. 按外汇交易参与者不同，可分为（ ）。
   A. 银行间市场　　　B. 客户市场　　　　C. 外汇期货市场　　D. 外汇期权市场

4. 利用不同外汇市场间的汇率差价赚取利润的交易是（ ）。
   A. 套利交易　　　　B. 择期交易　　　　C. 掉期交易　　　　D. 套汇交易

5. 现汇交易的交割方式有（ ）。
   A. 信汇　　　　　　B. 票汇　　　　　　C. 电汇　　　　　　D. 套汇

6. 掉期交易的特点是（ ）。
   A. 同时买进和卖出　　　　　　　　　　B. 买卖的货币相同，数量相等
   C. 必须有标准化合约　　　　　　　　　D. 交割期限不同

7. 外汇期货市场由（ ）构成。
   A. 交易所　　　　　B. 清算公司　　　　C. 佣金公司　　　　D. 场内交易员

8. 外汇期货交易的特点包括（ ）。
   A. 保证金制度　　　B. 每日清算制度　　C. 现金交割制度　　D. 保险费制度

9. 按行使期权的有效日可分为（ ）。
   A. 欧式期权　　　　B. 买入看跌期权　　C. 买入看涨期权　　D. 美式期权

10. 赋予期权买者在有效期内，无论市场价格升至多高，都有权以原商定价格（低价）购买合同约定数额的外汇期权是（ ）。
    A. 看涨期权　　　　B. 看跌期权　　　　C. 场内交易期权　　D. 场外交易期权

三、判断题

1．从全球范围看，外汇市场已经成为一个 24 小时全天候运作的市场。（   ）

2．在不同的标价法下，买价和卖价的位置不同。直接标价法前面是买价，后面是卖价。（   ）

3．"交割日"就是外汇买卖成交后第二个营业日。（   ）

4．进行套利交易的前提条件是两地利差须大于掉期成本，即两地利差大于两地货币掉期率。（   ）

5．外汇期权就其内容看，可分为买入期权和卖出期权，买入期权也叫看跌期权，卖出期权又称看涨期权。（   ）

四、名词解释

外汇市场	现汇交易	期汇交易	升水	贴水
套汇交易	套利交易	掉期交易	外汇期货交易	
外汇期权交易	直接套汇	间接套汇	非抵补套利	抵补套利
空头套期保值	多头套期保值	看涨期权	看跌期权	美式期权
欧式期权				

五、简答题

1．外汇市场的特点是什么？由哪几部分构成？

2．外汇交易主要有哪些种类？

3．试述现汇交易的操作环节。

4．期汇交易的作用有哪些？

5．试述套汇交易的分类及相关概念。

6．试述套利交易的分类及相关概念。

7．简述掉期交易的特点。

8．简述外汇期货交易的特点。

9．将外汇期权交易按买进和卖出的性质进行分类，并分析买方什么情况下行权，什么情况下获利。

10．试述外汇期货交易和外汇期权交易的区别。

六、实训操作

到任何一家可以从事外汇交易的银行，了解我国当前现汇交易的外币种类以及外汇兑换人民币的相关规定。

第五章 外汇风险管理

【学习目标】

（1）了解外汇风险的含义、构成要素、类型。

（2）理解外汇风险管理的一般方法和综合方法。

（3）掌握并熟练应用各种外汇风险管理方法。

案例导读

我国涉外企业需强化外汇风险管理意识与举措

随着我国金融外汇体制改革逐步深入，人民币汇率开始扩大波动区间，涉外企业面临的外汇风险有所增加。企业面临的外汇风险不但会影响企业的劳动力价格、产品价格，同时对我国企业在国际市场上的竞争实力也会产生影响。

涉外企业外汇风险管理存在以下不足：首先，涉外企业的风险防范意识相对薄弱；其次，涉外企业设置的风险管理机制不完善；再次，涉外企业的专业人才储备不足；最后，我国有关外汇风险的管理制度不够健全。

在汇率波动对各行各业都产生突出影响的情况下，我国涉外企业需更加重视外汇风险管理，加大外汇风险管理工作力度；树立外汇风险防范意识，完善风险管理制度。同时，外汇经营专业机构也需不断创新外汇交易品种，为涉外企业提供多元化的风险管理工具，为其业务的稳定发展开辟新渠道。

随着我国金融外汇体制改革逐步深入，人民币汇率扩大波动区间，我国涉外企业和个人出于避险需求和获利动机，越来越需要加强对外汇风险的管理。外汇风险管理的方法有很多，既可以采用经营性管理措施，又可以采用金融性管理措施。本章将介绍外汇风险的构成要素、类型、经济影响等基础知识，并在此基础上着重阐述外汇风险的管理方法。

第一节 外汇风险概述

外汇风险（foreign exchange risk），又称**汇率风险**，是指在一定时期内由于外汇市场汇率发生变化，给企业、银行等经济组织及个人，以外币计价的资产（债权、权益）和负债（债务、义务）带来损益的可能性。

一、外汇风险的内涵

外汇风险有广义和狭义之分。广义的外汇风险是指可能给经济交易主体带来损失，也可能带来潜在的收益；狭义的外汇风险仅指由于汇率变动使经济实体或个人造成损失的可能。

关于外汇风险，可以从以下三个方面来理解。

（1）外汇风险是由于汇率变动的不确定性造成的。因此，只有在国际经济交往中发生了本国货币与外国货币的兑换关系以后，才会引起外汇风险。

（2）在国际经济交往中，只有贸易额或借贷资金数额出现盈亏不能抵消时，导致资金进出不等，才会引起外汇风险。通常把因盈亏不等而遭受外汇风险的外币金额（即**头寸**）称为"**受险部分**"或"**风险敞口**"。

（3）外汇风险包括时间风险与价值风险两部分，它是由外汇风险构成要素形成的。

二、外汇风险的构成要素

外汇风险的构成要素一般包括本币与外币的折算和时间等两个要素，这两个要素在外汇风险中同时存在，缺一不可。

1．本币与外币的折算

一个企业在它的经营活动中所发生的外币收付，如应收账款、应付账款，货币资本的借出或借入等，均需用本币进行折算，并考核其经营成果。本币是衡量一个企业经济效益的共同指标。

在外币与本币的折算过程中，汇率的不断变化会使预期按本币计算的财务目标、现金流量等发生变动，如果因此而造成损失，就说明存在外汇风险。也就是说，只要涉外经济组织发生外币结算关系，就会存在外汇风险；如果在国际经济活动中未使用外币而全部使用本币，就不存在外汇风险。

2．时间

从交易达成到应收账款的实际收进、应付账款的实际付出、借贷本息的最后偿付均有一个期限，这个期限就是时间要素。在确定的时间内，外币与本币的折算比率可能发生变化，从而产生外汇风险。

一般而言，外汇结算的时间结构对外汇风险大小的影响呈正相关关系，即时间越长，汇率波动的可能性及其幅度就越大，外汇风险就越大；反之，外汇风险就越小。

三、外汇风险的类型

根据外汇风险发生的时间，外汇交易者面临的风险基本可以分为会计风险、交易风险及经济风险等三类。会计风险是本币与计价外汇之间转换时产生的风险；交易风险是某一笔外汇交易结算时出现的风险；经济风险是经营机构基于对未来汇率走势的判断来指导企业经营活动，但出现意外变化而可能引起的一系列风险。

1．会计风险

会计风险，又称**转换风险**或**折算风险**，是指经济主体对资产负债表进行会计处理中，将功能货币转换成记账货币时，由于汇率波动而呈现的可能的账面损失。其中，**功能货币**是指经济主体在经营活动中流转使用的各种货币，一般指外币；**记账货币**是指经济主体在编制综合财务报表时使用的报告货币，一般指本币。

会计风险是一种存量风险，不是交割时的实际损失，而是会计评价上的损失，因此也叫作**评价风险**。公司在编制财务报告时，为了把原来用外币计量的资产、负债、收入和费用，合并到本国货币账户内，必须把用外币计量的上述项目的发生额按本国货币重新表述，且必须按母公司所在国的会计规定进行。

【例 5.1】我国某公司因业务需要在美国的银行中存放了 1000 万美元，当时美元与人民币的汇率是 USD1＝CNY 6.8650，则在该公司的会计账目上，其存值折算成人民币为 6865 万元。如果一段时间后，美元与人民币的汇率变为 USD 1＝CNY 6.8615，则在该公司的会计账目上，其存款值折算成人民币就会变为 6861.5 万元。同样数额的美元存款经过不同汇率的折算，最终账面价值减少了 3.5 万元人民币，这就是会计风险。会计风险对企业的赢利和账目平衡等都会产生很大的影响。

2. 交易风险

交易风险，又称**交易结算风险**，是指在以外币计价的交易活动中，由于该种货币与本国货币的汇率发生变化而引起的应收资产与应付债务价值变化的风险。此风险于交易合约生效时产生，至买卖的实际交割日终了。凡是涉及外币计算或收付的商业活动或国际投资都会产生交易风险。

（1）贸易结算风险。以即期或延期付款为支付条件的商品或劳务的进出口，在装运货物或提供劳务后至费用收支时这一期间，由于汇率变动，出口商的收入可能减少或进口商的支付可能增加，从而形成了交易风险。这种风险构成了对外贸易的结算风险。

【例 5.2】某年 2 月 20 日，中国某企业与美国进口商签订了出口一批价值 50 万美元货物的合约，付款期限为 60 天。签订合约时，当天的即期汇率为 1 美元＝6.8650 元人民币，按此汇率，中国出口商收款时可得 343.25 万元人民币。假设 60 天后收款时的汇率变为 1 美元＝6.8550 元人民币，那么中国出口商只能得到 342.75 万元人民币，损失 5000 元人民币。

（2）国际借贷风险。国际借贷风险是指以外币计价的国际借贷活动中，在债权债务产生至清偿之间的时段，由于汇率变动，使债权人收入减少或债务人支出增加的风险。

【例 5.3】美国某企业于某年借入 100 万欧元两年期的国际商业贷款，当时的市场汇率为 USD1＝EUR 0.9421。但是，两年后市场汇率变为 USD 1＝EUR 0.9235，由于国际借贷外汇风险，该企业需要付出 108.28（100÷0.9235）万美元才能偿还 100 万欧元，意味着比借款时的 106.15（100÷0.9421）万美元多付出了 2.13 万美元。

（3）外汇买卖风险。外汇买卖风险是指在外汇交易过程中，由于汇率发生变化，导致两次外汇交易的成本或收益不同，从而构成了外汇的买卖风险。

【例 5.4】某银行在当天以汇率 EUR 1＝USD1.0615 卖出 106.15 万美元，买入 100 万欧元轧平头寸；次日头寸抛补时，汇率变为 EUR 1＝USD 1.0515，欧元贬值，这时只能换回 105.15 万美元，损失 1 万美元。

3. 经济风险

经济风险又称**经营风险**，是指非预期的汇率变动所引起的，使企业在未来的债权、收益等方面可能遭受损失的外汇风险。它是一种潜在性风险，其可能遭受损失的程度取决于汇率变动对进出口商品数量、价格及成本的影响程度。

对于一个企业来说，经济风险涉及资金、营销、采购和生产等各个层面。经济风险的分析在很大程度上取决于该公司的预测能力，带有一定的动态性和主观性。经济风险的影响是长期的，而交易风险和会计风险的影响是一笔业务、一次性的，因此经济风险所造成的损失比会计风险或交易风险更严重。

学习思考

简述外汇风险的分类，思考外汇风险对经济有何影响。

第二节　外汇风险的一般管理方法

外汇风险的管理可以由涉及外汇交易的企业或个人通过贸易策略来实施，也可以借助金融机构和金融市场提供的金融交易工具来进行。一般将通过贸易策略规避风险的方法称为一般管理方法。

一、选好或搭配好计价货币

由于外汇风险的构成要素之一是本外币兑换，因此，规避风险的方法之一就是避免使用外币，或者预先选择有利于自己的外币结算。

1. 选择本币计价

选择本币作为**计价货币**就不涉及货币的兑换，进出口商中的一方可以完全防范外汇风险。如以出口商所在地货币作为计价货币，出口商就没有外汇风险，但对于进口商来说仍然存在外汇风险。

采用本币计价法的优点是简便易行，效果显著。但由于买卖双方往往会因计价货币的选择产生矛盾，因此交易中要根据本币的国际地位和贸易双方的交易习惯来考虑接受何种计价货币。2003 年前，人民币不能作为国际贸易计价货币，因此我国企业无法通过本币计价结算消除外汇风险。随着人民币国际化进程的推进，人民币作为计价货币越来越受到欢迎。

2. 选择自由兑换货币计价

选择自由兑换货币作为计价货币，便于外汇资金的调拨和运用，一旦汇率有变动，可以立即兑换成另一种有利的货币。

3. 选择有利的外币计价

预测货币汇率变化趋势，选择有利的货币作为计价货币，这是一种根本性的防范措施。一般地，其基本原则是"收硬付软"，即出口选**硬币**（外汇市场上看涨的货币）作为计价货币，进口选**软币**（外汇市场上看跌的货币）作为计价货币。

出口商在以硬币作为计价结算的货币时，由于硬币不断升值，将来当出口商收到货款时，就可以将这笔货款兑换回更多数额的本币；而进口商在以软币作为计价结算的货币时，由于软币不断贬值，将来当进口商支付货款时，就可以用较少的本币兑换到这笔货款。

【例 5.5】即期汇率为 USD1 = EUR 0.9494，预测 3 个月后的汇率为 USD1 = EUR 0.9394，则美元是"软币"，欧元是"硬币"。美国出口德国一批价值 10 万美元的商品，这时可以以美元为计价货币，货款是 10 万美元；也可以以欧元为计价货币，货款是 9.494 万欧元。美国出口商签订合约时，要求以欧元计价，价值 9.494 万欧元，3 个月后收汇。3 个月后收到 9.494 万欧元，此时按 USD1 = EUR 0.9394 兑换，只需 9.394 万欧元就可换回 10 万美元，还余 1000 欧元。

选择有利的外币计价，实质在于把汇率变动所带来的好处留给自己，损失推给对方。采用此方法时，一方面会受到贸易双方交易习惯的制约；另一方面，各种货币的"硬"或"软"并不是绝对的，有时会出现逆转。所以，此方法并不能够保证进出口商完全避免外汇风险。

4. 选用一篮子货币计价

选用**一篮子货币**计价，即通过使用两种以上的货币计价来消除或降低外汇风险。对金额较大的交易或在汇率剧烈变化难以预测的情况下，可使用两种以上的货币计价。当一种货币贬值、其他货币汇率不变时，或者几种货币贬值、另外几种货币升值时，可以减小或分散外汇风险。

5. 软硬货币搭配计价

软硬货币此降彼升，汇率变动具有负相关性质。将软硬货币进行合理搭配，能够减小外汇风险。交易双方在选择计价货币上难以达成共识时，可采用这种折中的方法。机械设备的进出口贸易，由于时间长、金额大，也可以采用这种方法。

该法具体搭配时有三种形式：一是软硬货币对半；二是软或硬货币多些；三是把软硬货币与介于软硬货币之间的另一种货币进行组合，使三者各占一定的比例。同时，一般还应在合同中标明计价货币和支付货币的币种及当时软硬货币之间的汇率，一旦软硬货币汇率发生变化，就可按变化后的汇率调整支付货币的数量。只有这样，才能避免或减小风险。

二、平衡抵消法避险

平衡抵消法规避外汇风险的基本原理是采用对冲的方法，或将受险货币的收付相互抵消，或消除外币结算的时间间隔因素，以此来避免风险的发生。

1. 平衡法

平衡法是指交易主体在一笔交易发生时，再进行一笔与其在货币、金额、收付日期上完全一致，但资金流向相反的交易，使两笔交易面临的汇率变化影响相互抵消。

【例5.6】某公司在3个月后有一笔10万美元的应付货款，该公司为防止美元升值，设法出口一笔价值10万美元的货物，并且收款期与付款期相同。那么3个月后，该公司有一笔同等数额美元的应收货款，以此抵销3个月后的美元应付货款，从而消除外汇风险。

通常情况下，一个经济组织要想将每笔交易的收付货币都完全平衡是非常困难的，即使一个国际性的大公司采用平衡法，也需要采购部门、销售部门、财务部门、决策部门等相互协调、密切合作。因此，只有金额较大、存在一次性外汇风险的交易才可以采用此方法。

2. 组对法

组对法是指交易主体通过利用两种资金的流动对冲来抵消或减小风险。与平衡法相比，其特殊点在于：平衡法是基于同一种货币的对冲，而组对法则基于两种货币的对冲，且这两种货币的汇率通常具有稳定的关系。

【例5.7】某公司出口100万美元的商品，3个月后收款。该公司又有一笔进口业务，进口金额778万港元，3个月后付款。因为我国香港地区实行的是钉住美元的联系汇率制，汇率 USD1 = HKD 7.78基本不变，同升同降，故采用这种方法可抵消风险。

组对法比较灵活，易于运用，但却不能消除全部风险，而只能减缓货币风险的潜在影响，即以组对货币的得利来抵消某种具有风险的外币的损失。但如果选用组对货币不当，反而会产生两种货币都发生价值波动的双重风险，因此，必须注意组对货币的选择。

平衡法与组对法的区别如表5.1所示。

3. 借款法

借款法是指有期汇收入的企业，通过向银行借入一笔与远期收入相同币种、金额和期限的贷款而防范外汇风险的方法。其特点在于能够改变外汇风险的时间结构，现在就把未来的外币收入从银行借出来，以供支配。这就消除了时间风险，届时外汇收入进账，正好用于归还银行贷款的本金和利息。

表 5.1　平衡法与组对法的区别

不同点	平衡法	组对法
币种	两笔相同货币交易对冲	两笔不同货币交易对冲
风险程度	很低	组对货币选择不当就有外汇损失的可能
操作特点	有较大局限性	比较灵活、易于运用

【例 5.8】日本某公司有一笔 100 万美元的应收账款，一年后收回。该公司预测一年内美元将贬值，为防范外汇风险，可先向银行借入为期一年的 100 万美元，并立即将其卖出得到相应数量的日元，利用日元进行为期一年的投资。一年后，该公司用美元应收账款归还所借的美元，用日元的投资利息冲抵借入美元的利息。

4. 投资法

投资法是指当企业面对未来的一笔外汇支出时，先按照当前汇率将本币兑换成相应的外汇，再将该笔资金进行投资，待支付外汇的日期来临时，用投资的本息（或利润）付汇。

【例 5.9】日本某公司有半年后到期的 100 万美元应付账款，如果在半年内美元升值，该公司将遭受风险损失。为防范外汇风险，该公司在签订进口合同后，按当时的汇率先用日元兑换 100 万美元，并进行为期半年的投资，半年后用收回的美元投资偿付应付款项。这样既避免了应付账款的计价外汇升值的风险，同时又可获得投资的利息收入。

> 投资法和借款法都是通过改变外汇风险的时间结构来避险，但两者却各具特点，前者是将未来的支出货币兑换移到现在，而后者则是将未来的收入货币兑换移到现在。

三、利用国际贸易融资

利用贸易方式进行融资，通常是使用银行提供的融资结算工具来改变收付汇时间，或者卖断票据，进而避免汇率波动带来的风险。

1. 出口押汇

出口押汇是指出口商在收到信用证的情况下，在货物装船发货后，将信用证要求的有关全套单据交到银行，以出口单据作为抵押，银行把与货款等额的外汇付给出口商的方法。这样，出口商通过银行押汇提前收回货款，从而转嫁或消除了外汇风险。同时出口商对该货币有了支配权，即出口商取得银行的押汇后，若预计该种货币的汇率将下跌，就及时把它换成其他货币；若预计该货币的汇率将上升，也可保留该货币。

2. 打包放款

打包放款是指出口商在备货过程中资金出现短缺时，可利用国外进口商银行开来的信用证作为抵押，向本国银行申请贷款。打包放款的数额一般为出口货物总价值的 50%～70%。对于出口商而言，把将来的货款通过借款提前取得，等于将外汇变动的风险转移给了银行。

3. 保付代理

保付代理是指出口商装运货物取得单据后，立即把有关单据卖给保付代理机构以获得现金的方法。这样，出口商就将外汇风险转嫁给了保付代理机构。当然，出口商要支付保付代理费作为代价。

4. 福费廷

福费廷（forfaiting）又称包买票据，是指出口商将已经承兑的，并通常由进口商所在地银行担保的远期汇票或本票无追索地卖给包买商，从而提前取得现款的业务。这种融资方式可以使出口商在进口商付款前就取得货款，因而避免了因延期收款造成的外汇风险。

5. 出口信贷

出口信贷是指为了提高本国大型成套机器设备和大型工程项目的出口竞争力，由出口方银行或政府给予补贴或优惠贷款的方法。出口信贷又分为买方信贷和卖方信贷。

（1）**买方信贷**是指在大型机器设备和成套设备贸易中，为了扩大本国设备的出口，由出口商所在地银行向进口商或进口商所在地银行提供的中长期贷款。买方信贷有两种具体形式：一种是直接贷款给外国进口商，但需有进口方银行担保；另一种是贷款给外国的进口方银行，无须其他银行担保，再由进口方银行将贷款转给进口商。这样，得到买方信贷的进口商就可以即期付款，不仅使出口商尽快得到货款和减小外汇风险，而且各项费用不计入货价，便于进口商与出口商讨价还价。

（2）**卖方信贷**是指在大型机器设备和成套设备贸易中，为了便于出口商以延期付款方式或赊销方式出售商品，出口商所在地银行对出口商所提供的中长期贷款。卖方信贷的基本方式是出口商利用出口信贷替进口商垫付货款，允许进口商在成交后分期偿还。这样出口商的外币负债（从银行的借款）与外币资产（对进口商的应收账款）轧平，即使出现汇率变动，出口商也不会受到损失。

四、运用系列保值法

保值方法是通过在贸易合同中加列保值条款，使货款金额相对固定，或者通过适当调整货价来规避损失的方法。

（一）合同中加列保值条款

加列保值条款是指在交易谈判时，双方协商在商务合同或贷款协议中加入适当的保值条款，以防汇率变动的风险。这实际上是将未来的收入与某种稳定的货币建立起联系，用这种货币来保值，并以其作为衡量收入的标准。这是国际上防范外汇风险通行的做法之一。

1. 黄金保值条款

黄金保值是指在签订合同时，按当时市场上的黄金价格将支付的货币转化为金衡盎司[①]，到实际结算时，再按照同期黄金的市场价格折算成应支付的货币金额。这种保值方法在固定汇率时期经常被采用，现在很少使用。

2. 硬币保值条款

硬币保值条款，即在贸易合同中规定某种软币为计价货币，规定某种硬币为保值货币，签订合同时，按当时软币与硬币的汇率将货款折算成一定数量的硬币，到货款结算时，再按此时的汇率将硬币折算回软币来结算。此方法一般同时规定软币与硬币之间汇率波动的幅度，

---

① 金银计量中，1 金衡盎司（英两）为 31.1034768 克，唐至清代我国的 1 两多为三四十克。

在规定的波动幅度范围之内，货款不做调整；超过规定的波动幅度范围，货款则要做相应的调整。

3. 一篮子货币保值法

一篮子货币保值，是把各种货币软硬搭配，使汇率变化有升有降，升降可以相互抵消，从而能够分散外汇风险或把风险限制在一定的幅度内。

【**例 5.10**】美国某公司签订了一份 100 万美元的出口合同，并在合同中列明了以美元（40%）、欧元（30%）、英镑（30%）等三种货币作为保值货币的条款，3 个月后收款。签订商品合约时的即期汇率为 USD1 = EUR1，GBP1 = USD2，若 3 个月后的即期汇率为 USD1 = EUR0.8009，GBP 1 = USD2.3，则该公司的保值计算如下。

（1）签订合同时的金额共计 100 万美元，其中三种货币各自的份额为

  美元：   100×40% = 40 万美元

  欧元：   100×30% = 30 万美元×1 = 30 万欧元

  英镑：   100×30% = 30 万美元÷2 = 15 万英镑

（2）3 个月后收款金额为

  美元：   40 万美元

  欧元：   30 万欧元÷0.8009 = 37.46 万美元

  英镑：   15 万英镑×2.3 = 34.5 万美元

  共计   40 + 37.46 + 34.5 = 111.96 万美元

由例 5.10 可以看出，通过一篮子货币保值，不但可以消除或降低外汇风险，有时还可能获得额外收益。当然，如果保值货币的选取不当，或者保值货币的实际汇率变化与预期不符，那么该方法非但起不到保值作用，反而会带来更大的风险。

4. 物价指数保值法

物价指数保值法是指以某种价格指数为依据，进出口商品的货价根据价格指数的变动做相应调整。在使用物价指数保值方法时，通常是把商品价格变动和汇率变动等因素结合起来，设计出复合指数。到期时，根据指数变动调整支付金额。

5. 滑动价格保值法

滑动价格保值法是指在签订贸易合同时，买卖商品的部分价格暂不确定，而是在交货时按当时国际市场价格或生产费用的变化加以调整来支付。大型设备的进出口交易常采用此法，如根据原材料、工资等变化，到支付期时加以调整。

（二）调价保值

调价保值包括加价保值和压价保值。在国际贸易中，出口收硬币、进口付软币只是一种理想的选择，实际中某些场合出口不得不收取软币，而进口被迫使用硬币。此时就要考虑实行调价避险法，即出口加价和进口压价，以尽可能减小风险。

（1）**加价保值法**用于出口交易中，当出口商接受软货币计价时，将汇率损失摊入出口商品的价格中，以转移外汇风险。其中，加价的幅度相当于软币预期贬值的幅度。根据国际惯例，加价公式为

$$加价后的商品价格 = 原单价×(1 + 预期货币贬值率)$$

【**例 5.11**】某企业出口商品以美元计价结算，现在成交，1 年后结汇。假设美元为软货币，年贬值率预计为 5%，每单位商品的原价格为 300 美元，则加价后的商品价格为

$$300×(1 + 5\%) = 315 美元$$

（2）**压价保值法**就是指进口商接受以硬币付汇时，将汇率损失从进口商品价格中予以剔除，以转嫁外汇风险的做法。压价的幅度相当于硬币预期升值的幅度。根据惯例，压价公式为

$$压价后的商品价格 = 原单价 \times （1-预期货币升值率）$$

需要注意的是，调价保值法并不能消除外汇风险，只是将外汇风险转移了。运用调价保值法通常要考虑商品的市场需求、商品质量等因素。如果出口商品是畅销货，国际市场价格趋涨，用硬货币报价，即使不降价，对方也容易接受；如果出口商品是滞销货，国际市场价格趋跌，用硬货币报价就不容易成交。

五、利用外汇交易

利用外汇交易的方法是通过金融工具的交易，利用其特性来防范外汇风险的方法，其实质就是外汇交易活动。

（1）**即期合同法**是指具有外汇债权或债务的公司，与外汇银行签订售出或购进外汇的即期合同，以消除外汇风险的方法。现汇交易是在两个营业日内进行交割的，由于即期合同锁定了汇率，因而就消除了两天内汇率可能波动的风险。

（2）**远期合同法**是指具有外汇债权或债务的公司，与银行签订卖出或买进期汇的合同，以消除外汇风险的方法。具体做法是出口商在签订贸易合同后，按当时的远期汇率预先卖出合同金额和币种的远期，在收到货款时再按原定汇率进行交割；进口商则预先买进所需外汇的远期，到支付货款时按原定汇率进行交割。远期合同法一方面将防范外汇风险的成本固定在一定的范围内，另一方面将不确定的汇率变动因素转化为可计算的因素，有利于成本核算。

（3）**期货合同法**是指具有期汇债权或债务的企业，委托银行或经纪人购买或出售相应的外汇期货，以消除外汇风险的方法。具体来说，具有外汇债权的公司怕收汇时计价外汇贬值，可在期货市场利用空头套期保值避免外汇风险；具有外汇债务的公司怕付汇时计价外汇升值，可在期货市场利用多头套期保值避免外汇风险。

视野拓展

外汇套保计划实例

（4）**期权合同法**是指具有外汇或债务的企业，通过外汇期权市场进行外汇期权交易，以消除或减小外汇风险的方法。具体做法是进口商应买进看涨期权，出口商应买进看跌期权。期权交易在风险管理方面较其他方法更具灵活性、主动性及风险预知性。操作者可以根据市场汇率变动做任何选择，既可履约，也可不履约，不履约最多损失期权费。当然，期权所付费用也较高。

（5）**掉期合同法**是指进出口商通过与银行签订掉期交易合同的方式来防范外汇风险的方法。

【**例 5.12**】如某公司将在 1 个月后收到 100 万港元的货款，3 个月后又有 100 万港元的支出。为防范外汇风险，该公司现与银行签订一个掉期交易合同，在卖掉 1 个月远期 100 万港元的同时，又买进 3 个月远期的 100 万港元。假设 1 个月的远期汇率为 HK\$1＝CNY 0.8864，3 个月的远期汇率为 HK\$1＝CNY 0.8860，则此公司不仅防范了外汇风险，而且还获得了 400 元人民币的掉期收益[100 万×（0.8864-0.8860）]。

掉期合同法与套期保值的区别在于：套期保值是在已有的一笔交易基础上所做的反方向交易，而掉期则是两笔反方向的交易同时进行，即两笔币种、金额相同，买卖方向相反，

交割日不同的外汇买卖。掉期合同法避险的方法多运用于短期投资和短期借贷业务，如抵补套利。

六、其他管理方法

除上述外汇风险防范方法外，还有以下方法可供使用。

（1）**易货贸易法**，又称以物易物交易法，就是贸易双方直接进行货物的等价交换。简单的易货贸易，双方只需签订一个交易合同，进行一次性交换就完毕；较为复杂的易货贸易是在合同中明确规定在多长期限内、分多少批进行清偿。我国在引进外资初期经常采用该种方法。例如，我国某电器制造公司引进德国一条冰箱生产线，就可以用将来生产的冰箱抵补这条生产线的欠款。由于易货贸易不涉及货币的结算，所以不存在外汇风险。

（2）**提前收付或拖延收付法**，是指根据对汇率变动趋势的预测，通过更改外汇资金的收付日期来抵消外汇风险的一种方法。具体做法是，当预测计价货币有贬值趋势时，出口商应尽量提早收款或以预付款方式交易，而进口商应尽量推迟付款或以延期付款方式交易；反之，出口商则应尽量推迟收款，或允许进口商延期付款，进口商应尽量提前付款或预付货款。

【例 5.13】某年年初，我国某企业从美国进口一批货物，价值 500 万美元，以美元结算。合同规定付款期为当年 3 月 1 日，按当时的汇率 USD1 = CNY 6.8785，折合人民币金额为 3439.25 万元。进入 2 月份以后，预测人民币兑美元将会有较大幅度的升值，于是，该公司寻找合理的借口将付款期推迟到年底。结果，汇率变为 USD1 = CNY6.8344，如果不考虑利息因素，折合人民币支出金额为 3417.2 万元，节约支出 22.05 万元。

需要注意的是，这种方法通常用于企业内部或母子公司之间。在提前支付货款的情况下，负债公司通常会得到一定金额的折扣。从这一意义上讲，提前付出货款等同于投资，而提前收取货款类似于借款。

🐟**学习思考**

论述买方信贷和卖方信贷对进出口双方的利弊。

第三节　外汇风险的综合管理方法

第二节介绍的外汇风险一般管理方法是单一种类的外汇风险防范措施，但更多时候需要将不同的外汇风险防范方法相互配合，综合利用，才能达到最佳效果，我们称之为外汇风险的综合管理方法。常见的外汇风险综合管理方法有 BSI 法和 LSI 法。

一、BSI 法

BSI 法，即借款–即期合同–投资法（borrow-spot-investment），是指具有外汇应收账款或应付账款的企业，综合使用借款、即期合同与投资来消除外汇风险的方法。

1. BSI 法在应收账款中的运用

为防止应收账款的计价外汇贬值，首先从银行借入与应收账款等值的外币，借款期限到收汇日；其次，通过即期交易，把外币兑换成本币；最后，将本币存入银行或进行投资，以投资收益来补贴借款利息和其他费用。届时应收账款到期，就以外汇货款归还银行贷款。具体步骤如下。

（1）出口货物，与进口商签订合同，明确应收账款或票据等债权结算所需的币种、金额和期限。

（2）向银行借入与应收账款币种相同、金额相等且期限一致的款项，将时间风险由将来转移到现在。

（3）通过现汇交易，将外币转化为本币，消除由于汇率变动造成的价值风险。

（4）将本币存入银行或进行投资，用取得的收益抵补借款发生的费用。

（5）当收到应收账款后，用收到的账款偿还银行贷款。

【例5.14】德国某公司向美国出口一批价值100万美元的电器，合同规定收款期限为90天。签订合同时的即期汇率为EUR1＝USD1.0562，如果预测美元汇率下降，该德国公司应如何运用BSI法防范外汇风险？

解：

（1）该公司先向银行借入期限为90天的银行贷款100万美元，假设年利率为4%，则到期支付银行的本利和应为 $100 \times \left(1+4\% \times \dfrac{3}{12}\right) = 101$ 万美元。

（2）将借入的100万美元兑换成欧元：100÷1.0562＝94.68万欧元。

（3）将兑换的94.68万欧元购买3个月期的本国国债，假设利率为2.5%，到期收到的本利和为 $94.68 \times \left(1+2.5\% \times \dfrac{3}{12}\right) = 95.27$ 万欧元。

（4）90天收款期限到后，若此时的汇率为EUR1＝USD1.1870，则归还银行贷款本利和101万美元，就折合为101÷1.1870＝85.09万欧元。

（5）将收入95.27万欧元与支出85.09万欧元相比，获得净收益10.18（95.27-85.09）万欧元。

若不采取BSI法防范风险，90天收款期限到后，收到的100万美元只能折合为84.25（100÷1.1870）万欧元。相比之下，BSI法防止外汇风险损失达11.02（95.27-84.25）万欧元。

2. BSI法在应付账款中的运用

在签订贸易合同后，进口商先从银行借入购买应付账款所需的本币，同时在现汇市场用本币购进未来结算所需的外币，然后用这笔外币投资，投资期限与付款期限相同。付款到期时，企业收回外币投资并支付货款。具体步骤如下。

（1）与出口商签订进货合同，明确结算付款所需的币种、金额和日期。

（2）向银行借入与应付账款金额相等、时间一致的本币贷款，将应付账款的时间风险转移到办汇日。

（3）在外汇市场上进行即期交易，将本币卖出，兑换成将来付款时所用的外币币种，消除外币升值、本币贬值的价值风险。

（4）将兑换的外币进行投资。

（5）应付账款到期时，外汇投资也到期，用收回的投资支付应付账款。

【例5.15】美国某公司向日本进口一批货物，合同规定付款期为6个月，金额为8000万日元，即期汇率为USD1＝JPY113.23。如果预测日元升值，该公司应如何运用BSI法化解外汇风险？

解：

（1）向银行借入6个月期限的贷款70.65（8000÷113.23）万美元，假设贷款年利率4%，则6个月后应付银行本利和 $70.65 \times \left(1+4\% \times \dfrac{6}{12}\right) = 72.06$ 万美元。

（2）在外汇市场以汇率 USD1 = JPY113.23 将借来的 70.65 万美元卖出，换回 8000 万日元。

（3）将 8000 万日元存入银行，假设存款年利率 1.5%，获得本利和 $8000 \times \left(1 + 1.5\% \times \dfrac{6}{12}\right) = 8060$ 万日元。

（4）6 个月应付账款到期，假设结汇时的汇率为 USD1 = JPY 109.71，公司把投资获得的 8060 万日元支付给进口商 8000 万日元后，还获利 60 万日元，折合 $60 \div 109.71 = 0.55$ 万美元。

（5）最后，该公司只需将银行的本利和 72.06 万美元还上即可。

若不用 BSI 法防范风险，该公司就要支付 $8000 \div 109.71 = 72.92$ 万美元。此时公司减少损失 0.86（72.92-72.06）万美元，如果再加上 0.55 万美元的存款获利，效果更好。

BSI 法消除外汇应收账款和应付账款风险的原理一样，但币种的操作顺序不同。前者借款是外币，投资用本币；后者借款是本币，投资用外币。BSI 法使流入和流出的外币完全抵消，因而消除了外汇风险。

二、LSI 法

LSI 法，即提前收付-即期合同-投资法（lead-spot-investment），是指具有外汇应收账款或应付账款的企业，在征得债务方或债权方的同意后，综合运用提前或延期收付货款、即期合同和投资来消除外汇风险的办法。

1. LSI 法在应收账款中的应用

首先，为了防止应收账款的计价货币贬值，应收账款企业首先承诺给予进口商以一定折扣，并在征得对方同意后让进口商提前支付货款，以消除时间风险；其次，通过银行签订即期合同，将收取的外币兑换成本币，从而消除价值风险；最后，将换回的本币进行投资，所获得的收益用以抵补因提前收汇造成的折扣损失。

【例 5.16】英国某公司向美国出口一批价值 10 万美元的服装，合同规定收款期为 6 个月，即期汇率为 GBP1 = USD 1.2443。为防止美元贬值带来损失，该公司应如何采用 LSI 法进行风险防范？

解：

（1）该公司以 2% 的现金折扣请求进口商提前支付货款，实际得到 $10 \times (1-2\%) = 9.8$ 万美元。

（2）将 9.8 万美元兑换成英镑：$9.8 \div 1.2443 = 7.88$ 万英镑。

（3）用 7.88 万英镑购买半年期国库券，假设年利率为 3%，则 6 个月到期时，国库券的本利和为 $7.88 \times \left(1 + 3\% \times \dfrac{6}{12}\right) = 8.00$ 万英镑。

（4）如果不做风险防范，假设 6 个月后的实际汇率为 GBP1 = USD 1.3447，则收到的 10 万美元货款折合成英镑：$10 \div 1.3447 = 7.44$ 万英镑。LSI 法与之相比，可防止损失 0.56（8.00-7.44）万英镑。

2. LSI 法在应付账款中的应用

首先，为了防止应付账款的计价货币升值，进口商首先从银行借入与外币金额相同的本币贷款，以消除时间风险；其次，将借入的本币通过即期合同兑换成外币，以消除汇率变动引起的价值风险；最后，将兑换的外币提前支付给出口商，并得到一定数额的折扣。进口商所获得的折扣可完全或部分抵补借款利息的损失。

【例 5.17】美国某公司向日本进口一批货物，合同规定付款期为 6 个月，金额为 8000 万日元，即期汇率为 USD1 = JPY113.23。如果预测日元升值，该公司应如何运用 LSI 法化解外汇风险？

解：

（1）该公司与出口商签订合同时同意提前付款，现金折扣率为 2%，预计付款 $8000 \times (1-2\%) = 7840$ 万日元。

（2）向银行借入 6 个月期贷款 69.24（7840÷113.2300）万美元，假设贷款年利率 4%，6 个月后应付银行本利和：$69.24 \times \left(1 + 4\% \times \frac{6}{12}\right) = 70.62$ 万美元。

（3）在外汇市场以即期汇率 USD1 = JPY 113.23 将 69.24 万美元卖出，换回 7840 万日元，用这 7840 万日元支付出口商的货款。

（4）若 6 个月后的实际汇率为 USD1 = JPY 109.71，如果不采用风险防范措施，该公司就要支付相当于 $8000 \div 109.71 = 72.92$ 万美元的货款。

（5）而采用 LSI 法，6 个月后只需向银行支付本利和 70.62 万美元，与不提前付款要支付相当于 72.92 万美元的货款相比，减少损失 2.3（72.92-70.62）万美元。

🐟 学习思考

某日本公司 3 个月后将有一笔 100 万美元的应付账款，此公司准备采用 BSI 法防范外汇风险。那么该公司的操作过程是怎样的？（假设签约时的即期汇率是 USD1=JPY114.35）

📖 本章小结

1.外汇风险又称汇率风险，是指在一定时期内由于国际外汇市场汇率发生变化，给企业、银行等经济组织及个人，以外币计价的资产（债权、权益）和负债（债务、义务）带来损益的可能性。外汇风险的构成要素一般包括本币与外币的折算和时间等两个要素。外汇交易者面临的外汇风险主要有会计风险、交易风险和经济风险。

2.外汇风险的一般管理方法主要有选好或搭配好计价货币、平衡抵消法避险、利用国际贸易融资、运用系列保值法、利用各种外汇交易和其他管理方法。

3.外汇风险的综合管理方法是不同外汇风险防范方法的配合使用，主要有 BSI 法和 LSI 法。

📖 课后练习及实训操作

一、填空题

1._____外汇风险是指既有损失的可能，也有赢利的可能；_____外汇风险仅指由于汇率变动使经济实体或个人造成损失的可能。我们一般所说的外汇风险指的是_____。

2.外汇风险的构成要素一般包括_____、_____。这两个要素在外汇风险中同时存在，缺一不可。

3.外汇风险分为一般管理和综合管理。_____所采取的方法是单一的，而_____采取的是两种以上方法结合在一起的多方位管理。

4.注意货币汇率变化趋势，选择有利的货币作为计价货币，这是一种根本性的防范措施。其基本原则是_____，即出口选硬币作为计价货币，进口选软币作为计价货币。

5.将不同的外汇风险防范方法相互配合，综合利用，才能达到消除风险的最佳效果，我们称之为外汇风险的综合管理方法。常见的外汇风险综合管理方法有两种：_____和_____。

二、不定项选择题

1．外汇风险的不确定性是指（　　　）。

A．外汇风险可能发生，也可能不发生

B．外汇风险给持汇者或用汇者带来的可能是损失也可能是赢利

C．给一方带来的是损失，给另一方带来的必然是赢利

D．外汇汇率可能上升，也可能下降

2．在资本输出输入中，如果外汇汇率在外币债权债务清偿时较债权债务关系形成时下跌或上涨，当事人就会遭受风险。这属于（　　　）。

A．时间风险　　　B．交易风险　　　C．经济风险　　　D．转换风险

3．一笔应收或应付账款的时间结构对外汇风险的大小具有直接影响。账款时间越长，外汇风险就越（　　　）。

A．大　　　　　　B．小　　　　　　C．没有影响　　　D．无法判断

4．出口收汇的计价货币要尽量选择（　　　）。

A．软币　　　　　B．硬币　　　　　C．黄金　　　　　D．一篮子货币

5．LSI 法中的 S 是指（　　　），L 是指（　　　）。

A．提前收付　　　B．借款　　　　　C．即期合同　　　D．投资

6．在商务合同或贷款协议中加入保值条款是防范外汇风险的做法之一，具体包括（　　　）。

A．黄金保值条款　　　　　　　　　B．石油保值条款

C．硬币保值条款　　　　　　　　　D．一篮子货币保值条款

7．BSI 法消除外汇风险的原理是（　　　）。

A．在有应收账款的条件下，借入本币　　B．在有应收账款的条件下，借入外币

C．在有应付账款的条件下，借入外币　　D．在有应付账款的条件下，借入本币

8．外汇风险的构成要素包括（　　　）。

A．时间　　　　　B．地点　　　　　C．本币　　　　　D．外币

9．软硬货币此降彼升，具有负相关性质，只要将二者进行合理搭配，就能够减少汇率风险。其主要方式有（　　　）。

A．软硬货币对半　　　　　　　　　B．软或硬货币多些

C．介于软硬货币之间　　　　　　　D．随意配比

10．常见的外汇风险综合管理方法有（　　　）。

A．BSI 法　　　　B．LSI 法　　　　C．远期合同法　　D．平衡抵消法

三、判断题

1．外汇风险是指一个组织、经济实体或个人以外币计价的资产和负债因汇率变动而蒙受的意外损失。　　　　　　　　　　　　　　　　　　　　　　　　　　　　　（　　　）

2．交易风险是指在约定的以外币计价的交易过程中，由于结算时的利率与签订合同时的利率不同而面临的风险。　　　　　　　　　　　　　　　　　　　　　　　　　（　　　）

3．只要企业在进出口贸易中不使用外币，就不存在外汇风险。　　　　　（　　　）

4．在进口贸易中，选择用硬币结算可以防范外汇风险。　　　　　　　　（　　　）

5．外汇风险的一般管理方法，是多元种类的外汇风险防范措施，既能消除时间风险，又能消除价值风险。　　　　　　　　　　　　　　　　　　　　　　　　　　　　　（　　　）

四、名词解释

外汇风险	会计风险	交易风险	经济风险	外汇风险管理
平衡法	组对法	借款法	投资法	出口信贷
出口押汇	打包放款	福费廷	保付代理	易货贸易法
BSI 法	LSI 法	远期合同法		

五、简答题

1. 什么是外汇风险？它的构成要素及类型有哪些？

2. 外汇风险管理的一般方法有哪些？它与综合管理方法有何区别？

3. 试比较平衡法与组对法的不同点。

4. 企业在什么情况下采取提前收付或拖延收付法能避免外汇风险？

5. 何谓 BSI 法？试析 BSI 法是怎样消除应收账款和应付账款的外汇风险的。

6. 何谓 LSI 法？试析 LSI 法是怎样消除应收账款和应付账款的外汇风险的。

7. 简述怎样利用远期合同法进行外汇风险管理。

8. 试述企业在签订涉外经济合同时，应从哪些方面防范外汇风险，在出口收汇时应贯彻什么原则。

六、实训操作

使用大智慧软件或同花顺软件查询近期日元兑美元汇率和澳大利亚元兑美元汇率的变化状况，并利用软件提供的近期美国、日本和澳大利亚的经济状况数据和市场信息，预测日元和澳大利亚元汇率的近期（1~3 个月）变化趋势。在此基础上，给涉及两种货币对交易的外贸企业提出规避汇率风险的方法。

第六章　国际金融市场

【学习目标】

（1）了解国际金融市场的概念、类型及作用。

（2）掌握国际货币市场、国际资本市场的概念及构成。

（3）熟练掌握欧洲货币市场概念、特点及对世界经济的影响。

案例导读

上海国际金融中心建设

2022 年 11 月 26 日，在上海国际金融中心发展论坛上，《国际金融中心发展报告 2022》《上海国际金融中心建设系列报告 2022》发布。报告突出了"五个维度"，一是突出了上海国际金融中心建设的服务功能深化，对上海国际金融中心建设涉及的金融市场功能、金融机构业务及金融工具创新等方面进行了分析，聚焦更好地支持我国经济高质量发展。二是突出了上海国际金融中心建设的能级提升。通过对每年发展规模、效益、质量等多个硬指标进行对比，在指标动态中看到整体能级提升的方向。三是突出了上海国际金融中心建设的国际对标，提升上海国际金融中心建设的国际影响力。四是突出了上海国际金融中心建设的推进战略，既要推进法治化、市场化、国际化等发展，又要在重点领域如科技金融、绿色金融、数字金融等方面进行分析研究。五是突出了上海国际金融中心建设的开放进程，既要重视市场开放，更要重视制度开放。制度开放更具有挑战性，对于上海国际金融和经济发展更具有基础性和长期性。

国际金融市场是全球黄金交易、外汇交易、证券交易和资金借贷等国际金融业务活动的场所，是国际金融体系的重要组成部分。国际金融市场的各种交易活动直接反映世界经济活动的变化，国际金融市场的运转变化对世界经济运行的影响日益显著。本章将分别介绍国际金融市场的基本概念、国际货币市场、国际资本市场以及欧洲货币市场等相关内容。

第一节　国际金融市场概述

国际金融市场是世界范围内筹集、动员与再分配资本的重要渠道，它是开放经济运行的重要外部环境。当前，由于信息技术与现代化通信工具的迅猛发展，以及各国金融市场的开放，金融的全球化发展逐渐加快，并把国际金融市场连为一体，促进了世界经济贸易的发展，但同时也提升了金融动荡与危机在各国市场迅速传递的可能性。国际金融市场已经成为当代国际经济体系的重要组成部分，也是国际金融学研究的重要领域。本节我们主要介绍国际金融市场的概念、类型及其作用。

一、国际金融市场的概念

金融就是资金的融通，即资金的借贷关系。**金融市场**是指资金融通的场所及所形成的金融关系的总和。

国际金融市场（international financial market），是指资金在国际间进行流动或金融产品在国际间进行买卖和交换的场所。它由一切经营国际货币业务的金融机构所组成。

国际金融市场有广义和狭义之分。广义的国际金融市场是指在国际范围内，进行长短期资金的借贷、外汇与黄金的买卖等国际金融业务活动的场所或领域，不同的国际金融业务活动分别形成了国际资本市场、国际货币市场、国际外汇市场、国际黄金市场和金融衍生工具市场。狭义的国际金融市场是指国际间经营借贷资本，进行国际借贷活动的场所，包括长期和短期资金市场。

国际金融市场包括有形市场和无形市场。有形市场作为国际性金融资产交易的场所，往往是国际性金融机构聚集的城市或地区，故称为**国际金融中心**，既有传统意义上的国际金融中心，也有新型的**离岸金融中心**。无形市场由各国经营国际金融业务的机构，如银行、非银行金融机构或跨国公司构成，其交易活动是通过电话、电传、计算机等现代化的通信设施相联系的网络体系来完成的。无形市场在国际金融市场中占有越来越重要的地位。

国际金融市场是随着国际贸易和资本输出的发展，以及生产的国际化而发展起来的。有关国家政策法令的制定、通信技术手段的日益现代化以及国家纸币取代黄金充当世界货币等因素，也是推动其迅速发展的动因。国际金融市场的交易不受国界限制，交易的标的也十分丰富，可以是多种货币或金融资产。国际金融市场极为活跃，富于创造性，拥有现代化的服务方式，其市场管理相对宽松，较少受官方干预和约束。

二、国际金融市场的类型

国际金融市场作为进行各种国际金融业务活动的场所，其性质和功能一直处在不断发展和演变的过程中。在具体分类上，可以从不同的角度将国际金融市场做以下分类。

（一）按照国际金融市场产生的历史划分

按照国际金融市场产生的历史，可将其分为传统的国际金融市场和新型的国际金融市场。

1. 传统的国际金融市场

传统的国际金融市场又称**在岸金融市场**（onshore market），是指从事市场所在国货币的国际借贷，并受当地市场规则、惯例和政府规章法令约束的金融市场。这种类型的市场主要是由发达国家的国内金融市场逐渐发展到其融资对象不限于本国的企业和机构，其所经营的业务也扩展到国外，从而开始具有国际意义的国际金融市场。世界上一些主要的国际金融市场，如第一次世界大战前英国的伦敦，第二次世界大战后美国的纽约及日本的东京等都是如此。

传统的国际金融市场之所以被冠以"在岸"名称，其主要原因有以下几点：①该市场要

视野拓展

世界上最早的国际金融中心

受到市场所在国法律和金融条例的管理和制约，借贷成本较高；②交易活动在市场所在国居民和非居民之间进行；③通常只经营所在国货币的信贷业务，本质上是一种资本输出的形式。

2. 新型的国际金融市场

新型的国际金融市场是离岸金融市场（offshore market）或**境外市场**（external market），是指非居民的境外货币存贷市场。新型的国际金融市场是在传统的国际金融市场基础上形成的，在这个市场里，资金的供应者和需求者不受市场所在国法律、法规和金融条例的限制，不受交易货币的限制，不受国籍的限制，这更加方便了国际间的资金融通。

新型的国际金融市场的特点包括：①交易的货币是市场所在国之外的货币，其种类包括主要可兑换货币；②市场参与者是市场所在国的非居民，即交易在外国贷款人和外国借款人之间进行；③资金融通业务基本不受市场所在国及其他国家的政策法规约束。

新型的国际金融市场是制度和政策推动的产物，它突破了国际金融市场首先必须是国内金融市场的限制，使国际金融市场不再限于少数发达国家的金融市场，而是向全世界范围扩展。以上特征表明，新型的国际金融市场是国际化的金融市场，是真正意义上的国际金融市场。

（二）按照市场业务活动不同划分

按照市场业务活动不同，可将国际金融市场分为国际货币市场、国际资本市场、国际外汇市场、国际黄金市场和金融衍生工具市场。

1. 国际货币市场

国际货币市场又称国际短期资金市场或国际短期金融市场，是国际短期货币金融资产进行交换的场所，融资期限在1年以内。国际货币市场的主要功能是为政府、中央银行、工商企业及个人等参与货币市场交易的各方调节短期资金余缺，解决临时性资金周转困难。

国际货币市场上的交易者信誉较高。国际货币市场由许多独立市场构成，主要有同业拆借市场、承兑市场、票据贴现市场、短期政府债券及银行短期信贷市场等。国际货币市场的交易工具主要有短期国库券、大面额可转让存款凭证、银行承兑汇票、商业票据和回购协议等。

2. 国际资本市场

国际资本市场是指经营期限在1年以上的长期资金及其信用工具的交易场所，亦称长期资金市场。其主要功能包括：一是提供一种使资本从剩余部门转移到短缺部门的机制，使资本在国际间进行优化配置；二是为已发行的证券提供充分流动性的流通市场，以保证市场的活力。国际资本市场提供长期性资金融通，在资金盈余者和短缺者之间架起了桥梁，但其资金价格浮动及投资风险较大。国际资本市场主要由银行中长期信贷市场、国际债券市场和国际股票市场构成。与国际货币市场相比，国际资本市场具有期限较长，资产价格波动和投资风险较大等特征。

3. 国际外汇市场

国际外汇市场是专门从事外汇买卖的市场。由于各国的货币制度不同，使用的货币不一样，在履行国际间债权债务的结算时，就必须解决各国货币之间的兑换问题，也就是进行外汇买卖。

国际外汇市场包括两类市场：一类是银行之间的市场，或称**批发市场**，即外汇银行和外汇银行之间，或外汇银行和外汇经纪商之间的市场；另一类是客户和银行之间的市场，或称**零售市场**，即各个公司和投资者与外汇银行之间的市场。外汇市场大多无固定交易场所，属于抽象市场或无形市场，即外汇交易是通过电话、电传、互联网等现代通信工具进行的。世界各大金融中心的外汇市场已由通信网络连成一体，形成昼夜营业的全球性外汇交易体系。

国际间的政治、经济和文化往来等都会产生国际间的支付行为，借助国际外汇市场可使货币支付和资本转移得以实现，清偿由此产生的债权债务关系，这是进行国际交往的前提。外汇市场通过各种外汇交易活动，可以减小或消除外汇风险，促进国际贸易的发展和国际资本的流动。另外，各国政府还可通过分析国际外汇市场，判断国际资本流动方向，及时调整宏观政策，稳定国际收支状况。

4. 国际黄金市场

国际黄金市场是世界各国集中进行黄金交易的场所，是国际金融市场的特殊组成部分。纸币出现以前相当长的历史时期内，黄金充当货币的角色，成为国际间的最后支付手段，执行着交易媒介、结算工具、衡量价值的标准单位和价值贮存的世界货币职能。虽然随着国际金本位制的消亡以及信用货币制度的建立，黄金已退出货币流通领域，但黄金仍是国家调节国际储备资产的重要手段，也是居民调整个人财富储藏形式的一种方式。黄金保值、清偿功能的现实延续，使黄金在实质上仍然保留货币的作用，黄金市场在不断发展、动荡的国际金融市场上仍然拥有一定的地位。

黄金市场是国际金融市场中最早出现的部分，具有悠久的历史，并经历了多次变迁。黄金市场几乎遍布全世界，约有 40 个，其中伦敦、苏黎世、纽约、芝加哥和香港五大市场属于国际性的黄金市场。它们占有重要的地位，控制着全球黄金的流向，主导着黄金的价格走势。

世界各国可以在 24 小时内连续进行黄金买卖。交易者进行黄金买卖一是为了保值，二是为了进行投机。

5. 金融衍生工具市场

金融衍生工具市场即以各种金融衍生工具为交易对象的交易场所，也称**派生市场**，是相对于商品市场、资本市场和证券市场等基础市场而言的。金融衍生工具市场发展最根本的因素，是各国对金融管制的放宽和人们对于金融衍生品的需求。

金融衍生工具市场既包括标准化的交易所，也包括场外交易。交易者进行场内交易要缴纳保证金，交易费用较低，且具有较大流动性。场外交易是指使用电子计算机和现代化通信设备在交易所以外成交的金融衍生工具市场。

金融衍生工具市场主要有金融期货市场、期权市场、互换市场、远期合约市场等。它具有高杠杆性、高风险性、虚拟性等特征。金融衍生工具市场的发展虽然只有短短几十年时间，但导致了整个金融体系结构性的变革。金融衍生工具市场的产生，不仅提供了新的投资渠道，刺激了金融市场的投资活动，更推动了国际金融市场的一体化进程。

同时，金融衍生工具市场也是一把双刃剑，合理利用便可规避风险，带来高收益；不合理利用则可能带来金融风险，甚至是全球性的金融风暴。

三、国际金融市场的作用

国际金融市场的形成和发展，无论对西方发达国家，还是对发展中国家，甚至对整个世界经济都具有举足轻重的影响。

（1）提供融通资金，促进资源合理配置。国际金融市场是世界各国资金的集散中心。各国可以充分利用这一国际性的蓄水池，获取发展经济所需的资金。国际金融市场的存在使得资金流向经济效益好且利润率高的国家和地区，从而优化了世界经济资源的配置，有利于建立合理的国际分工。国际金融市场为国际贸易提供了结算与进口融资便利，为国际闲散资金提供了投资获利的渠道和机会，促进了国际贸易、国际投资的发展。例如，**欧洲货币市场**带动了日本和联邦德国的经济复兴，**亚洲美元市场**对亚太地区经济建设也起到了积极作用。

（2）有利于调节各国的国际收支。当一国的国际收支出现不平衡时，不论是顺差还是逆差，都可以利用国际金融市场调节国际收支。顺差的国家可以通过在国际金融市场上发放贷款、购买有价证券或直接投资等方式，使多余的资金得以利用；而有国际收支逆差的国家则利用国际金融市场贷款的资金来弥补逆差，从而更能灵活地规划经济发展，也能在更大程度上缓和国际收支失衡的压力。国际金融市场成为平衡世界各国国际收支的重要环节，推动了世界各国经济的正常发展。

（3）推动国际贸易和国际投资的发展。第二次世界大战之后，随着生产与资本的全球化发展，各国之间的投资与贸易活动日益频繁，从而产生了对跨国公司与跨国银行的需求。国际金融市场的形成既为跨国公司在世界范围融通、调拨资金提供了便利，同时也为跨国公司闲余资金的增值提供了渠道。国际金融市场的迅速发展和向全球扩展，为跨国公司实施全球战略提供了良好的金融服务。国际金融市场能在国际范围内把大量的闲散资金聚集起来，以满足国际经济贸易发展的需要，从而加速了生产和资本的国际化，也推动了全球经济一体化的进程。

（4）促进金融业的国际化。国际金融市场的发达，吸引着无数的跨国金融组织，尤其是银行业汇集于此，国际金融市场因此成了国际大银行的集散地。国际金融市场通过各种活动把这些银行有机地结合在一起，使世界各国的银行信用突破空间制约而成为国际间的银行信用，在更大程度上推动诸多金融业务国际化。

学习思考

试述国际金融市场对世界经济的影响。

第二节　国际货币市场

第一节中我们介绍了国际金融市场的类型，本节我们将要了解国际金融市场中一个重要的子市场——国际货币市场。

国际货币市场的短期资金包括通货、活期存款、短期政府债券、商业票据、银行承兑票据和大额可转让定期存单等。在美国，短期货币市场以银行短期信贷和短期债券为主，商业银行在这一市场占有重要地位；而在伦敦，短期货币市场以贴现业务为主，贴现行占有重要地位。国际货币市场融资具有期限短、资金周转速度快、数额巨大、金融工具流动性强、货币性较强、价格波动小和投资风险较低等特征。

一、国际货币市场的主要功能和作用

国际货币市场的主要功能和作用有以下几点。

（1）解决国际贸易中短期资金的供求矛盾。国际货币市场将筹资者与投资者从原来国内市场上的单一性转化为多元性。因此，在融通短期资金方面更能满足这些单位的要求。例如，在国外银行存款，购买外国短期票据和政府债券，购买外汇和黄金，在国际货币市场做短期拆借等。

（2）缓解财政紧张。政府可以通过货币市场发行各种国库券和短期债券，为政府创造重要的财政收入来源。

（3）中央银行实施货币政策的主要工具。各国中央银行能否有效执行货币政策，调控金融市场，很大程度上取决于货币市场能否提供高效的传导机制。中央银行作为货币政策的决策和执行机构，主要通过调节法定贴现率、存款准备金率和公开市场业务影响商业银行的活动，从而实现预定的货币政策操作目标。

国际货币市场是国际金融市场的重要组成部分，主要包括国际间的银行短期信贷市场、短期证券市场及票据贴现市场。其参与者包括商业银行、票据承兑公司、贴现公司、证券交易商和证券经纪商等。

二、银行短期信贷市场

银行短期信贷市场主要包括银行对外国工商企业的信贷市场和银行同业之间的拆借市场。该市场的功能在于解决临时性的短期流动资金不足，调节一定时点上的资金余缺，以平衡资金头寸。

1. 对工商企业的短期信贷市场

银行对工商企业的短期贷款主要解决企业季节性、临时性的短期流动资金需要。因此，银行在提供短期信贷时，比较注意资金的安全性以降低风险。银行在发放贷款前特别注重了解客户的资信、财务状况（包括债务状况）及款项用途，根据这些情况控制贷款的数量，以便保证贷款能按时收回。

2. 同业拆借市场

同业拆借市场是金融机构之间进行短期、临时性头寸调剂的市场。其具有以下特点。

视野拓展

短期信贷市场的日算惯例

（1）交易金额较大。银行间的同业拆借交易以批发形式进行，金额较大。每笔短期借贷的起点为 25 万美元或 50 万美元，但一般为 100 万美元。以英国伦敦同业拆借市场为例，每笔交易数量以 25 万英镑为最低限额，但超过百万英镑和百万美元的交易是常见的。

（2）期限短。最短的融资期限仅仅是隔夜，最长的也不过 1 年（一般以 1 天、7 天、30 天和 90 天居多），常使用的期限是 90 天。

（3）方式灵活。借款期限、币种、金额和利率可由借贷双方协商确定，不拘一格，灵活便捷。

（4）交易手续简便。交易无须提供担保和抵押，完全凭信誉确定交易，市场参加者多为大银行和机构。这种信贷一般不签订协议，无须缴纳担保品，通过电话或电传即可完成。

三、短期证券市场

短期证券市场也称**短期票据市场**，主要指以各种短期信用票据的流通为基础，在国际上进行短期证券发行和交易的融资场所。与中长期证券相比，短期证券具有安全性较高、流动性较强、收益率低和偿还期短的特点。短期证券市场上的信用票据种类很多，主要包括以下几种。

1. 国库券

国库券是政府为筹集季节性需求资金，或进行短期经济和金融调控而发放的短期政府债券。当中央政府的年度预算在执行过程中发生赤字时，国库券筹资是一种经常性的弥补手段。它是一种不记名、不附有息票的短期债券，票面只记载本金金额而不注明利率。国库券利率在一般情况下是货币市场各种利率中最低的，这是因为政府信用高于银行信用和商业信用。

国库券期限均在 1 年内，美国的国库券主要有 3 个月、6 个月和 1 年期的，英国国库券主要是 91 天期的。国库券的利率视情况而定，通常以票面金额打折的方式和拍卖的方式推销，到期按票面金额偿还。国库券在到期之前，可以在市场上自由流通转让，因此形成了交易量很大的国库券市场。

在国库券的流通市场上，市场的参与者有商业银行、中央银行、证券交易商、企业和个人投资者。国库券行市的变动，要受景气动向、国库券供求关系和市场利率水平等诸多因素的影响。在美国，证券交易商在进行国库券交易时，通常采用双向式挂牌报价，即在报出一交易单位买入价的同时，也报出一交易单位的卖出价，两者的差额即为交易商的收益，交易商不再附加佣金。

2. 大额可转让定期存单

大额可转让定期存单是可以进行流通转让的定期存款凭证，兼具流动性和收益性的特征。此类存单不记名，可以流通转让，也可以在到期时向银行按票面金额支取本金并获取利息。

第一张大额可转让定期存单是由美国花旗银行于 1961 年创造的，其目的是稳定存款、扩大资金来源。当时市场利率上涨，活期存款无利或利率极低，现行定期储蓄存款亦受联邦条例制约，利率上限受限制。于是，存款纷纷从银行流出，转入收益高的金融工具。大额可转让定期存单利率较高，又可在流通市场转让，对于吸收存款大有好处。于是，这种新的金融工具诞生了。

大额可转让定期存单在美国的流通额仅次于国库券，定期存单的期限一般为 1～12 个月，其中以 3～6 个月为最多。它到期还本，并按约定利率支付利息，利息率一般高于活期存款，也高于同等期限的国库券。在美国，该存单标准定额为 100 万美元或以上。大额可转让定期存单市场的主要参与者是货币市场基金、商业银行、政府和其他非金融机构投资者。

3. 银行承兑汇票

银行承兑汇票是基于商业汇票产生的，而货币市场上的商业汇票是大工商企业或金融公司凭借信用签发的无抵押借款凭证，用以在货币市场上筹措短期资金。

银行承兑汇票是指在国际贸易中由出口商签发，由银行背书承兑，保证到期付款的票据。

在众多的商业票据中，银行承兑汇票的信用程度最高。这种汇票的期限一般为30～180天，最长可达270天，但以90天为最常见，面值不限。银行承兑汇票是承兑银行一项不可撤销的付款义务，因为有银行作为可靠的保障，银行承兑汇票具有较高的安全性。持票人可随时在到期前到承兑银行贴现或者在流通市场上公开买卖，转售时的价格按面值打一定折扣，买价与面额之间的差额就是持票人的收益。

四、票据贴现市场

贴现是指持票人以未到期票据向银行兑换现金，银行按贴现率扣除从贴现日至到期日的利息，到票据到期时再向出票人收款的行为。对持票人来说，贴现是将未到期的票据卖给银行以获得流动性资金的行为，这样可提前收回垫付的商业信用的资本；而对银行或贴现公司来说，贴现是与商业信用结合的放款业务。

票据贴现市场就是指以经营贴现业务为主的货币市场。贴现交易的信用工具除国库券、短期债券外，主要是银行承兑汇票和部分商业票据。由此，票据贴现可以分为银行票据贴现、商业票据贴现、债券及国库券贴现等几种。

票据贴现市场的交易包括票据贴现和再贴现。票据贴现是指票据持有人将未到期的票据向商业银行或贴现公司要求贴现换取现金的交易，这种交易占贴现市场业务的大部分。商业银行或贴现公司将已贴现但未到期的票据到中央银行再次进行贴现以换取现金的交易为票据再贴现交易。再贴现是中央银行控制信用规模的一个重要手段。

🛈 学习思考

国际货币市场为短期资金市场，根据所学知识，讨论短期相对长期来说有什么优缺点。

第三节　国际资本市场

在第二节中我们了解到，国际货币市场解决了国际经济短期资金的供求矛盾。在本节中，我们将主要介绍进行长期资金融通的市场——国际资本市场的概念及其类型。

国际资本市场（international capital market）是国际长期资金融通的市场，即借贷经营期限在1年以上的中长期国际资金的市场。市场参与者主要是各国政府、大型跨国企业和国际金融机构等。各国政府为开发本国重点建设项目而筹措中长期资金，跨国企业筹措中长期资金用于长期投资，国际金融机构在资本市场上筹资，补充资金不足。

国际资本市场的主要业务有银行贷款和证券交易两大类。其主要功能是为国际间长期资金的流动提供渠道，将世界各国的闲置资金转化为国际性投资。国际资本市场包括银行中长期信贷市场、国际债券市场和国际股票市场。国际债券市场和国际股票市场统称为国际证券市场，它是国际资本市场的核心。

一、银行中长期信贷市场

银行中长期信贷市场是各国政府、国际金融机构和国际商业银行在国际市场上为客户提供中长期贷款的场所，是国际资本市场的重要组成部分。中长期贷款一般由政府贷款、国际金融机构贷款和国际银行贷款等组成。

1. 银行中长期信贷的特点

银行中长期贷款中，通常1～5年的为中期信贷，5年以上的为长期信贷。借款方大多是世界各国私营企业、社会团体、政府机构或国际组织，贷款方主要是商业银行。其主要特点如下。

（1）必须签订贷款协议。协议的主要内容包括确定贷款货币、贷款数量、利息率、费用增加的补偿，以及货币选择条款、提前偿还条款、违约条款、保证条款、司法权条款、交款地点、资金用途条款、税收条款和分阶段提取资金条款等。

（2）利率确定灵活。由于中长期贷款期限较长，利率趋势较难预测，借款人和贷款人都不愿承担利率变化的风险，因此常采用浮动利率，即每3个月或半年根据市场利率的变化进行一次调整。双方确定利率时，大多以某一基准利率为基础，再加一定的加息率为计算标准。

（3）联合贷款，即银团贷款，又称辛迪加贷款。联合贷款往往由十余家甚至数十家银行联合起来提供贷款。

（4）有的贷款需要由借款方的官方机构或政府担保。

2. 联合贷款及其特点

联合贷款由一家银行做牵头行，若干家银行做管理行，其余银行做参与行。牵头行通常也是管理行，收取牵头费和管理费，并与其他管理行一起承担贷款的管理工作。联合贷款在国际上始于20世纪60年代，流行于20世纪70年代，在20世纪80年代有了较大的发展。

一般来说，联合贷款金额大、期限长，贷款条件较优惠，既能保障项目资金的及时到位，又能降低借款单位的融资成本，是重大基础设施或大型工业项目建设融资的主要方式。联合贷款主要是出于追求利息回报，由于通常数额巨大、期限较长（可达10年、20年之久），因此需要有可靠的担保，且一般由政府担保。

联合贷款的成本较高，利率是在伦敦银行同业拆借利率上加一定加息率，而且借款人还需承担其他借款费用。

二、国际债券市场

国际债券是指国际金融机构或一国政府、金融机构、企事业单位，在国际市场上以外国货币为面值发行的债券。国际债券的重要特征是发行者和投资者属于不同的国家，筹集的资金来源于国外金融市场。

国际债券在国际证券市场上筹资，发行对象为众多国家的投资者，因此，其资金来源比国内债券要广泛得多。国际债券的发行，可以使发行人灵活和充分地为其建设项目和其他需要筹措资金。国际债券的发行规模一般都较大，发行人进入国际债券市场必须由国际性的资信评估机构进行债券信用级别评定，只有高信誉的发行人才能顺利地进行筹资。

（一）国际债券的分类

依发行债券所用货币与发行地点的不同，国际债券又可分为外国债券和欧洲债券。

1. 外国债券

外国债券是传统的国际金融市场的业务，是指借款人在本国以外的某一个国家发行的，以发行所在地国家的货币为面值的债券。这种债券的发行人属于一个国家，而债券面值货币和发行地点则属于另一个国家，债券发行必须经当地金融当局的批准，受其影响并遵守该国的法律和规章制度。

外国债券的发行国可以是发达国家，也可以是发展中国家，但发行国要具有比较稳定的政局，资本市场上有充足的资本，有比较活跃、健全的证券流通市场，这样才有利于债券的发行和销售。

外国债券是在某个特定的国家发行的，不同的外国债券具有不同的特点。在美国和日本发行的外国债券都有特定的俗称，如美国的外国债券叫作**"扬基债券"**，日本的外国债券称为**"武士债券"**。

2. 欧洲债券

欧洲债券是发行人在本国之外的市场上发行的，不以发行所在地国家的货币计值，而是以其他可自由兑换的货币为面值的债券。如德国公司在英国发行的美元债券就是欧洲债券。

欧洲债券不受任何国家资本市场的限制，免扣缴税，其面额可以发行者当地的通货或其他通货为计算单位。对跨国公司及发展中国家政府而言，欧洲债券是其筹措资金的重要渠道。

欧洲债券与外国债券的区别在于：对于外国债券来说，资本市场所在国与表示债券的货币的发行国是一致的；对于欧洲债券来说，资本市场所在国与表示债券的货币的发行国是不一致的。外国债券的性质决定了它只能在一个国家发行，欧洲债券则可以同时在多个国家发行。

（二）国际债券市场及其特点

国际债券市场是专门从事国际债券发行和买卖交易的场所。该市场债券的期限一般在 1 年以上，是中长期融资工具。这个市场具体可分为发行市场和流通市场，前者组织国际债券的发行和认购，后者安排国际债券的上市和买卖。两个市场是相互联系、相辅相成的，从而构成统一的国际债券市场。

在产业革命时期，西方企业就发行债券，作为扩大再生产资金的重要来源。各国利用国际债券市场，发行债券筹集资金来兴建铁路、开发资源和建设工程项目等。到 20 世纪 60 年代，国际债券已经成为国际金融市场上筹集资金的一种主要形式。国际债券市场主要有伦敦市场、纽约市场、东京市场、法兰克福市场、瑞士市场、卢森堡市场和新加坡市场等。

国际债券市场有以下几个特点：①市场的容量较大。国际债券市场上发行或交易外国债券和欧洲债券的规模通常较大，可以满足筹资者和投资者的大宗投融资需求。②国际债券市场上的借款国主要集中在发达国家。由于国际债券的发行国需要满足充裕的资金、良好的金融环境、完善的证券市场等众多条件，所以国际债券市场大部分在西方发达国家。这些国家成为国际债券市场的主要筹资者。③传统的固定利率债券在国际债券市场上占主体地位。国际债券市场基本上是一个以固定利率债券为主体的市场，在 20 世纪末，固定利率债券占发行总量的 70% 左右。

三、国际股票市场

国际股票是指外国企业在本国发行的,以本币或境外货币为面值的,由本国股东所持有的股权凭证。这一概念揭示了国际股票的本质特征,即它的整个融资过程的跨国性。

1. 国际股票市场的分类

19世纪中期,英国以雄厚的经济实力作为后盾,大量推出铁路股票,吸引了世界各地的投资者涌入伦敦的股票市场,为国际股票的产生拉开了辉煌的序幕,伦敦由此成为最早的国际股票市场。国际股票市场是随着西方国家资本输出、输入的迅速发展和跨国公司、跨国银行的发展逐步成长起来的。跨国公司的发展促进了国际股票市场的发展,反过来国际股票市场的活跃又帮助了跨国公司实力的进一步增强。

国际股票市场按照其基本职能,可划分为股票发行市场和股票流通市场。

股票发行市场(一级市场)是国际股票发行人发行新股票,投资者购买新股票的运营网络。股票发行市场的交易借助现代化通信技术进行。股票发行市场的发行者多为发达国家的大公司和金融机构。国际股票发行市场为股份公司的发展提供了巨额资金,扩大国际社会的投资总额与投资规模,从而对全球的经济发展起到推动作用。

股票流通市场(二级市场)是转让、买卖已发行股票的场所。在这个市场上,金融资产有较高的流动性,股票持有者可以随时变卖手中的股票以获取货币。因此,股票流通市场是国际股票市场中最活跃的市场,推动着整个国际股票市场的发展。

股票的发行市场和流通市场相辅相成。发行市场是流通市场存在的前提,为流通市场的运行奠定了基础;流通市场是发行市场发展的条件,推动了发行市场的繁荣。二者互为补充,缺一不可。

2. 国际股票市场的发展趋势

国际股票市场由于其强大的融资能力而不断获得新的发展,但同时,过度的投机交易也使得这一市场的风险暴露无遗。

(1)全球股市规模不断扩大,新兴股票市场崛起。随着电子计算机与信息网络的迅猛发展,全球股市的规模不断扩大,交易额也逐年上升。尤其是最近几年,在国际金融市场上发行国际股票筹措资金,已经成为各大企业融资的重要途径。同时,促使全球股票规模不断扩大的另一个重要原因是许多新兴股票市场的迅速崛起。在全球经济一体化的大环境下,众多发展中国家经济发展势态良好,宏观经济比较稳定,这为新兴股票市场的形成与发展创造了良好的条件。新兴股票市场的诞生为国际股票市场注入了生机与活力,推动了国际股票市场的发展。

(2)国际股票市场上的创新工具与创新技术不断涌现。在各国金融管制逐渐放宽和扩大金融市场份额的背景下,为了更好地满足各类客户的需求,各金融机构纷纷在国际股票市场上推出新的金融工具与服务。例如,股票期货、股票期权、可转换股票等,这些金融创新工具一上市就受到了投资者的欢迎。股票创新工具的出现为股票交易增加了灵活性,提供了有利的风险防范手段。

(3)国际股票市场波动频繁,风险不断增大。在电子计算机与通信技术高度发展的时代,金融衍生工具的不断创新,使国际股票市场进入了一个动荡不安的年代。股票市场日益明显的国际一体化趋势,使得国际股票市场联动性很强,很容易出现多米诺骨牌效应。例如2008

年的美国金融危机很快波及全世界的金融市场，使全球股市都处于惊涛骇浪之中。缺乏有效的国际统一监管和防范体系，也成为国际股票市场的一大隐患。

学习思考

通过以上学习，大家能否明确区分外国债券与欧洲债券，并用自己的话谈谈两者的异同。

第四节　欧洲货币市场

第二次世界大战之后，科学技术的发展大大促进了全球的生产国际化和资本国际化。传统的国际金融市场已经不能适应这种国际化的趋势，因此一个不受各国金融法规管制、资金规模巨大的新型国际金融市场应运而生，即欧洲货币市场。本节我们将主要介绍该市场的形成、特点及主要业务。

一、欧洲货币与欧洲货币市场概述

欧洲货币亦称境外货币，是指在货币发行国境外流通的货币。最早出现的欧洲货币是欧洲美元，以后逐渐出现了欧洲英镑、欧洲日元等。**欧洲货币市场**亦称**离岸金融市场**，是指能够交易各种境外货币，既不受货币发行国政府法令管制，又不受市场所在国政府法令管制的金融市场。如果一个国际借款人在纽约市场借美元，这是纽约美元市场业务，是传统的国际金融市场的业务。如果他向伦敦或日本市场的有关银行借美元（这就是境外美元），这就构成欧洲货币市场（欧洲美元市场）业务了。

欧洲货币市场是当代国际金融市场的核心，因其最早在欧洲出现，且最早经营的是境外美元业务，因而惯称欧洲美元市场。当今世界上主要的欧洲货币交易中心有30多个，主要分布在欧洲、亚洲、中东、美洲等地区，其中最为重要的交易中心是伦敦，其他重要的中心还有纽约、东京、香港、法兰克福等。

理解欧洲货币市场的含义时，需要注意以下几点。

（1）所谓"欧洲货币"，是指在货币发行国境外流通的货币。它并非指一种专门的地理欧洲的货币，而是泛指所有在发行国之外进行借贷的境外货币。如在美国境外作为借贷对象的美元即为欧洲美元，在日本境外作为借贷对象的日元即为欧洲日元等。在这里，"欧洲"已超出了地理上的意义，被赋予了经济上的意义，是"境外"和"离岸"的意思。

（2）欧洲货币市场并不限于欧洲各金融中心。欧洲货币市场起源于欧洲，以伦敦为中心，今天已逐渐向亚洲、北美洲和拉丁美洲等地区扩散。特别是1981年12月3日，美国政府批准"国际银行业务设施"法案正式生效，允许美国银行在本国境内从事"欧洲货币"业务，纽约便成为美国境内第一个欧洲货币市场。所以欧洲货币市场已经突破欧洲的地理概念，而泛指世界各地的离岸金融市场。

（3）欧洲货币市场并不仅限于货币市场业务。欧洲货币市场尽管是一个以短期资金借贷为主的市场，但其业务范围并不限于短期资金借贷，它还经营中长期信贷业务和欧洲债券业务。

二、欧洲货币市场的形成与发展

促成欧洲货币市场形成和发展的原因主要有以下几个方面。

（1）东西方之间的冷战。在20世纪50年代初，苏联和其他东欧国家为防止美国政府冻结其存放在美国境内银行的美元资产，纷纷将持有的美元转存到欧洲国家的银行。这些银行吸收了境外美元以后，向外放贷，形成了欧洲货币市场的最原始形态。最早出现的"欧洲美元"一词，也来源于这些存放在境外的美元。

（2）英镑危机促使市场的形成。1957年，以英、法联合入侵埃及为起因，英国国际收支严重恶化，外汇短缺，国内资金紧张，英镑危机爆发。英国政府为维持英镑的稳定，加强外汇管制，限制本国银行向英镑区以外的企业发放英镑贷款。为此，英国各大商业银行只好纷纷转向经营美元业务，将吸收来的美元存款放贷给外国客户，从而一个在美国境外经营美元存贷款业务的资金市场在伦敦出现。

（3）美国的金融管制促进了欧洲货币市场的发展。20世纪60年代初，美国政府为改善国际收支长期逆差的状况加强了对银行业的管制，采取了一系列措施限制美元外流。首先，1963年7月开征"利息平衡税"，规定对美国居民购买外国在美发行的证券征收利息所得税。其次，1965年颁布"自愿限制对外贷款方针"，要求美国的银行和跨国公司自愿限制对外贷款及对外投资的规模。最后，1968年颁布"国外直接投资规则"，以直接限制有关机构的对外投资规模等。这些政策都促进了金融机构规避管制，大力发展境外美元存贷业务的决心。

（4）西欧国家取消外汇管制，扩大了欧洲货币市场。1958年年底，西欧主要资本主义国家相继恢复了货币的自由兑换，放松或取消了外汇管制，资本可以自由流动。这为欧洲货币市场营运提供了宽松的环境，使欧洲的一些金融中心迅速发展成为新型的国际金融市场。储存在各国市场的境外美元和其他欧洲货币在欧洲地区可以自由买卖，资金也可以自由移动，货币交易因此日益繁荣。

（5）资金需求的增加。20世纪80年代债务危机爆发前，欧洲货币市场资金需求的规模异常庞大。20世纪50年代末，联邦德国开始大量借入美元，随后意大利、日本也纷纷借款。1972年，西方经济出现高涨态势，工商企业资金需求激增；产油国两次提价，非产油国普遍出现国际收支逆差，这些都增加了对境外资金的需求。

（6）石油美元为市场注入了资金。1973年后，石油输出国因大幅度提高石油价格而获得巨额收益，其中大部分收入是美元，这种美元收入被称为"石油美元"。一方面，石油输出国大额的石油收入无法在国内市场吸纳，必须以资本输出方式在国外运用；另一方面，发达国家的巨额逆差需要调解改善，这就产生了"石油美元回流"。在石油美元回流过程中，欧洲银行充分发挥其中介职能，创造和扩大信用，使市场规模迅速扩大。

三、欧洲货币市场的特点

欧洲货币市场是一种完全国际化的金融市场，由于它经营的是境外货币，因此具有许多与国内金融市场和对外金融市场所不同的经营特点。这些特点可归纳为以下几点。

（1）市场范围广阔，不受地理限制。欧洲货币市场是一种超国家或无国籍的资金市场。作为离岸金融市场，欧洲货币市场既不受市场所在国法律法规的管制，也不受交易货币发行国金融条例的约束。虽然它是由现代化网络联系而成的全球性的统一市场，但也存在着一些地理中心。

（2）交易品种繁多，规模庞大。在传统的国际金融市场上，借贷业务中使用的是市场所在国货币，而欧洲货币市场交易中使用的货币，是那些主要发达国家的可以自由兑换的货币，其种类很多。欧洲货币市场的资金来源于各国政府、中央银行和国际清算银行、世界各国的商业银行、跨国公司、石油输出国和国际银团等，资金规模十分庞大，少则几十万美元，多则数亿甚至数十亿美元。

（3）经济环境高度自由。欧洲货币市场不受货币发行国金融、外汇政策的限制，也不受市场所在国的限制，所以经营非常自由，投资者和筹资者可以自由进出，而且贷款条件灵活、贷款期限多样、贷款用途不限。欧洲货币市场是一种真正意义上的国际金融市场，不仅符合跨国公司和进出口商的需要，而且也符合许多西方国家和发展中国家的需要。

（4）市场的利率体系独特。欧洲货币市场的利率与各发行国国内利率有密切联系，但是不受法定存款准备金率限制和存款利率最高额限制。欧洲货币市场的利率以伦敦市场的银行同业拆借利率为基础，存款利率略高于货币发行国国内的存款利率，贷款利率略低于货币发行国国内的贷款利率。一般而言，欧洲货币市场的存贷款的利差仅在 0.25%～0.5%，这比各国国内市场存贷的利差要小。因此，欧洲货币市场的这种利率体系使境外存放款业务有较强的竞争力。

（5）资金调度灵活、手续简便。欧洲货币市场是一个无形的市场，由遍布于世界各地的参与者构成。这些参与者通过电话、电传以及计算机信息系统相联系，构成了一个连续的不受时间限制的市场。欧洲货币市场资金周转极快，调度十分灵便，因为这些资金不受任何管制。在欧洲货币市场，借款者在几分钟内就能够筹措到资金。这个市场与西方国家的国内市场及传统的国际金融市场相比，有很强的竞争力。

四、欧洲货币市场的构成

欧洲货币市场根据其业务的不同，可划分为几个既相互区别，又相互联系的市场，包括欧洲短期信贷市场、欧洲中长期信贷市场和欧洲债券市场。

（一）欧洲短期信贷市场

欧洲短期信贷市场的主要功能是接受短期外币存款并提供 1 年或 1 年以内的短期贷款。欧洲短期信贷市场形成最早、规模最大，其他市场都是在短期信贷市场发展的基础上衍生形成的。

1. **欧洲短期信贷市场的特点**

欧洲短期信贷市场有以下几个特点。

（1）期限短。存贷期限最长不超过 1 年，1 天、7 天、30 天和 90 天期的最为普遍。

（2）有最小成交额限制。每笔短期借贷金额的起点为 25 万美元，一般为 100 万美元。由于起点较高，参与者多为大银行和企业机构。

（3）条件灵活，不需要签订协议。举债借款期限、币种、金额和交割地点可由借贷双方协商确定，不拘一格。该市场的参加者多为大银行和企业机构，一般不需要签订协议，也无须提供担保，通过电话或电传就可以完成。

（4）存贷利差小。该市场上的存款利率相对高，放款利率相对低，两者差距一般为

0.25%~0.5%。这是因为欧洲银行免税和没有存款准备金，成本低、批量大，可做到薄利多贷，因而能保持一定的竞争优势和赢利水平。

2. 欧洲短期信贷的资金来源

欧洲短期信贷市场的资金主要来自以下渠道：①银行同业间存款。一些欧洲银行将多余的存款转存于其他银行以赚取利息，成为短期资金的来源之一。②非银行存款。跨国公司、其他工商企业以及非银行金融机构的存款也是短期借贷资金的来源。③各国中央银行的存款。各国中央银行为了达到获取利息、调节国内货币市场以及储备多样化的目的，也在欧洲银行存款。④国际清算银行的存款。国际清算银行将其吸收的各国中央银行存款以及由其他途径得到的货币存入欧洲货币市场，构成欧洲货币市场短期信贷资金的重要来源。

3. 欧洲短期信贷的资金运用

欧洲短期信贷市场的资金主要有如下用途：①商业银行。商业银行之间的借贷是欧洲短期信贷市场中最重要的放贷去向，也是该市场资金借贷的核心。②跨国公司和工商企业。由于这个市场的资金供应充足，贷款条件方便、灵活，贷款使用方向不受限制，因而跨国公司和工商企业便成为这个市场上最重要的资金需求者。③一些国家的地方当局为弥补财政收入的暂时短缺，部分公用事业和国有企业为筹集短期资金，也从这个市场取得贷款，成为短期资金的投放对象。

（二）欧洲中长期信贷市场

欧洲中长期信贷市场是在欧洲短期信贷市场的基础上发展起来的，多指期限在1年以上至10年左右的借贷市场。

1. 欧洲中长期信贷市场的特点

相对于欧洲短期信贷市场，欧洲中长期信贷市场有以下几个特点。

（1）签订协议。欧洲中长期贷款期限长、金额大，贷款银行的风险大，借贷双方必须签订贷款协议，有时还需借款国政府提供担保。

（2）联合贷款。由于中长期贷款金额较大，一家银行无力提供，而且风险大，因此常由数家甚至数十家银行联合向借款人提供贷款，贷款银行彼此风险共担、利润共赢。

（3）采用浮动利率计息。中长期信贷在贷款期内每3个月或半年根据市场利率的实际情况调整利率，随行就市。贷款利率在伦敦银行同业拆借利率的基础上，加上一个加息率。

（4）贷款资金的使用比较自由。借款人可自由安排贷款资金的用途，不受贷款银行的限制，也不附带任何经济或政治条件。

2. 欧洲中长期信贷的资金来源

欧洲中长期信贷市场的资金来源主要有以下几个方面：①吸收短期欧洲货币存款，包括跨国公司或一般企业在资本循环中暂时闲置的欧洲货币资金，石油输出国短期闲置的石油美元，以及一些国家中央银行的外汇储备。②发行短期欧洲票据。欧洲票据的票面利率略高于伦敦银行同业拆借利率，期限均在1年以下。③发行金额不等、期限不同的大额银行存款单。这是欧洲银行发行境外货币的存款凭证，期限为1、3、6、9和12个月不等，持有者需要现款时可在市场上转售。

3．欧洲中长期信贷的资金运用

欧洲中长期信贷市场的资金用途主要有：①转期循环贷款，即银行同意在未来一段时间内，连续向借款客户提供一系列短期贷款。这种贷款形式的产生，使短期贷款和长期贷款的界限变得模糊不清。②浮动利率贷款。一般主要用于企业进口成套设备或大型项目投资，政府弥补国际收支逆差或支持本国大型工程项目等。③联合贷款。对于金额大、期限长的贷款，为了分散风险，往往采取联合贷款的方式。

（三）欧洲债券市场

欧洲债券市场是指从事欧洲债券的发行和买卖的市场。它是在欧洲信贷市场的基础上发展起来的，产生于20世纪60年代初期，直到20世纪70年代后半期才获得快速发展。

1．欧洲债券市场的特点

欧洲债券市场有以下几个特点。

第一，国际性。同一种欧洲债券可同时在不同国家的金融中心发行。其市场容量大，是国际上重要的资金筹集市场。

第二，发行手续简便，融资成本低。无须市场所在国批准，也不受任何国家法律的约束，且可自由选择市场通行货币，费用相对少，发行成本较低。

第三，流动性强且免交税款。欧洲债券市场有一个富有效率和活力的流通市场，债券持有人可以很容易地将债券转让。同时，欧洲债券的投资者通常免交利息所得税。

第四，安全系数比较高。发行者主要是跨国公司、大企业集团、各国政府和国际金融组织，具有规模巨大、实力雄厚以及资质优良的特征。

第五，选择性强。筹资者可以根据各种货币的汇率、利率和自身实际需要，自由选择发行方式、发行条件、债券面值及期限等。

2．欧洲债券的类型

欧洲债券可按照发行期限、利率、发行方式等分类。

第一，按发行期限长短可分为短期、中期和长期债券。短期债券的期限一般在两年以内，中期为2～5年，5年或5年以上的为长期债券。

第二，按利率规定可分为固定利率、浮动利率和混合利率债券。混合利率债券的还本期限分为两段，一般前一段债券的计息按浮动利率，后一段债券的计息按固定利率。

第三，按发行方式可分为公募债券和私募债券。前者是指公开发行，在证券交易所挂牌出售，并可上市自由买卖或转让的债券。后者是指不公开发行，不在市场上自由买卖或转让的债券。

五、欧洲货币市场对世界经济的影响

欧洲货币市场自产生以来，便在国际金融领域中起着十分显著的作用，其作用有积极的，也有消极的。

1．欧洲货币市场的积极作用

第一，欧洲货币市场作为国际资本转移的重要渠道，最大限度地解决了国际资金供需矛盾，促进了经济、生产、市场和金融的国际化。欧洲货币市场上的银行存短放长，解决了资金来源与运用的期限矛盾；通过使用国际上几种主要的自由兑换货币，解决了资金来源与运用的币种矛盾，使得来自各国的资金供给和需求得以间接地实现跨国转移。

第二，欧洲货币市场解决了某些国家国际支付手段不足的困难，在一定程度上缓解了国际收支失衡的问题。由于经济发展的不平衡，一些国家的国际收支出现较大差额。欧洲货币市场上资金流动速度较快，数额庞大，国际储备有余的国家和国际储备短缺的国家可以互通有无，进行调剂，使国际收支困难得以缓和。

第三，欧洲货币市场推动了世界经济和国际贸易的发展。一些发展中国家，如墨西哥、秘鲁等国，利用欧洲货币市场资金，大量从西方工业国家进口生产设备与技术，推动了本国经济的发展。

第四，欧洲货币市场促进了全球经济一体化的进程。欧洲货币市场为国际间贸易融资提供了便利，为跨国公司、跨国银行提供了更充实的资金来源，对资本国际化起到促进作用。欧洲货币市场的各离岸金融市场通过电信网络相互联系，使市场信息的传播更快捷、更广泛，提高了国际资本在世界范围内的使用效率，促进了国际金融市场的一体化。

2. 欧洲货币市场的消极影响

第一，欧洲货币市场由于金融管制松弛，因此对国际政治、经济动态的反应异常敏感。巨额的资金在不同金融中心之间、不同货币之间频繁地进行套汇套利交易，使大规模的资金在几种货币之间频繁移动，从而导致汇率的剧烈波动，一些银行甚至因此而倒闭破产，引起国际金融市场的动荡。

第二，欧洲货币市场在一定程度上削弱了各国国内宏观经济政策的效果。由于欧洲货币市场的存在，各主要西方国家的跨国银行、跨国公司及其他机构都可以很方便地在世界范围内取得贷款资金和寻找投放场所，这就使得一国针对国内经济目标所采取的货币政策很难如愿以偿。欧洲货币市场的规模不断扩大，有些国家的境外货币已占到国内货币总量的较大份额，这使其成为国际收支和经济发展的一个隐患。

第三，欧洲货币市场的借贷活动使一国的闲散资金变成了另一国的货币供应，使市场的信用基础扩大。另外，在欧洲货币市场上，大量游资冲击金价、汇率和商品市场，也不可避免地影响到各国的物价水平，导致输入性通货膨胀。通过欧洲货币市场，一国的通货膨胀或经济衰退可能迅速波及其他国家，最终造成世界性的经济衰退。

学习思考

试比较传统金融市场与欧洲货币市场的异同。

本章小结

1. 国际金融市场是指资金在国际间进行流动或金融产品在国际间进行买卖和交换的场所。广义的国际金融市场包括国际资本市场、国际货币市场、国际外汇市场、国际黄金市场和金融衍生工具市场；狭义的国际金融市场是指在国际间经营借贷资本，进行国际借贷活动的场所，包括长期和短期资金市场。

2. 国际货币市场是国际短期货币金融资产进行交换的场所，融资期限在 1 年以内。国际货币市场融资具有期限短、资金周转速度快、数额巨大、金融工具流动性强、货币性较强、价格波动小和投资风险较低等特征。国际货币市场是国际金融市场的重要组成部分，主要包括国际间的银行短期信贷市场、短期证券市场及票据贴现市场。

3．国际资本市场是国际长期资金融通的市场，即借贷经营期限在1年以上的中长期国际资金的市场。国际资本市场的主要业务有银行贷款和证券交易两大类，其主要功能是为国际间长期资金的流动提供渠道，将世界各国的闲置资金资源转化为国际性投资。

4．欧洲货币市场亦称离岸金融市场，是指能够交易各种境外货币，既不受货币发行国政府法令管制，又不受市场所在国政府法令管制的金融市场。欧洲货币市场是一种完全国际化的金融市场，包括欧洲短期信贷市场、欧洲中长期信贷市场和欧洲债券市场。

📕 课后练习及实训操作

一、填空题

1．国际金融市场包括_____和_____。_____作为国际性金融资产交易的场所，往往是国际性金融机构聚集的城市或地区，也称为国际金融中心。

2．_____又称国际短期资金市场或国际短期金融市场，是国际短期货币金融资产进行交换的场所，融资期限在_____年以内。

3．国际资本市场包括_____、_____和_____。国际债券市场和国际股票市场统称为_____，它是国际资本市场的核心内容。

4．_____是当代国际金融市场的核心，因其最早在欧洲出现，且最早经营的是_____业务，而惯称欧洲美元市场。

5．当今世界上主要的欧洲货币交易中心有30多个，主要分布在欧洲、亚洲、中东、美洲等地区，其中最为重要的是_____，其他重要的中心还有_____、_____、香港和法兰克福等。

二、不定项选择题

1．世界上最早的国际金融中心是（　　　）。
    A．伦敦　　　　　　　B．纽约　　　　　　　　C．西班牙　　　　　　D．欧洲货币市场

2．从事国际间短期资金借贷的市场是（　　　）。
    A．货币市场　　　　　B．黄金市场　　　　　　C．外汇市场　　　　　D．资本市场

3．按照国际金融市场产生的历史可将国际金融市场分为（　　　）。
    A．传统的国际金融市场　　　　　　　　　B．黄金市场
    C．新型的国际金融市场　　　　　　　　　D．资本市场

4．国际货币市场的主要功能和作用是（　　　）。
    A．缓解财政紧张　　　　　　　　　　　　B．解决国际贸易中短期资金的供求矛盾
    C．促进国际贸易发展　　　　　　　　　　D．中央银行实施货币政策的主要工具

5．新型的国际金融市场，又被称为（　　　）。
    A．超级国际金融市场　　　　　　　　　　B．在岸金融市场

C．自由国际金融市场　　　　　　　　D．离岸金融市场

6．国际债券用于在国际证券市场上筹资，发行对象为众多国家的投资者，其主要包括（　　）。

    A．外国债券　　　　B．欧洲债券　　　　C．武士债券　　　　D．扬基债券

7．欧洲货币市场的特点包括（　　）。

    A．市场范围广阔，不受地理限制　　　　B．交易品种繁多，规模庞大

    C．经济环境高度自由　　　　　　　　　D．资金调度灵活，手续简便

8．欧洲债券按发行方式可分为（　　）。

    A．短期债券　　　　B．长期债券　　　　C．公募债券　　　　D．私募债券

9．国际股票市场按照其基本职能可划分为（　　）。

    A．股票发行市场　　B．一级市场　　　　C．股票流通市场　　D．二级市场

10．国际货币市场是国际金融市场的重要组成部分，主要包括（　　）。

    A．银行短期信贷市场　　　　　　　　　B．短期证券市场

    C．票据贴现市场　　　　　　　　　　　D．国际股票市场

三、判断题

1．欧洲货币市场专指在欧洲地区的国际金融市场。　　　　　　　　　　　　（　　）

2．外国债券就是在离岸金融市场发行的债券。　　　　　　　　　　　　　　（　　）

3．大额可转让定期存单是可以进行流通转让的定期存款凭证，兼具流动性和收益性的特征。　　　　　　　　　　　　　　　　　　　　　　　　　　　　　　　　　　　　（　　）

4．欧洲货币市场是一种完全国际化的金融市场，由于它经营的是境外货币，因此常受货币发行国金融、外汇政策的限制，也受市场所在国的限制。　　　　　　　　　　　（　　）

5．在银行短期信贷市场上，占主导地位的是同业拆借市场。　　　　　　　　（　　）

四、名词解释

国际金融市场　　　国际货币市场　　　国际资本市场　　　欧洲货币市场
国库券　　　　　　大额可转让定期存单　　　　　　　　联合贷款
外国债券　　　　　欧洲债券　　　　　国际股票　　　　　欧洲货币

五、简答题

1．简述国际金融市场的基本构成。

2．国际金融市场的主要作用有哪些？

3．新型的国际金融市场与传统的国际金融市场相比有哪些特点？

4．简述国际货币市场的基本业务。

5．联合贷款的特点有哪些？

6．国际股票市场的发展趋势有哪些？

7．什么是欧洲货币市场？欧洲货币市场的特点是什么？

8．欧洲货币市场的积极与消极作用各有哪些？

六、实训操作

1. 分组讨论：金融危机下国际金融市场的各个子市场会受到什么样的冲击？各自的发展趋势会怎么样？相关资料可查阅各类金融期刊或登录相关网站进行搜集。

2. 了解人民币离岸市场的现状，从政策制定者的角度思考如何提高该市场的国际化程度，使我国经济进一步融入世界资本市场。

第七章　国际资本流动

【学习目标】

（1）掌握国际资本流动的概念、分类、驱动因素及经济影响。

（2）了解国际资本流动的相关理论。

（3）掌握外债危机的形成原因。

（4）了解外债危机的解决方案。

案例导读

2023 年全球和中国国际资本流动态势

综合媒体报道　联合国贸发会 2024 年 1 月 17 日宣布，2023 年全球外国直接投资增长 3%，达到 1.37 万亿美元。一年前，包括联合国贸发会在内的不少机构都预测 2023 年外国直接投资会下滑。虽然上述数据表明全球经济延续缓慢复苏的态势，但具体到国际投资项目，特别是新的工业项目、基础设施项目融资和跨境并购大多出现下降，其中对发展中国家的投资下降了 9%，为 8410 亿美元。

2023 年，中国国际收支口径的资本账户净流出 2845 亿美元（含净误差与遗漏），同比减少 18.7%。其中，短期资本净流出 1056 亿美元（包括证券投资、衍生品交易、其他投资和净误差与遗漏，又称非直接投资形式的资本流动），减少 67.7%；直接投资净流出 1426 亿美元，远大于上年净流出 198 亿美元。短期资本净流出减少的 2215 亿美元，较多对冲了经常账户顺差减少、直接投资净流出增加引起的基础国际收支顺差（即经常账户与直接投资差额），使顺差合计下降 3131 亿美元，国际收支因此保持了基本平衡、略有盈余。

资本跨国大规模流动是国际金融市场的重要现象，特别是国际资本在发达国家与新兴市场国家之间的流动更为普遍。大量的资本流动在给资本匮乏国带来发展机会的同时，也隐含着巨大的经济和金融市场波动风险。因此，合理利用外国资本，促进资本的合理流动是世界各国共同面临的重要课题。本章将就此问题进行探讨。

第一节　国际资本流动概述

国际资本流动（capital movements）是指资本在国际间的转移，或资本跨越国界的移动过程。这个过程主要在国际间的借贷、有价证券的买卖和其他财产的交易中实现。

一、国际资本流动的类型

根据期限不同，我们可以将国际资本流动分为短期资本流动和长期资本流动。

（一）短期资本流动

短期资本流动是指期限在一年及一年以下资本的流入和流出，它具有复杂性、投机性和市场性等特点。短期资本流动主要有以下形式。

（1）贸易性资本流动，是指国际贸易往来引起的货币资本在国际间的转移，包括信用放款、抵押放款和票据贴现等。

（2）金融性资本流动，是指各国经营外汇业务的金融机构由于相互之间的资金往来引起的资本在国际间的转移，包括套期、头寸调拨和同业拆借等。

（3）保值性资本流动，是指为避免利率、汇率等波动带来损失而进行的保值活动所引起的资本在国际间的转移。

（4）投机性资本流动，是指为赚取利润进行投机活动而引起的资本在国际间的转移，如套利、套汇等。

（二）长期资本流动

长期资本流动指期限在一年以上的资本的流入和流出，主要包括国际直接投资、长期国际证券投资和中长期国际贷款。

1. 国际直接投资

国际直接投资是长期资本流动的主要形式之一，是指一国投资者通过在国外开办企业或收购外国企业或增加资本投入而取得被投资企业部分或全部控制权的一种活动。国际直接投资作为长期资本流动的主要形式，对各国的经济发展都起到了很大的作用。

国际直接投资又包括三种形式：一是在国外创办新企业，包括独资企业、合资企业。如2016年7月TCL多媒体与巴西家电龙头企业SEMP合作，双方共同出资2亿雷亚尔（约6000万美元）投资合资公司SEMP TCL，属于合资形式。二是购买一定比例外国企业股权以实现控制权。如2019年12月，中国中铁旗下全资子公司中国铁路工程（马来西亚）有限公司参与组建的联营体完成了城市综合体项目"马来西亚城"60%的股权收购，合同总价约合29.81亿美元。三是以利润进行再投资。

视野拓展

中国国际收支相关报告

2. 长期国际证券投资

长期国际证券投资属于间接投资，是指一国投资者通过购买外币有价证券而进行的投资活动。证券市场里的投资者可以是政府、企业或个人，筹资者可以是政府、企业以及国际金融机构。国际证券投资主要包括股票投资和债券投资。

3. 中长期国际贷款

中长期国际贷款指各国政府、国际银行或其他国际金融机构之间单方面或相互提供的中长期贷款。国际贷款是单纯的资本在国际间的转移，它与证券投资不同，不涉及证券的买卖；与直接投资也不同，不涉及创办企业和收购。国际贷款主要包括政府贷款、国际金融机构贷款和国际银行贷款三种形式。

国际金融理论与实务（第5版）

二、国际资本流动的驱动因素

国际货币基金组织将国际资本流动的驱动因素划分为推动因素（pushing factors）和拉动因素（pulling factors）两方面。推动因素指流入国之外导致资本流入的因素，拉动因素指流入国本国导致资本流入的因素。

1. 推动因素

（1）利差。资本在国际间流动的根本原因是各国间的资本收益率不同：资本会从低收益率的国家向高收益率的国家转移。因此，当一国国内市场利率相对于国际市场利率存在差异时，就必将引起国际资本的跨国流动。当一国国内市场利率高于国际市场利率时，意味着资本在该国的回报率是较为可观的，流入该国的国际资本规模将会提高。反之，当该国利率低于国际市场利率时，资本则会流出该国。

（2）全球流动性。流动性过剩或收紧通常与中央银行的货币政策放宽或收紧相关，这意味着有更多资本或更少资本用于投资。全球流动性过剩会引起资金全球泛滥，这种额外的资本供应可以激发国际投资者的兴趣，鼓励他们寻找更高回报的国际投资机会。此外，流动性过剩通常伴随着低利率环境，低利率市场的投资回报率相对较低，因此投资者可能更愿意寻求高回报的国际投资机会，这也推动了国际资本流动。

（3）国际投资者的风险情绪。当全球金融的不确定性程度增加，国际金融市场波动程度较大时，国际投资者会较为谨慎。为降低投资风险，其会调整国际投资布局，将资本撤回较为安全的资金"避风港"。而当全球不确定性降低、世界经济发展处于繁荣阶段时，国际投资者为追求更大利润，更倾向于将资金投入具有较高经济增长率和投资回报率的市场。

2. 拉动因素

（1）宏观经济状况。一国宏观经济状况是影响国际投资者进行投资决策的重要参考因素。如一国具有稳定的政治环境、较高的经济增长率及较低的通货膨胀率，意味着该国具有良好的经济运转效率和较低的投资风险水平，这使得国际投资者更有信心进行长期投资，从而吸引国际投资者将资本投入。

（2）金融市场发展水平。金融市场发展水平包括一国金融市场的规模、深度、效率，它反映了一国金融市场的成熟程度。一国金融市场发展越成熟，就越能满足国际投资者的投融资需求，并提供充分的市场信息，从而吸引国际资本流入。

（3）外部融资需求。当企业或个人需要外部资金以扩大业务或偿还债务等时，他们会主动吸引国际资本流入。这时，外国投资者就会提供所需的资金，从而获得投资回报或债务利息。当企业和政府进行大规模投资项目或发行债券时，也需要通过外部融资来筹集资金，国际资本市场提供了一个重要的渠道，以满足这些融资需求。此外，一些国家或地区为发展经济，会通过税收优惠或政府担保等措施来吸引外部融资，从而促进国际资本的流入。

三、国际资本流动的经济影响

国际资本流动不仅会对世界经济产生一定的影响，对一国经济也会有很重要的影响。

（一）国际资本流动对世界经济的影响

整体来看，国际资本流动促进了世界经济的稳定和发展。具体而言，主要有以下几个方面的影响。

1. 增加世界经济的总产出和总利润

国际资本流动可以增加世界经济的总产出和总利润。资本在国际间进行转移，意味着资本输出国在资本输入国创造的产值会大于资本输出国因资本流出而减少的总产值。国际资本的这种运动对世界经济的影响至少体现在两个方面。

第一，调节世界范围内的资本分布与使用的不均衡。资本的国际流动使生产要素在世界范围内优化组合、配置与使用，是世界经济发展的一个重要机制。这样，世界范围内的总产出量即实际的国民总产值必然增加，这种产出总量的增加，又必将推动世界实际贸易的发展，并进一步带动相关产业的发展，由此而引起就业总量和国民总产值的增长，进而带动世界总产出和总利润的增加。而且资本流动一般是遵循从利润率低的地区向利润率高的地区流动的原则，这最终会促使世界总利润增加。

第二，国际资本流动也加强了世界各国之间的经济联系、经济依存和经济合作关系，使国家分工在世界范围内充分展开，从而使世界获得进一步发展。

2. 推动国际金融市场发展

资本在国际间的转移，促进了金融业尤其是银行业在世界范围内的广泛发展，银行网络遍布全球，同时也促进了跨国银行的发展与国际金融中心的建立，这些都为国际金融市场一体化奠定了基础。国际金融市场的一体化又将促使以货币形式出现的资本遍布全球，如国际资本流动使以借贷形式和证券形式体现的国际资本大为发展，渗入世界经济发展的各个角落。国际金融市场的发展使资金能在更广的范围内进行配置，当某一国国内金融市场上的资金需求大于供给时，资金将流入；当资金需求小于供给时，资金将流出，从而使各国金融市场的利率水平变动趋势逐步一致，推动国际金融市场的发展。

3. 加剧国际金融市场的不稳定性

国际资本自由流动为投机者提供了更多的投机机会，特别是具有极强投机性的短期国际资本流动。利用国际金融市场的汇率、金融资产价格的波动进行频繁的投机活动，会造成汇率和其他金融资产价格的剧烈波动，从而增加国际金融市场的不稳定性。

当一国发生暂时性国际收支失衡时，汇率会随外汇市场出现的供求暂时性失衡而发生变动。如果投机者意识到这种汇率变动仅是暂时性的，并预期汇率不久后会向相反方向变动，投机者就会在外汇供不应求、本币汇率偏低时，卖出外汇、买进本币；而在外汇供大于求、本币汇率偏高时，买进外汇、卖出本币。这种投机行为会平抑外汇市场的供求失衡，有利于调节国际收支失衡，维持汇率稳定。相反，一旦一国发生持续性国际收支失衡，这时，如果投机者预期到该国货币汇率的变动会一直持续下去，就会在外汇供不应求时买进外汇，而在外汇供大于求时卖出外汇。这种投机行为只会扩大外汇市场的供求失衡，显然不利于调节国际收支失衡，也不利于维持汇率稳定，会加剧国际金融市场的动荡不安。

4. 拉大各国经济发展水平的差距

不同国家经济发展水平不同，在国际竞争力上也存在着差别。资本与金融账户的开放使经济实力弱、竞争力差的国家更容易受到冲击，而经济实力强大的国家则更容易获取利益。这样就会逐渐加大世界两极分化的程度，不利于世界经济的稳定和平衡发展。不可否认，资本作为重要的生产要素，其跨国界的流动对各国乃至世界经济的发展具有明显的推动作用。

但是，由于各国经济环境的差异与经济发展水平的不同，国际资本流动逐利避险的本性，必然会影响国际资本流动的地区分布及流向的变化，从而在加速世界经济总体增长的同时进一步加剧世界经济的不平衡发展。这种不平衡发展表现为由于国际资本的推波助澜，发达国家与发展中国家的经济发展水平差距进一步拉大，南北贫富分化进一步加剧。

（二）国际资本流动对一国经济的影响

国际资本流动对一国经济的影响包括对资本输出国及资本输入国的影响。

1. 国际资本流动对资本输出国的影响

对外进行资本输出能够展示资本输出国的经济实力，扩大其国际影响力。其主要有以下积极影响。

第一，促进资本输出国商品出口。一方面，资本输出国不仅可以将本国设备等作为资本进行对外投资，还可以在被投资企业中使用本国原材料及半成品，依靠投资拉动本国商品出口，提高本国商品在国外的影响力和市场占有率。另一方面，很多国家政府为保护本国产业发展和市场稳定，设置了一些进口贸易的限制性条件，以阻碍其他国家商品的顺利进口，而资本输出国则通过对外直接投资的方式将资本、设备、技术等投入外国，从而顺利跨越贸易壁垒，促进资本输出国商品的出口。

第二，有利于资本输出国扩大产品市场。通过直接投资方式在其他国家开办企业，资本输出国可以利用其他国家的资源扩大生产，拓宽其产品市场。

当然，过度的资本输出也会给资本输出国带来消极影响。首先，对外投资会减少资本输出国的国内投资和就业机会，影响其国内的经济发展和市场稳定；其次，有可能使资本输出国产生更多的国际竞争对手，影响其产品市场的进一步扩大；最后，被投资国经济环境的变化，使资本输出国面临投入资本遭受损失的风险。

2. 国际资本流动对资本输入国的影响

吸引外资能够促进资本输入国的经济发展和技术进步。其积极影响有以下几个方面。

第一，资本输入能够缓解国际收支逆差。资本输入国通过引进先进技术，能够提高本国商品的国际竞争力，从而带动其商品的出口并增加外汇收入，缓解国际收支逆差的局面。

第二，可以引进先进技术。资本输出国常常通过技术转让、技术入股等方式向资本输入国提供较为先进的技术和设备来增加其利润，这会促进资本输入国国内产业结构的更新换代以及新兴产业的发展。

第三，能够缓解资金短缺。鼓励外资流入可以缓解资本输入国的投资不足，促进其经济的发展。

第四，促进就业。通过引入资金、技术、设备等，资本输入国可以扩大就业市场，创造更多的就业机会。

国际资本流入同样会给资本输入国带来一些消极影响：第一，过多引入外资会冲击本国产业，抢占本国市场。资本输出国为跨越**贸易壁垒**，往往通过资本投入的方式进入资本输入国，使其民族产业受到打击，发展受限。例如，改革开放后，中国汽车制造业技术、市场、品牌在很长一段时间内被发达国家的大型汽车制造企业通过合资而垄断和控制，原有品牌、技术几乎完全放弃，市场并未如期换回技术。直至 2000 年前后，以奇瑞、吉利为代表的中国汽车自主品牌才在夹缝中艰难地创立并初步获得发展。第二，资本输入国如果过多进行国际贷款或发行国际债券，会使本国陷入债务危机。关于这一点，本章第三节将会具体阐述。

📖 学习思考

请简要分析近年国际资本流动的特点。

第二节 国际资本流动理论

国际资本流动理论是国际金融理论的重要组成部分，用于说明国际资本流动的原因、动机、方式、变动因素及影响等。20 世纪 70 年代之前，古典国际资本流动理论占据主导地位。该理论认为导致资本跨国流动的原因与引发商品国际流动的原因是一致的，即由于国际分工、自然禀赋等的不同，导致了不同国家间进出口贸易的顺差或逆差，进而引起了国际资本流动。

20 世纪 70 年代后，跨国公司海外投资的迅速发展使得国际直接投资成为主流，应运而生的直接投资理论成为国际资本流动理论的重要组成部分，形成了以产业组织理论为基础、侧重国际投资条件、从金融角度出发的投资理论体系，从而对古典国际资本流动理论加以补充。本节将择其要者给予简要介绍。

一、流量理论

国际资本流动的流量理论，亦称**麦克杜格尔模型**或**利率理论**（interest rate theory），是由麦克杜格尔（MacDougall）在 1969 年根据**赫克歇尔–俄林的贸易模型**得出的。该理论是对国际资本流动的动机及其效果的解释，实际上是一种古典经济学理论。

流量理论假定各国产品和要素市场是完全竞争市场，资本可以自由地流动。国际资本流动的原因是各国利率和预期利润率存在差异。当各国的资本边际生产率存在差异时，资本会从收益率较低的国家流向收益率较高的国家，直到各国的资本边际生产率相同时为止。此时，资本资源在世界范围内得以重新配置，从而使世界总产值增加并达到最大化，促进了全球经济的发展，各国的福利均得以提高。

该理论为国际直接投资的研究奠定了基础，指出无论是借贷资本的国际流动还是国际证券投资，都是基于同一个动因——套利。这在一定程度上解释了经济现实。但该模型没有考虑金融资产的总量和风险因素，且是在完全竞争的假设条件下得出的，同时也未能解释国家间资本的双向流动，具有一定的局限性。

二、存量理论

国际资本流动的存量理论，亦称**资产组合理论**，是 20 世纪 50 年代由美国学者马科维茨（Markowitz）在《有价证券选择》一书中首先提出，后经托宾（Tobin）发展而形成的。该理论采用"风险-收益考察法"来说明投资者如何在国际范围内选择资产、形成最佳组合，以期达到投资的分散化和多样化，进而引起国际间的资本流动。

根据该理论，所有资产都具有风险与收益两重性，通过将各种证券搭配成有效证券组合，可起到分散风险的作用。从该角度来看，国际资本跨国界流动正是为了追求金融市场风险和收益的最佳配置。一方面，由于各国资产的收益和风险相关性很小，跨国资产组合可减少非系统风险，同时也能降低外汇风险；另一方面，各国经济发展阶段不同，因而具有不同的收益率，且通过国际外汇市场投机也能获得额外的收益，因此跨国资本流动也可以增加收益。

存量理论提出以资产组合方法降低风险的思路，揭示了国际间资本相互流动的原因，具有重要的理论和实践意义。但该理论主要用于解释国际证券资本流动，而对国际直接投资却未做任何解释，这显示出该理论分析的不全面性。

三、直接投资理论

20 世纪 70 年代以来，以跨国公司为主体的国际直接投资急剧增长，成为国际资本流动的主要形式。跨国公司的海外投资活动给国际投资带来了一系列的新问题，并向传统的国际资本流动理论提出了挑战。于是，西方学者从不同的角度对这种国际投资行为进行了研究，形成了众多的理论派别。

（一）以产业组织理论为基础的国际投资理论

跨国公司成为国际投资的主体，引起了人们对跨国公司的普遍关注。但跨国公司海外投资的原因并不能完全从传统的利润差异上得到解答，于是以产业组织理论为基础的国际投资理论便应运而生了。

1. 垄断优势说

垄断优势说（theory of monopolistic advantage）是最早研究国际直接投资的独立理论。该理论最初由美国经济学家海默（Hymer）提出，后经金德尔伯格（Kindleberger）等人的补充而发展完善，其目的是解释企业的国际直接投资行为。

该理论认为，市场不完全竞争是跨国公司进行直接投资的根本原因，而垄断优势是企业对外直接投资的决定因素。由于与东道国企业相比，国外企业在运输、通信成本及了解当地法律经济环境等诸多方面处于不利地位，同时还要承担一些额外的费用（如通信费用等），因此，跨国公司海外投资要想获得高于国内的收益，需要具有"独占性的生产要素优势"才可以。

海默指出，不完全竞争的存在使得跨国公司拥有技术先进、信息灵通、国际名望高、管理经验丰富、资金实力雄厚、开拓新产品的能力强大、销售系统完善及经营管理模式科学等垄断优势。金德尔伯格还认为，拥有这些优势的多数是一些大型寡头垄断企业，它们既可在国内，也可在全球发挥其生产、营销上的规模经济效益。

垄断优势说摆脱了完全竞争的假设，引入垄断竞争和寡头垄断的概念，扩大了直接投资理论的视野。同时，它将国际直接投资同国际证券投资加以区分，奠定了跨国公司理论的基础。但该理论难以解释生产部门跨国化的地理布局和服务业跨国经营的行为，而且也无法说明发展中国家以及 20 世纪六七十年代日本企业对外直接投资的行为。

2. 国际生产的内在说

国际生产的内在说又称市场内部化理论（theory of internalization of market），最早是在1976 年由英国雷丁大学学者巴克利（Buckley）和卡森（Casson）提出的，后经加拿大学者卢格曼（Rugman）补充。所谓市场内部化，主要是指把市场建立在公司内部，以公司内部市场取代公司外部市场。

该理论认为，由于外部市场的不完全性，国际贸易与投资不能顺利进行，于是跨国公司通过直接投资来开辟内在性的渠道。通过市场的内部化，跨国公司可以在全球范围内组织生产，实现生产要素在世界经济中的最优配置。同时指出，市场最终能否内部化，取决于产业特定因素[①]、地区特定因素[②]、国家特定因素[③]和公司特定因素[④]。其中最关键的是产业特定因素。

由此可见，该理论解释了跨国公司通过直接投资可取得的内部化优势，也在一定程度上解释了战后各种形式的对外直接投资，包括跨国经营的服务性行业的形成与发展。但是，该理论是一种微观分析，没能从世界经济一体化的高度来分析跨国公司的国际生产与分工，同时也忽视了区位选择与投资场所等问题。

3. 产品周期论

产品周期论（theory of product cycle）由哈佛大学教授维农（Vernon）于 1966 年提出，并于 20 世纪 70 年代初做了进一步修正。它实际上是从时间顺序的角度，说明产品技术垄断优势变化对国际直接投资所起的作用，将跨国公司垄断优势的分析动态化。

产品周期一般包括三个阶段：一是新产品阶段，此时新产品全部在国内生产和消费，同时出口到国外市场试销；二是成熟的产品阶段，此时产品生产已开始标准化，跨国公司转让新工艺和新方法给国外的子公司，通过直接投资抢占国外市场；三是标准化阶段，此时产品生产因竞争激烈而完全标准化，跨国公司会以直接投资的形式将标准化技术转到工资低、成本低的地区进行生产，同时会廉价出售陈旧技术。可见，跨国公司在不同阶段会进行不同规模的国际直接投资，以巩固利润。

产品周期论在一定程度上可以解释发达国家对发展中国家进行直接投资的动机，对跨国公司理论的发展产生了重大影响。但产品的创新是一个不断改进和完善的过程，不能完全机械地按照产品周期来解释对外直接投资，同时该理论也无法解释发达国家之间产业双向投资的事实，因而有一定局限性。

4. 技术周期说

"技术周期说"（theory of technology cycle）认为，企业花费巨资创造出技术和信息，是希望通过这些技术和信息来获得垄断性租金。企业会在获得国内的专利保护的同时，将资本输往能够提供额外专利保护的国家。因此，跨国公司会专门生产适于公司内部转移的复杂技术信息，以保证自己获得应有的租金。同时，在新产品大量生产之后，原有的技术会变得越来越不重要。

"技术周期"包括三个阶段：在研制开发阶段，跨国公司倾向于在本国严格控制这些技术，不会进行转移；在实用阶段，跨国公司在寻求最大租金的驱动下，会将资本输出到国外并设立分支机构，通过这些分支机构来转移技术；在技术成熟阶段，跨国公司会在海外不断增加投资，使生产规模不断扩大。在此之后，跨国公司的海外投资规模又会随着技术的过时而逐渐缩小。

技术周期说强调了跨国公司创造新技术的寻租动机对海外投资的影响，其论点与产品周期论相似。鉴于大多数跨国公司均拥有技术开发优势，该理论有其独特的作用。但该理论无法解释一些未拥有技术等垄断优势的企业的海外投资动机，以及一些国家在国外直接开发新

---

① 包括产品性质、外部市场结构和规模经济等。

② 包括地理距离、文化差异、社会特点等。

③ 如国家的政治制度、财政制度等。

④ 如不同企业组织内部市场管理能力等。

产品的投资行为等问题。

（二）侧重于国际投资条件的国际投资理论

20 世纪 70 年代中期以后，国际投资又出现了一些新现象和新特点：在发达国家继续大量输出资本的同时，一些发展中国家也开始对外直接投资，并有不断发展的趋势。以发达国家跨国公司为主要分析对象的产业组织理论的相关学说很难将上述现象解释清楚，需要新理论加以说明。

1. 国际生产折中说

国际生产折中说（eclectic theory of international production）也叫**国际生产综合论**，是英国经济学家邓宁（Dunning）于 1976 年提出来的。之所以称它为"生产折中说"，是因为它吸收了过去 20 年主要的国际投资理论，适用于所有类型的国外直接投资，并对企业在何种情况下应采取何种方式提出了建议。

该理论认为，企业从事海外直接投资是因为该企业拥有东道国企业所没有的所有权优势[①]（ownership advantage）、内部化优势（internalization advantage）和区位优势[②]（location advantage），从而形成了跨国公司海外直接投资的所有权-内部化-区位(ownership-internalization-location，OIL) 模式。这三种优势及其组合，决定了一个公司到底选择哪一种经济活动形式，具体组合见表 7.1。

表 7.1 直接投资、出口贸易与技术转移的选择

方式	所有权优势	内部化优势	区位优势
直接投资	具备	具备	具备
出口贸易	具备	具备	无
技术转移	具备	无	无

邓宁的国际生产折中说是从西方传统国际贸易理论发展而来的，将生产要素论、比较利益论和生产区位论结合在一起，对国际直接投资问题做出一般的解释。其不足之处主要在于，它未能将国际金融的传统理论同跨国公司理论统一起来。

2. 分散风险说

分散风险说（theory of risk-sharing）是 20 世纪 70 年代中期有关投资条件的另一种理论，前期代表人物是凯夫斯（Caves）和斯蒂文斯（Stevens）。凯夫斯认为，直接投资中的"水平投资"通过产品多样化降低了市场的不确定性，而"垂直投资"则是为了避免上游产品和原材料供应的不确定性。斯蒂文斯认为，厂商分散风险的原则与个人相同，也要求在一定预期报酬下风险的最小化。但个人主要投资于金融资产，而厂商则投资于不动产及不同地区的工厂和设备。

后期代表人物阿格蒙（Agmon）和李沙德（Lessard）认为，跨国公司对外直接投资是代表股东进行分散风险的投资，而不同国家直接投资收益的非相关性为之提供了很好的途径。阿德勒（Adler）还指出，既然跨国公司是代表股东做出投资决策的，只有当外国证券市场不完善、难于满足投资需要时，跨国公司才会对其进行直接投资。此时，跨国公司起到了分散风险的中介作用。

分散风险说把证券投资与直接投资联系起来考察，把发展中国家证券市场的不完善看成

[①] 所有权特定优势主要包括：技术优势，如技术、信息、知识和有形资本等；企业规模优势，如垄断优势和规模经济优势；组织管理能力优势；金融优势（包括货币）等。

[②] 区位特定优势主要包括劳动成本、市场需求、关税与非关税壁垒、政府政策等。

促成直接投资的一个因素，从另一个角度补充了以往投资理论的不足。20世纪80年代以来，随着发展中国家证券市场的逐步完善，证券投资逐渐成了最主要的投资形式，这体现了直接投资与证券投资的互补作用。

3. 投资发展阶段说

邓宁在1982年对国际生产折中说做了动态化的发展，提出了投资发展阶段说，认为一国投资流量与该国经济发展水平密切相关。该理论将对外投资周期分为四个阶段：一是利用外资很少、没有对外投资的阶段；二是利用外资增多、少量对外投资的阶段；三是利用外资与对外投资快速增长的阶段；四是对外投资大致等于或超过利用外资的阶段。并且指出发达国家一般都已经历了这四个阶段，发展中国家已由第一阶段进入第二阶段。

投资发展阶段说与国际生产折中说是一脉相承的，指出直接投资并不取决于资金、技术和经济发展水平的绝对优势，而是取决于它们的相对优势。因此发展中国家在充分利用外资创造区位条件的同时，也可以依其相对优势进行对外直接投资，向国际市场挺进。

4. 产业内双向投资说

产业内双向投资说是针对20世纪60年代后，大量资本在发达国家间流动，并集中在相同产业内部的现象提出的，并试图从不同方面对此做出解释。

1975年，格雷姆（Gram）对187家美国跨国公司及其在欧洲子公司和88家欧洲跨国公司及其在美国子公司的产业分布进行了研究，认为产业内部双向投资是因为跨国公司产业分布的相似性，相似的东西更容易接近。

海默和金德尔伯格针对该现象提出了"寡占反应行为"说，认为各国寡头垄断组织为获取或维持在国际竞争中的地位，会挤占竞争对手的地盘，即"寡占"行为，而产业内交叉直接投资正是寡占反应行为的主要方式。

邓宁认为，双向投资发生在发达国家同一产业内部，主要是因为发达国家之间科学技术水平接近，且国民收入和需求结构也相近，企业为获得垂直联合优势，需要进行产业内双向投资。

"安全港"理论也对此进行了解释，认为虽然发展中国家的投资收益高于发达国家，但政治经济风险较大，投资安全性较低。因此，企业情愿把资本投向发达国家，以获得长期而稳定的投资收益，进而引发产业内双向投资的增加。

（三）从金融角度出发的国际投资理论

20世纪80年代后，国际金融市场在国际资本流动中的作用越来越大，国际银团和金融寡头正取代产业性的跨国公司成为国际投资的主宰，于是形成了从金融角度出发的国际投资理论。

1. 货币汇率说

较早从金融角度分析的是阿利伯（Aliber）的"货币汇率说"，他试图用汇率变动来解释国际投资格局的变化，认为20世纪60年代美国海外投资的高涨是美元高估的结果。该理论根据20世纪70年代的世界经济变动，指出国际投资的格局可以从总部所在国的企业市场价格涨落中得到衡量。由于企业市场价格受名义汇率和通货膨胀率的影响，所以硬货币国家会向软货币国家进行直接投资。

该学说分析了汇率变动对国际直接投资的影响，并试图解释国际投资格局的变化。但汇率对直接投资的影响只是表象，真正因素则是各国垄断资本相对优势和相对发展速率的变化，是资本主义发展不平衡的反映。

2. 国际金融中心说

20 世纪 80 年代，里德（Reed）提出了"国际金融中心说"，认为国际金融中心对国际投资活动非常重要，它不仅是国际清算中心、跨国银行中心、全球证券投资管理中心，还是国际直接投资中心。因为国际化公司追求的不是收入最大化或成本最小化，而是营运效益最优化。而跨国公司的经营效益是由国际金融中心来评估的，即国际金融中心通过对跨国公司资本比例、经营政策的评估对国际直接投资产生影响。

该理论指出了以国际金融中心为代表的金融寡头对国际资本流动的控制和影响，但并未把握住国际金融中心的本质，且颠倒了企业证券价格的涨跌与企业经营效益的关系，具有一定的局限性。

3. "两缺口"模型

1966 年，美国经济学家钱纳里及斯特劳特，以凯恩斯宏观经济方程式为基础提出了著名的"两缺口"模型（two-gap model）。该模型指出发展中国家的经济主要受三种因素的制约：一是储蓄约束，即国内储蓄水平低，不足以支持国内投资需求扩大；二是外汇约束，即有限的外汇收入不足以支付发展所需要的商品进口；三是吸收能力约束，即由于缺乏必要的技术和管理，无法有效运用外资和各种资源。该理论主要考察的是储蓄约束和外汇约束，故将此理论称为"两缺口"模型。

经凯恩斯宏观经济方程式变形，得其基本公式为

$$I - S = M - X$$

式中，$I - S$ 为储蓄缺口；$M - X$ 为外汇缺口。该式表明，当国内出现储蓄缺口时必须用外汇缺口来平衡。利用国外资源既可以解决外汇缺口，也可以解决国内储蓄与投资的缺口，并减轻国内资源同时满足内外需求的双重压力，进而保证经济的增长。但利用的外资最终还是要偿还的，因而必须提高利用外资的效率，促进储蓄的增加，增强偿还能力。

在"两缺口"模型的基础上，一些学者还提出了"三缺口"和"四缺口"模型，将发展中国家的技术缺乏和税收管理分别作为第三和第四个缺口，指出发展中国家需要依靠引进国外资源来填补技术水平的缺失，同时外资企业的进入可在一定程度上增加政府的税收。

学习思考

分析、总结国际资本流动理论对中国经济发展的启示。

第三节　国际资本流动管理

布雷顿森林体系解体后，一些发达国家开始放宽对资本流动的管理。随后，一些发展中国家也开始开放其资本账户及资本市场，国际资本流动随之呈现出不断加速的趋势。国际资本在世界范围内的自由流动，一方面给国际收支逆差国带来了弥补逆差的机会，另一方面也使很多国家陷入了债务危机的困境中。因此，对国际资本流动进行有效管理成为各国政府关注的问题。

一、国际资本流动管理概述

国际资本流动管理主要有资本管理、外汇管理及外债管理。

1. 资本管理

资本管理是对资本账户交易的限制，包括限制资本流动的数量以及对资本流动征税，主要包括以下几点。

（1）对居民国外直接投资或非居民的国内直接投资的管理，这些规定包括利润和本金的汇回约束、税收标准差异和所持股份的数量限制等。

（2）证券投资管理，主要包括对居民国外发行和购买证券或非居民国内发行和购买证券的限制，也包括对红利和资本所得的汇回，以及居民和非居民之间的资金转移限制等。

（3）居民和公司国外债务交易的管理，此类限制主要包括对外债务限额控制，对所累积的外部债务进行征税，或由管理当局进行审批等措施。

（4）存款账户管理，主要包括对居民和非居民在本地的外汇存款、居民在国外的本币存款以及非居民的本币存款等进行开户限制和金额约束等措施。

（5）其他资本账户的管理，包括对不动产交易、移民津贴限制（emigration allowance limits）和其他形式的资本转移的限制等。

2. 外汇管理

外汇管理是指对外汇兑换施行的限制性措施，主要是针对货币兑换、外汇资金的收入和使用以及汇率种类进行管理。发达国家一般外汇管理较松，而发展中国家往往外汇管理较严。

（1）货币兑换管理。这是最常见的外汇管理形式，是指对本国货币与外国货币兑换或交易的限制。一般可以分为经常项下兑换管理和资本项下兑换管理，或者分为企业换汇管理和个人换汇管理。

（2）外汇资金的收入和使用管理。此类管理包括强制结汇制度、有条件售汇制度以及对金融机构开展外汇相关业务的限制等。

（3）对汇率种类的管理，指实行单一汇率、双重汇率或多重汇率。一国可能会为实现特定的目标而实行两种或两种以上的汇率，这种做法也称为复汇率制度。如一国为扩大贸易收支、鼓励出口、限制外汇流出，可能同时采用不同水平的贸易汇率和金融汇率。

外汇管理是一国进行国际资本流动管理的重要手段，一国政府可以通过有效的外汇管理，起到改善国际收支状况、稳定本币汇率、减少外汇风险和稳定金融市场的积极作用。但同时，外汇管理也会产生一些消极影响，如造成汇率扭曲、降低资源配置的效率、催生地下经济的发展、不利于经济的长期稳定等。

3. 外债管理

外债是指在任何特定时间内，一国居民对非居民承担的具有契约性偿还责任的债务，包括偿还本金和支付利息。外债主要包括官方债务、企业债务和民间债务。其中，官方债务又包括主权债务与政府债务。国际上用来衡量一国外债水平的指标主要有以下几个。

（1）**负债率**，指当年未清偿外债余额与当年国民生产总值的比率，以 **20%** 为控制外债总量和结构的警戒线。负债率用以下公式表示：

$$负债率 = \frac{当年未清偿外债余额}{当年国民生产总值} \times 100\%$$

（2）**债务率**，是指当年未清偿外债余额与当年商品劳务出口总额的比率，以 100%为警戒线，公式如下：

$$债务率 = \frac{当年未清偿外债余额}{当年商品劳务出口总额} \times 100\%$$

（3）**偿债率**，指当年外债还本付息总额与当年商品劳务出口总额的比率，以 25%为警戒线，公式如下：

$$偿债率 = \frac{当年外债还本付息总额}{当年商品劳务出口总额} \times 100\%$$

（4）**短期债务比率**，是指当年未清偿外债余额中，1 年和 1 年以下的短期债务所占的比率，以 25%为警戒线，公式如下：

$$短期债务比率 = \frac{短期外债余额}{当年未清偿外债余额} \times 100\%$$

如果有关指标处于警戒线以下，说明外债是适度的；相反，如果外债有关指标超过警戒线，那么一国就要相应调整其外债总量及结构。

二、外债危机产生的原因

外债管理主要包括对债务规模的管理和对结构的管理。其中，对规模的管理直接影响到偿债能力的实现。当一国的外债规模超过其偿付能力时，就会出现外债危机。

外债危机是指一国不能按时偿还其国外债务，导致相关国家和地区甚至国际金融市场动荡的一种金融危机。

通常，利用外债可以解决一国国内资金短缺现状，促进经济发展。但是，如果外债总量过大且突破了一定的规模，受金融市场上汇率、利率等因素变动的影响，一国就会面临债务风险，引发外债危机。从 20 世纪发生的几次金融危机可以看出，外债风险不仅产生于金融风险，还反作用于金融市场上的各个要素，诱发各种金融风险，引致和加剧全面的金融危机。随着全球金融自由化、一体化的进程，金融创新工具不断出现，外债的规模和风险也不断加大。尤其是各种短期债务、或有负债的增加，其对利率、汇率的反应更加敏感，使得流动性风险增大。一旦发生国际债务偿还危机，各国经济不仅难以保持稳定增长，政府还必须被迫采取紧缩性经济政策，造成经济的衰退，甚至引发政治和社会的动荡不安。

下面分别从外部和内部分析外债危机产生的原因。

（一）外债危机爆发的外部原因

外部原因包括以下两个方面。

一是国际金融市场美元利率和汇率上浮。国际金融市场利率提高会增加债务国的债务成本。发展中国家的借款主要由商业银行以美元形式提供，因此，美元利率和汇率的上浮都会对这些国家偿债造成巨大的负担。

二是国际商业银行贷款政策变化。20 世纪 70 年代初期，美国国内的扩张性货币政策和持续性的国际收支赤字，使大量美元流向国外，促进了欧洲美元市场的发展。商业银行的信

视野拓展

拉美债务危机

贷资金变得充足，开始转向国外寻求放款对象。而同一时期，拉美等国大力发展国内的长期大型建设项目，恰好需要借入大量外部资金。因此，国际商业银行对发展中国家的贷款迅速增加，使得债务国的私人债务比重上升。但1982年以后，国际贷款的风险增大，商业银行随即大幅减少了对发展中国家的贷款，这使得发展中国家借新债还旧债的运转模式遇到周转困难，对国际债务危机的形成和发展起了推波助澜的作用。

（二）外债危机爆发的内部原因

国际债务危机是国内外因素共同作用的结果，但外因总是通过内因起作用的，内部原因才是债务危机爆发的根本原因。

1. 外债规模过度扩张

外债作为建设资金的一种来源，需要确定一个适当的借入规模。因为资金积累主要靠本国的储蓄来实现，外资只能起辅助作用；而且，如果缺乏相应的国内资金及其他条件的配合，那么过多地借债不但不会提高宏观经济效益，国家还会因沉重的债务负担而导致债务危机。我们一般把偿债率作为控制债务的标准，一国的出口创汇能力决定了其外债清偿力。因此，举借外债的规模要受制于偿还能力，即**出口创汇能力**。如果债务增长率持续高于出口增长率，就说明国际资本运动在使用及偿还环节上存在着严重问题。

2. 外债结构不合理

在其他条件相同的情况下，外债结构对一国外债有重要影响。外债结构不合理主要有以下表现。

（1）商业贷款比重过大。商业贷款的期限一般较短，而且在经济局势较好时，国际商业银行愿意不断地贷款，借债国家就可以不断地通过借新债还旧债来"滚动"发展。但经济发展中一旦出现某些不稳定因素，如政府的财政赤字过大、巨额贸易逆差或政局不稳等使市场参与者失去信心，外汇储备不足以偿付到期外债时，银行就不愿新增贷款了。此时，为偿还到期外债，本来短缺的外汇资金会被迫大规模流出，导致借债国家无力偿还，危机爆发。

（2）外债币种过于集中。如果一国外债集中于一两种币种，外汇风险就会变大。一旦该外币升值，则外债价值就会增加，增加负债国的偿债负担。

（3）期限结构不合理。如果短期外债比重过大，超过国际警戒线，或未合理安排偿债期限，就会造成偿债时间集中；若流动性不足以支付到期外债，就会爆发危机。

3. 外债使用不当

借债规模与结构确定后，如何将其投入适当的部门并最大限度地发挥其使用效益，是偿还债务的最终保证。从长期看，偿债能力取决于一国的经济增长率，短期内则取决于它的出口率。所以债务的生产能力和创汇能力是一国需要重点关注的问题。

许多债务国在大量举债后，没有根据投资额、偿债期限、项目创汇率以及宏观经济发展速度和目标等因素综合考虑，制定出外债使用走向和偿债战略，反而是不顾国家的财力、物力和人力等因素的限制，急于盲目从事大工程建设。这类项目耗资金量大、工期长，短期内很难形成生产能力，创造出足够的外汇，造成债务积累加速。同时，不仅外债用到项目上的资金效率低，而且还有相当一部分外债根本没有流入生产领域或用在资本货物的进口方面。一些债务国盲目过量地进口耐用消费品和奢侈品，这必然导致投资率的降低和偿债能力的减弱。而不合理的消费需求又是储蓄率降低的原因，使得内部积累能力跟不上资金的增长，进而促使外债进一步增加。有些国家则是大量借入短期贷款在国内做房地产和股票市场投资，从而形成泡沫经济，一旦泡沫破灭，危机也就来临了。

三、外债危机的解决方案

如何采取措施防范、化解外债危机，是各国极其重视的问题。一般来说，解决债务危机主要有以下两种措施。

（一）债务重新安排

当一国无力偿还外债时，可以与债权人协商要求将债务重新安排。这样一方面债务国可以有机会渡过难关，重整经济；另一方面，债权人亦有希望收回贷出的本金和应得的利息。

债务重新安排主要通过两个途径进行：官方债务重新安排，一般通过**巴黎俱乐部**（Paris Club）来进行；商业银行债务重新安排，一般由商业银行特别国际财团（有时称为**伦敦俱乐部**）组织。

1. 官方债务重新安排

"巴黎俱乐部"会议的主要作用在于，帮助要求债务重新安排的债务国和各债权政府一起协商寻求解决的办法。通常，参加"巴黎俱乐部"的债务国，要先接受国际货币基金组织的经济调整计划，然后才能向会议主席提出召开债务重新安排会议。获得重新安排的借款只限于政府的直接借款和由政府担保的各种中、长期借款，短期借款很少获得重新安排。典型的重新安排协议条款包括：将现在所有借款的 80%～100%延长时间偿还，通常有 4～5 年的宽限期，然后分 8～10 年时间偿付。至于利率方面，会议不做明确规定，而由各债权国与债务国协商。此外，其中有一小部分是采用再融通方式解决的，即借新债还旧债。

2. 商业银行债务重新安排

商业银行债务重新安排在某种意义上比官方债务重新安排更复杂。因为商业贷款的债权银行数目可能十分庞大，每家银行自然都会尽最大努力去争取自己的利益。而且，商业贷款的种类很多。例如，欧洲债券市场的首次外债重新安排中，债权人以不同贷款形式分成三个集团：一是债券的持有人，二是中、长期的联合贷款债权，三是短期信贷的债权人。一般要经过将近两年的时间才能达成初步的协议。商业银行主要对本期或一年内到期的长期债务重新安排，有时也包括到期未付的本金，但对利息的偿还期不予重新安排，必须在偿还利息欠款后，重新安排协议才能生效。债务重新安排后典型的还款期为 6～9 年，包括 2～4 年的宽限期。其利率会高于伦敦银行同业拆借利率。

债务重新安排给了债务国喘息的时间，并使债务国有可能将大量到期债务转为中长期债务。但从根本上说，重新安排债务虽能解一时之急，却不能从根本上解决债务危机。

（二）债务资本化

债务资本化是指债务国将部分外债转变为对本国企事业单位的投资，包括债务转换股权、债务转用于资源保护以及债务调换等，从而达到减少其外债的目的。

1. 债务转换股权

债务转换股权是 1983 年以来出现的解决债务国部分债务的办法，其基本步骤如下：首先，由政府进行协调、转换的债务须属于重新安排协议内的债务。债权方、债务方和政府各方经谈判同意后，委托某中间机构将贷给公共或私人部门的贷款向流通市场打折扣出售。有时外国银行亦把债权直接打折售给债务国中央银行。其次，投资人向债务国金融当局提出申请。在取得同意后，即以这一折扣价买下这笔债务，继而到债务国中央银行按官方汇率贴现，兑换成该国货币。最后，投资人使用这笔资金在该债务国购入股权进行投资。于是这笔债务便从债务国的外国贷款登记机构注销而转入股票投资登记机构。

除由政府进行协调解决的债务交易外，还有一些未经政府协调的债务人与投资者之间的直接交易。外国投资者从国际流通市场以折扣价购进尚未到期的债券，而债务人则用本国货币提前支付这些外债。当转换完毕后，双方即在一定期限内通报债务国中央银行，注销外债。有些到期外债还通过国内证券交易所公开拍卖，由债券持有人通过提出折扣进行竞争，从债务国中央银行处换取该国的货币进行投资。

2. 债务转用于资源保护

债务转用于资源保护，是指通过债务转换取得资金，用于保护自然资源。这种措施由世界野生物基金组织主管科研的副会长托马斯·E. 勒夫乔埃于 1984 年提出。具体做法为：世界野生物基金组织同债务国金融机构、中央银行、政府资源管理机构或私人自然资源保护组织达成原则协议，确定兑换当地货币的汇率及管理和使用这笔资金的代理机构，然后以其收到的捐赠资金，从私人银行或流通市场以折扣价购进债务后，转售给债务国资源管理机构或私人自然资源保护组织，并向该国中央银行兑换成该国货币，然后再交给资源保护机构用于环保项目投资。

视野拓展

斯里兰卡债务危机

3. 债务调换

债务调换指发行新债券以偿付旧债。具体做法为一国以债券形式举借新债，出售债券取得现款，以便在流通市场上回购债务，或直接交换旧债。这种方案的设想是，如果新债券能比现存债务以较小的折现率出售，那么其效应将是减少债务而不必使债务国动用大量外汇储备。但这种方法受限于一国的资信状况以及资本市场的发达程度。

学习思考

了解债务危机对中国经济的借鉴意义。

本章小结

1. 国际资本流动是指资本在国际间的转移，或资本跨越国界的移动过程。根据期限不同，可以将国际资本流动分为长期资本流动和短期资本流动。

2. 国际资本流动的驱动因素分为推动因素和拉动因素两方面，推动因素有利差、全球流动性、国际投资者的风险情绪。拉动因素有宏观经济状况、金融市场发展水平、外部融资需求。

3. 国际资本流动理论是说明国际资本流动原因、动机、方式、变动因素及影响的国际金融理论，主要包括流量理论（麦克杜格尔模型）、存量理论（资产组合理论）和直接投资理论等。

4．国际资本流动管理分为资本管理、外汇管理及外债管理。外债危机由内因和外因两方面作用形成，其解决措施有债务重新安排及债务资本化等。

课后练习及实训操作

一、填空题

1．根据期限不同，我们可以将国际资本流动分为两类。期限在一年及一年以下的资本的流入和流出是_____，期限在一年以上的资本的流入和流出是_____。

2．国际资本流动的驱动因素中，推动因素有_____、_____、_____，拉动因素有_____、_____、_____。

3．从产业组织行为角度分析垄断优势对跨国公司海外投资影响的投资理论主要包括_____、_____、_____和_____。

4．产品周期一般包括三个阶段：一是_____，此时新产品全部在国内生产和消费，同时出口到国外市场试销；二是_____，此时产品生产已开始标准化，跨国公司转让新工艺和新方法给国外的子公司，通过直接投资抢占国外市场；三是_____。

5．在国际资本流动管理中，主要有_____、外汇管理及_____。

二、不定项选择题

1．国际直接投资的类型包括（　　　）。

　　A．创办新企业　　　B．收购股权　　　C．利润再投资　　　D．证券投资

2．长期资本流动的方式有（　　　）。

　　A．国际直接投资　　　　　　　　　B．长期国际证券投资

　　C．中长期国际信贷　　　　　　　　D．储备资产

3．关于国际资本流动的存量理论，以下说法正确的是（　　　）。

　　A．不是所有资产都具有风险与收益的两重性

　　B．采用"风险-收益考察法"

　　C．全面分析了国际直接投资和间接投资

　　D．认为国际资本跨国界流动是为了追求金融市场风险和收益的最佳配置

4．一国偿债率的警戒线为（　　　）。

　　A．20%　　　　　　　B．15%　　　　　　　C．25%　　　　　　　D．30%

5．国际债务危机的内因有（　　　）。

　　A．外债规模过大　　　　　　　　　B．国际利率上浮

　　C．外债结构不合理　　　　　　　　D．商业银行政策改变

6．侧重于国际投资条件的国际投资理论主要包括（　　　）。

　　A．国际生产折中说　　　　　　　　B．分散风险说

　　C．投资发展阶段说　　　　　　　　D．产业内双向投资说

7．关于国际金融中心说，下列说法正确的是（　　　）。

A．肯定了国际金融中心对国际投资活动的重要作用

B．把握住了国际金融中心对国际资本流动影响的本质

C．认为产业资本与金融资本是相融的

D．国际金融中心通过对跨国公司经营政策的评估来影响国际直接投资

8．长期资本流入对输入国的积极影响有（　　　　）。

    A．解决资金短缺   B．引进先进技术设备

    C．增加就业机会   D．改善国际收支

9．衡量一国在一个时点的外债负担，国际上通常采用的指标主要有（　　　　）。

    A．外债余额   B．负债率   C．国民生产总值   D．债务率

10．外债结构不合理的表现有（　　　　）。

    A．外债规模过大   B．商业贷款比重过大

    C．期限结构不合理   D．外债币种集中

三、判断题

1．偿债率是当年外债还本付息总额与当年国民生产总值的比率。（　　　）

2．短期资本流动速度快、期限短，容易引起国际金融市场的动荡，因此其对经济有不利影响。（　　　）

3．根据流量理论，国际资本跨国界流动主要是为了追求金融市场风险和收益的最佳配置。（　　　）

4．长期资本输出仅包括货币资本输出。（　　　）

5．当一国无力偿还外债时，可以与债权人协商要求将债务适度减免。（　　　）

四、名词解释

国际资本流动   长期资本流动   短期资本流动   存量理论

"两缺口"模型   负债率   偿债率   债务率   外债危机

五、简答题

1．国际资本流动的驱动因素。

2．国际资本流动的类型。

3．国际资本流动对一国的影响。

4．试比较国际直接投资三种理论的共同点和不同点。

5．简述从国际投资条件出发的国际投资理论。

6．发展中国家为什么会产生资本缺口？试用一种国际资本流动理论说明。

7．简述外债危机的解决措施。

8．简述债务资本化的含义及具体措施。

六、实训操作

通过互联网查找拉美债务危机、希腊债务危机的相关资料并讨论、总结其成因，提出解决措施。

第八章 国际储备

【学习目标】

（1）了解国际储备的概念和特征。

（2）理解国际储备的构成、来源和作用。

（3）掌握影响国际储备需求的主要因素。

（4）掌握国际储备结构管理的原则和内容。

（5）理解国际储备理论。

案例导读

我国外汇储备和黄金储备规模

综合媒体报道　国家外汇管理局4月7日公布的数据显示，截至2024年3月末，我国外汇储备规模为32457亿美元，较2月末上升198亿美元，升幅为0.62%。黄金储备方面，我国3月末黄金储备7274万盎司，2月末为7258万盎司，环比增加16万盎司，为连续第17个月增加。

国家外汇管理局表示，受主要经济体货币政策及预期、宏观经济数据等因素影响，美元指数上涨，全球金融资产价格总体上涨。在汇率折算和资产价格变化等因素综合作用下，当月外汇储备规模上升。

我国经济回升向好的态势不断巩固增强，长期向好的基本面不会改变，将为外汇储备规模保持基本稳定提供支撑。

第二次世界大战后，国际储备问题成为各国讨论的重要问题之一。国际储备不仅关系各国调节国际收支和稳定汇率的能力，而且会影响世界物价水平和国际贸易的发展，还是一国国际信誉的重要支柱。本章就对相关问题进行系统的讲解。

第一节　国际储备概述

国际储备（international reserve），是指一国货币当局持有的，用于平衡国际收支、维持货币汇率及作为对外偿债保证的国际间可以接受的资产。

一、国际储备的特征

一个国家用于国际储备的资产，通常被称为**国际储备资产**。一种资产须具备以下三个最基本的特征，方能成为国际储备。

（1）可得性。国际储备资产必须能随时、方便地被政府所得到，这是作为国际储备最为重要的一个特征。比如黄金由于产量有限跟不上世界经济增长的需要，不能满足可得性条件，最终逐步退出了主流国际储备的行列，而被外汇储备所取代。

（2）流动性。国际储备资产须具有充分的流动性，即转变为现金的能力，能在各种形式的资产之间自由兑换，以便能随时用于弥补国际收支逆差或用于干预外汇市场。而且，各国政府或货币当局必须能无条件地获得并在必要时运用这些资产。例如，美国政府短期国库券的流动性强，是很好的储备资产；反之，很多中长期债券尽管收益较高，但是变现不太方便，就不太适合作为政府的储备资产。

（3）普遍接受性。国际储备资产必须能在外汇市场上或在政府间清算国际收支差额时被普遍接受，否则就无法弥补对其他国的国际收支逆差。普遍接受性不仅取决于该资产的流动性和可得性，还取决于该国货币在国际经济中的地位和作用，这就是美元或英镑这些经济大国的货币比较容易成为国际储备资产的原因。而许多国家或地区的货币尽管早已实现自由兑换，但是由于经济实力较弱，其货币在国际贸易和投资活动中很少被使用，也就很难被普遍接受。

当然，国际储备资产还有一些其他的特点，但上述三个是其最基本的特点。

通常所讲的国际储备是狭义的国际储备，即**自有储备**，只限于无条件的国际清偿力，即自由国际储备，而不包括有条件的国际清偿力，即一国潜在的借款能力。广义的国际储备是指**国际清偿能力**，包括一国为本国国际收支赤字融资的现实能力，即国际储备，以及一国为本国国际收支融资的潜在能力，即一国对外借款的最大可能能力。它等于自有储备和借入储备之和。

二、国际储备的构成与来源

随着历史的发展，国际储备资产的构成也不断地适应其发展，不断得以丰富。第二次世界大战之前，黄金和可以兑换为黄金的外汇构成各国的储备资产；第二次世界大战后，国际货币基金组织先后为成员提供了两类资产，用以补充成员的国际储备。

（一）国际储备的构成

国际货币基金组织成员的国际储备，一般可以分为黄金储备、外汇储备、在国际货币基金组织的储备头寸和分配给成员的尚未动用的特别提款权等四种类型。

1. 黄金储备

黄金储备（gold reserves）是指一国中央银行和政府机构所持有的**货币性黄金**（monetary gold）。除货币当局外，其他经济实体所拥有的黄金一般视为非货币黄金。这里应注意，非货币用途的黄金，即使是货币当局持有的，也不包括在内。

在国际金本位制下，黄金是最重要的国际储备资产，执行着世界货币的职能，是国际支付和结算的最后手段，是最理想的国际流通手段和国际储备资产。在第二次世界大战后的布雷顿森林体系下，随着以美元为中心的国际货币体系的建立，美元、英镑和西方其他自由兑换货币相继成为各国储备的主要对象，从而导致黄金在各国储备资产中所占的比重不断下降。

20 世纪 70 年代中期，布雷顿森林体系解体，美元与黄金脱钩，国际货币基金组织实行黄金非货币化政策，黄金的地位进一步被削弱。从此，黄金在各国国际储备中已降为二线储备的地位，即各国货币当局在动用国际储备时并不能直接以黄金实物对外支付，而只能在黄金市场上出售黄金，换成可兑换的货币。但是，黄金作为国际储备的历史使命还会持续相当长的一个时期，世界各国仍把黄金作为国际储备的重要组成部分，且一直以来各国的黄金储备量基本保持不变。这是因为它具有其他任何形式的储备资产所不具备的特点。

第一，黄金本身是价值实体，是一种最可靠的保值手段。因为它可以避免通货膨胀带来的贬值风险，所以每当国际金融市场上某种货币疲弱或出现危机时，有关国家都争相抛售疲弱的货币，购进黄金或其他较坚挺的国际货币进行保值。长期以来，黄金一直被人们认为是一种最后的支付手段，它的贵金属特性使它易被人们所接受。

第二，黄金储备完全属于一国的主权所拥有的国家财富，可自动控制，不受任何国家权力的支配和干预。各国货币当局可以方便地通过出售黄金获得所需要的外汇，从而平衡国际收支的差额。

第三，黄金储备与外汇储备相比较，流动性较差，一般国际支付时需将黄金变为外汇后再支付。这种特性使得一国在调节国际收支时除非迫不得已，否则不会轻易动用黄金储备。

第四，黄金储备没有利息，因此黄金储备的储存量要保持适度，避免带来太大的机会成本。

总的来说，在国际局势动荡特别是有战争爆发的危险或战争爆发中，黄金储备是一国国际储备中最坚实的部分。所以，世界上几乎没有国家完全放弃和废除黄金储备。

2. 外汇储备

外汇储备（foreign exchange reserves）是一国货币当局持有的可兑换货币，以及用它们表示的支付手段和流动性资产。其主要形式为国外银行的存款（包括能索取这些存款的外币票据和凭证）和外国政府债券。

一国货币能够成为国际储备货币，必须具备以下两个条件。第一，这种货币在国际货币体系中占有重要地位，能自由兑换成其他货币（或黄金）或偿付国际债务，并为世界各国所普遍接受。第二，其内在价值相对比较稳定，人们对其购买力的稳定性具有信心。

与黄金储备不同，第二次世界大战后，外汇储备在各国国际储备中所占的比重不断增加。1950 年，国际货币基金组织成员的外汇储备占国际储备资产总额的比重为 27.5%；到 1970 年，这一比重已达到 48.6%；20 世纪 80 年代后，外汇储备在国际储备中的比例一直维持在 85% 左右。

在第一次世界大战之前，英镑是最主要的国际储备货币。20 世纪 30 年代，随着美国经济的崛起，英镑和美元共享储备货币的地位。第二次世界大战后到 20 世纪 60 年代末 70 年代初，由于美元是这一时期唯一能够在一定条件下兑换为黄金的货币，加之这一时期美国在世界经济中的霸主地位，美元成为各国该时期外汇储备中最主要的储备货币。

20 世纪 60 年代开始，由于美国频繁发生美元危机，其储备货币地位逐渐下降。20 世纪 70 年代，布雷顿森林体系崩溃后，在国际经济、政治多元化的背景下，国际储备货币出现了多样化的局面。到 1999 年 1 月 1 日，随着欧元的诞生，出现了美元、欧元两大货币抗衡的局面。

应特别指出的是，虽然美元在国际储备中所占的份额有所减少，但

视野拓展

全球外汇储备结构的变化趋势

美国的经济实力、政治影响仍是别的国家或货币集团所不能比拟的。加上一定的历史原因，美元在国际储备货币体系中仍处于关键货币的地位。即使在欧元诞生后，这一局面仍没有根本地改变。

3. 在国际货币基金组织的储备头寸

所谓**储备头寸**（reserve position），是指国际货币基金组织的成员按其规定可无条件动用提取的，在国际货币基金组织的普通资金账户中的一部分资金份额。在国际货币基金组织的储备头寸，也被称为**普通提款权**（general drawing rights）。成员在国际货币基金组织的储备头寸包括三部分。

第一，向国际货币基金组织认缴份额中25%的黄金或可兑换货币部分，这部分以前用黄金缴纳，现在必须用可兑换货币缴纳。按照国际货币基金组织的规定，成员可自由提用这部分资金，无须特殊批准，因此，它可以作为成员的国际储备资产。

第二，国际货币基金组织为满足成员借款需要而使用的本国货币。按照国际货币基金组织的规定，该成员向国际货币基金组织缴纳份额的75%以本币缴纳，记入国际货币基金组织账户。国际货币基金组织向其他成员提供某种货币的贷款，会产生该货币发行国对国际货币基金组织的债权。针对成员对国际货币基金组织的债权，该成员可无条件地提取并用于支付国际收支逆差。

第三，国际货币基金组织向该国借款的净额，也成为该成员对国际货币基金组织的债权。本国货币因为被国际货币基金组织使用，且已经用于国际支付，所以这部分本国货币就具备了一定程度的国际性。它被"激活"成为国际可兑换货币，从而成员也就自然拥有了这一部分增加的用于国际支付的手段。所以本国货币中被国际货币基金组织使用的部分，可以作为本国国际储备资产的一部分。

普通提款权在国际货币基金组织成员的国际储备资产中所占的比重较小。

4. 特别提款权

特别提款权（special drawing rights，SDRs）是相对于普通提款权而言的，是国际货币基金组织为弥补成员国际储备的不足，在1969年9月正式决定创造的一种储备资产形式。特别提款权由国际货币基金组织根据成员所占的份额比重进行分配。它是可以用于归还国际货币基金组织贷款和成员政府之间偿付国际收支逆差的一种账面资产。由于它是成员原有的普通提款权以外的提款权利，故称特别提款权。

与其他储备资产相比，特别提款权有以下特点。

第一，它是国际货币基金组织人为创造的账面资产，是一种凭信用发行的资产，其本身不具有内在价值。

第二，它只能在国际货币基金组织及成员政府之间发挥作用，可同黄金、外汇一起作为国际储备，并可用于成员向其他成员换取可兑换货币、支付国际收支差额、偿还国际货币基金组织的贷款，但任何私人企业不得持有和运用，也不能直接用于贸易或非贸易支付。

第三，它是国际货币基金组织按份额无偿分配给各成员的，既不像黄金储备和外汇储备那样是通过贸易和非贸易往来取得的，也不像普通提款权那样是一种基于所认缴份额的提款权利。

特别提款权是布雷顿森林体系下美元危机和国际货币体系改革的产物。从本质上说，设立特别提款权的初衷在于稳定美元在国际货币体系中的地位，并防止美国黄金储备的过度流失。在特别提款权创立时，其价值量是以黄金来确定的，1个单位的特别提款权的含金量与当时1个单位的美元的含金量等同（当时1个单位美元的含金量是0.88867克纯金），即1个单位的特别提款权等于1个单位的美元，但特别提款权不能兑换黄金。

实行浮动汇率制后，国际货币基金组织决定自1974年1月1日起，特别提款权定值与黄金脱钩，改用一揽子16种货币作为定值标准。但由于操作困难，1980年9月18日起改为以美元、联邦德国马克、日元、原法国法郎和英镑定值。这5种货币在特别提款权中的比重，每5年进行一次调整。1991年1月起，5种货币在特别提款权中定值的比重分别为美元40%、联邦德国马克21%、日元17%、英镑11%、原法国法郎11%。1999年1月1日欧元诞生后，国际货币基金组织对特别提款权的定值币种和比重做出了相应的调整。在2001年2月，美元在特别提款权中的比重调整为45%，欧元比重为29%，日元比重为15%，英镑的比重为11%。2011年1月，美元在特别提款权中的比重调整为41.9%，欧元比重为37.4%，日元比重为9.4%，英镑比重为11.3%。

自2016年10月1日起，国际货币基金组织执行董事会决定，人民币符合所有现有标准，被认定为可自由使用货币，并将作为第五种货币，与美元、欧元、日元和英镑一道构成特别提款权货币篮子。根据新公式，特别提款权篮子中各货币的权重分别是美元41.73%，欧元30.93%，人民币10.92%，日元8.33%，英镑8.09%。

应当特别指出的是，国际货币基金组织的每一个成员，虽然可持有的国际储备形式完全相同，但由于各国经济实力差距很大，且国际货币基金组织体制存在弊端，因此各国拥有的国际储备资产的差距很大。这其中主要体现在发达国家和发展中国家的差距上。以特别提款权为例，由于发达国家所占的份额比重比发展中国家大得多，因此所获得的特别提款权就大得多，从而在国际储备上造成了二者一定的差距。

（二）国际储备的来源

从一国来看，国际储备的来源有以下几条渠道。

（1）国际收支顺差。国际收支盈余是国际储备最主要和最直接的来源，主要是经常账户和资本账户的顺差。经常账户盈余是比资本账户盈余更为可靠和稳定的国际储备来源，经常账户盈余表明一国在对外贸易中处于优势地位，持续巨额的经常账户盈余可以迅速增加一国的国际储备。资本账户的盈余虽然也可以增加国际储备，但没有新资本流入，长期资本账户顺差就会因投资收益的汇出或还本付息而造成不稳定，短期资本账户顺差因其流动性强就更加不稳定。因此，经常账户顺差是一国国际储备增加的主要途径。

（2）中央银行在国内收购黄金。用本币从国内市场收购黄金，可以增加该国的国际储备总量。如果用原有的外汇储备从国际市场上收购黄金，只会改变该国国际储备的构成，并不会增大其国际储备总量。

（3）中央银行实施外汇干预政策时购进的可兑换货币。在本币受到升值压力的情况下，该国货币当局为避免汇率波动对国内经济及对外贸易带来不利影响，就会在外汇市场上抛售本币，购进外汇，以稳定汇率。于是，购进的可兑换货币便成为该国国际储备的一部分。例如，2011年8月4日面对日元的不断升值，日本货币当局在外汇市场上大量抛售日元，收购美元。这一方面稳定了日元与美元间的汇率，另一方面又增加了日本的国际储备。

（4）一国政府或中央银行对外借款净额。一国政府或中央银行运用其自身的信誉及经济实力，以国际信贷方式吸收的外汇资金，也是一国国际储备的来源之一。例如，从国际金融机构或他国政府取得贷款，以及中央银行间的互惠信贷等均可补充其外汇储备。

（5）国际货币基金组织分配的储备头寸和特别提款权。储备头寸和特别提款权的分配是国际货币基金组织成员国际储备的另一种来源。但是，由于其数量有限，分配结构又不合理，加之各国一般无法主动增加其持有额，所以这两个部分的变化对一国国际储备供给的影响有限，不是国际储备的主要来源。

三、国际储备的作用

国际储备的作用主要有以下四点。

1. 清算国际收支差额，维持对外支付能力

当一国发生国际收支困难时，政府可采用各种**调整政策**（财政政策和货币政策）或**转移政策**（储备政策和汇率政策等）来进行纠正。如果国际收支困难是暂时性的，则可通过直接变动储备资产加以调节，而不必采取宏观经济政策影响内部经济均衡。如果国际收支为长期性或根本性的逆差，一国必须要采取调整政策或汇率政策时，国际储备可以在调整力度、时间和范围等几个方面起到"缓冲器"的作用，避免因调节措施过于猛烈而带来社会震荡。

需要注意的是，一国的国际储备是有限的，因此其调节国际收支的能力也是有限的，要从根本上解决一国的国际收支失衡问题，需要调整其国内经济政策，动用国际储备只是一种辅助措施。

2. 干预外汇市场，调节本国货币汇率

当本国货币汇率在外汇市场上发生变动或波动，特别是因非稳定的投机性因素导致本国货币的汇率波动时，政府可以动用国际储备干预外汇市场来缓和汇率的波动，甚至改变其变动的方向。此时的储备资产充当了干预资产的角色，起到中流砥柱的作用。例如，当本国货币面临贬值压力时，政府可以在银行间外汇市场抛出外汇储备；当本国货币面临升值压力时，政府可以在银行间外汇市场买进外汇储备。由于各国货币当局持有的国际储备数量有限，因而通过国际储备干预外汇市场往往只能对汇率产生短期的影响，并不能改变汇率的长期变动趋势。所以，国际储备的这一作用也是有限的。

3. 作为偿还外债的信用保证

国际储备的信用保证作用包含两层意思：一是作为政府对外借款的保证；二是作为本币币值稳定的信心保证。

国际储备的多寡是反映一国对外金融实力和评判一国偿债能力和资信的重要标志。国际储备多，就意味着国际清偿力高；国际清偿力高，该国向外借款的保证就得到加强，同时也表明该国金融实力和国际地位的提高。一国拥有充足的国际储备不仅可以保证对外支付的需要，还可以提高国家信用的级别，有利于本国通过各种渠道借入国际资金和顺利及时地安排债务的偿还。

4. 获取国际竞争优势

国际储备是国家财产，是国际清偿力的象征。因此一国持有比较充裕的国际储备，意味着有力量左右其货币的对外价值，即有力量使其货币汇率自主升高或下降，由此获取国际竞争优势。如果是关键储备货币国家，则拥有较充分的国际储备，对支持其货币的国际地位至

关重要。

国际储备与国际清偿力的区别是什么？

第二节　国际储备管理

国际储备管理是指一国政府及货币当局根据一定时期内本国的国际收支状况和经济发展的要求，对国际储备的规模、结构及储备资产的运用等进行计划、调整和控制，以实现储备资产规模适度化、结构最优化、使用高效化的整个过程。

就一个国家而言，国际储备资产的管理主要涉及两个方面，一是规模管理，二是结构管理。

一、国际储备的规模管理

国际储备规模即国际储备水平，是指一国在一个时点上持有的国际储备与某些经济指标的对比关系。国际储备规模管理是指对国际储备规模进行确定和调整，以保持足够、适量的国际储备水平。

就一个国家而言，什么样的国际储备水平才算是适量的呢？国内外对比并没有一个统一适用的标准。影响一个国家国际储备需求量的因素主要有以下几个。

1. 持有国际储备的成本

如前所述，一国持有国际储备存在一定的代价。在经济学分析中，这种代价被视为是一种**机会成本**。一国持有国际储备的机会成本，可以用国外实际资源在本国的投资收益率来表示。由于一国持有国际储备还存在一定的利息收益（主要是在国外银行的存款和购买外国政府债券而获得的利息收益），因此，一国持有国际储备的净成本就等于本国投资的边际投资收益率（或国民经济增长率）与国际储备资产在国外的利息收益率之差。两者之间差额越大，则表明持有国际储备的机会成本越高；差额越小，则表明持有国际储备的机会成本越低。因此，国际储备的需求与国际储备的机会成本呈负相关关系。

2. 贸易状况

贸易收支往往是决定国际收支的最重要因素，而国际储备的最基本作用也是弥补国际收支逆差。因此，对外贸易状况是决定一国国际储备需求量的重要因素。习惯上，人们常用进出口额来代表对外贸易规模，进出口规模不同的国家所需要保持的国际储备水平是不一样的。一般而言，进出口规模越大，表明对外贸易在该国国民经济中的地位越高，该国对外贸易的依存度也就越高，需要的国际储备较多；反之则较少。一个在出口商品上缺乏竞争力的国家，其需要的国际储备较多；反之则较少。我们经常通过研究储备与进口的比率关系来探讨一国的适当储备需要。

3. 一国汇率制度的选择

国际储备的主要作用是作为干预资产以调节本国货币的汇率。如果一国实行的是固定汇率制度，政府不愿意经常性地改变汇率水平，那么汇率的波动就必须依靠政府动用国际储备来平抑，这时该国的国际储备水平就应该相对高些。如果实行的是浮动汇率制度，其所需要的国际储备水平就可以相对较低。

从理论上讲，在完全自由浮动的汇率制度下，国际收支的调节均由汇率的自发波动来进行，国际收支将自动趋于平衡，因此国家可以不持有任何国际储备。迄今为止，世界上还没有一个国家真正实行过彻底的自由浮动汇率制，管理式浮动汇率制是当今世界汇率制度的主流，加上现实中汇率的频繁波动，所以各国对市场的干预时时存在。

总的来说，汇率制度越是灵活、干预程度越低，汇率的变动越是自由，货币当局对国际储备的需求也就越少。

4. 外汇管制程度

当一国发生国际收支逆差时，既不靠外汇资金来融通，也不靠实施经济调整来扭转，而是通过对外贸和外汇的直接管制来扩大外汇收入和限制外汇支出，从而实现国际收支平衡，这种做法也是可行的。因此，如果一国经济开放度低，管制严，一切外汇收支都按计划或须经批准，需要的储备就少；管制越松，需要的储备就越多，二者呈反向变化。

5. 货币在国际储备体系中的地位

如果货币是可以作为国际储备资产的可兑换货币，那么它的国际收支逆差可以用输出本国货币的方法弥补，从而对国际储备的需求就可以少一些；相反，则需要较多的国际储备。本国货币在国际储备体系中的地位较高，本国货币的输出规模可以大一些，对国际储备的需求就少一些；反之就多一些。

6. 借债能力

如果一国具有较高的资信等级，具有较强的借用国外资金的能力，其国际储备水平就可以低一些。相反，如果一国的国际资信较差，则需要较高水平的国际储备。同时需要注意的是，如果一国储备水平过低，其国际借贷的信誉就会降低，借用国外资金的能力也会降低。

二、国际储备的结构管理

国际储备的结构管理就是合理安排各种储备资产的构成，其主要解决的问题是在储备总额既定的条件下，如何实现储备资产结构上的最优化。其目标是避风险、增收益，即保持国际储备资产的实际价值不受损失，并在可能情况下使其增值。在各国货币汇率经常波动的情况下，多样化的储备货币构成就可以使其中升值和贬值的部分相抵，从而在减少外汇风险的同时从事一些以营利为目的的有价证券经营活动，实现增值。

（一）国际储备结构管理的原则

对国际储备的资产结构进行管理时，应遵循流动性、安全性和收益性等三项基本原则。

1. 流动性

流动性原则就是要保证国际储备资产随时可转换成现汇，以满足国际支付的需要，即储备资产能随时兑现，灵活调拨。它主要包括两层含义：一是要使储备资产能随时兑现，在需要时可以兑换成现汇或其他可兑换货币，以用于随时可能出现的国际收支逆差；二是各国在安排储备资产时，应根据对本年度外汇支付的时间、金额、币种的估算，将外汇做短、中、长不同期限的投资，以使各信用工具的期限与对外支付的日期相衔接，且保证资金能自由进出有关国家。

在国际储备的流动性管理中，我们主要是要注意黄金和外汇储备。对黄金储备而言，由于其流动性较差，必须通过黄金市场的出售才能转换成现汇，故而对它的流动性管理采取的主要措施是合理控制其储备数额。对外汇储备而言，主要是合理分配一、二、三级外汇储备资产之间的比例，根据本国对外经济具体情况做短、中、长不同期限的投资，做到既能使储备资产增值，又能确保国际储备的灵活使用和调拨，以充分保证国际储备资产的流动性。

2. 安全性

所谓安全性原则，是指国际储备不遭受风险损失，这是国际储备管理的重要原则。实现国际储备的安全性管理，首先要使国际储备资产的存放地点安全、可靠。一国储备当局必须了解一些国家的外汇管制情况、汇率及其货币的稳定情况，以及即将存入储备资产的各大银行的资信情况、有关国家的主要金融资产信誉情况，将外汇储备投放到外汇管制宽松的国家、资信高的银行和安全的信用工具上。其次要维护其价值的稳定。作为国际储备的资产，其内在价值必须具有相当的稳定性，不能波动频繁，增加风险损失，以致影响支付质量。

从这两方面看，黄金储备具有安全优势。一般情况下，各国政府都会将黄金储备存放于国内。这是因为一旦海外存款等储备资产被冻结时，存放在国内的具有保值作用的黄金储备就是一国掌握在自己手中的安全的储备资产。

3. 收益性

收益性是指在保证流动性和安全性的前提下，通过运营部分国际储备资产，力求实现储备资产增值，获得尽量高的收益。

各种金融工具的收益率是不同的，有的看上去利率较高，但外汇风险也较大，结果往往是利率上得到的好处抵不过汇率上受到的损失。所以要综合研究每一种金融工具的收益和风险，进行分散投资，力求形成收益较大、风险较小、流动性较强的最佳综合体。

在国际储备资产的收益性管理中，应该将重点放在外汇储备管理上，通过合理选择外汇储备资产的种类和持有形式，实现外汇储备资产风险最低情况下的收益最大化。

一般来说，国际储备结构管理的三原则相互矛盾。安全性、流动性高的储备资产，其收益性通常较差；而收益性高的储备资产，其安全性、流动性又偏低。因此，在国际储备结构管理中，应始终把安全性和流动性放在首位，而把收益性放在次要地位。也就是说，要在安全性与流动性得到充分保证的前提下，求得足够高的收益。

（二）国际储备结构管理的内容

储备资产的结构管理是指一国如何合理地分布其储备资产，这不仅包括对黄金储备、外汇储备、普通提款权和特别提款权四种形式的储备资产的持有量比例的调整，还包括对外汇储备的币种结构及外汇储备资产形式的选择与调整。具体来说，国际储备结构管理包括币种结构管理和流动性结构管理。

1. 币种结构管理

由于外汇储备在各国的国际储备资产中占比最大，所以国际储备结构管理的重点实际上就落在外汇储备结构管理上，且主要包括对外汇储备资产的币种选择及其比例确定两个方面。管理的核心就是要研究不同储备货币国家汇率、利率、通货膨胀及经济发展等的现状及将来可能的变化和趋势，并在此基础上，恰当地调整和搭配储备资产货币种类的构成，尽可能地增加收益、减少风险。

为使储备货币结构合理化，在币种选择上应注意以下几点。

第一，原则上择"硬"弃"软"。也就是在选择储备货币种类时，应尽可能地增加升值趋势的硬货币的储备量，减少有下跌趋势的软货币的储备量，同时要考虑以下因素：一是硬货币的利率一般比软货币低，选择硬货币虽可避免外汇风险，但要损失一定的利息收入；二是一国储备货币中通常既有"软"又有"硬"，如果是清一色的硬货币，到了支付时，可能还需要兑换成软货币，这也会增加一定的兑换费用；三是硬货币与软货币的区分是相对的，即硬货币在某一时期可能会变"软"，如果全部保持硬货币，一旦硬货币变成软货币时就要承受汇率损失了。因此，软、硬货币如何组合，要根据当时的汇率波动状况做全面考察与选择。

第二，币种选择与对外支付需求相符合。国际储备的主要作用在于弥补国际收支逆差，是国际支付的准备金，因此一国选择何种货币作为国际储备资产，首先要考虑本国对外贸易和债务往来的地区结构及经常使用的清算货币种类，以避免在需要动用储备时发生兑换风险，从而节约交易成本，提高储备使用效率。如果一国在对外贸易往来中大量使用美元作为清算货币，那么，该国就应该持有较多的美元储备。同样道理，如果一国的对外贸易赤字或债务主要来自欧元区国家，则该国应考虑持有适量的欧元储备。

第三，满足干预外汇市场的需求。国际储备还有一个重要的作用就是用来干预外汇市场，以稳定市场汇率。因此，在确定储备货币种类时，应尽可能地与干预外汇市场所需要的货币保持一致。

第四，在充分考虑到安全性和流动性的前提下，可以适当增加收益性较高的货币。不仅国际储备货币资产的名义收益率和实际收益率不同，即使是同一种储备货币，不同的投资方式和投资工具也可能导致收益不同、风险不同。收益性原则要求在国际储备资产币种的管理上要适当地搭配币种和投资方式，使外汇储备尽可能以高收益的货币形式持有。

2. 流动性结构管理

国际储备资产流动性结构管理的核心任务是要确定在一种储备货币中如何安排各类资产形式，诸如存款、短期国债和中长期国债的各自比重。如果说币种管理强调的是储备资产的安全性和流动性，那么，流动性结构管理则更强调流动性和收益性的关系。一般来说，由于存在利率的期限结构，期限越长的资产风险越大，相应的收益率也越高，但是其变现能力也越差，流动性与收益性呈反比例变化。通常，按照流动性的高低，可将一国储备资产分为三级。

一级储备资产是流动性最强，但是收益率最低的资产。其主要用于一国经常性或临时性对外支付，包括在国外银行的活期存款、外币商业票据和外国短期政府债券。绝大多数国家是禁止对活期存款账户支付利息的，有些国家（例如美国）对非居民的美元存款还要收取利息。因此，它几乎不存在收益。但是，它可以随时用来支付，因此流动性最强。一般每个国家的政府都会持有一定比例的一级储备，以用来应付短期的流动性债务的清偿需要。

二级储备资产的收益性高于一级储备，但流动性低于一级储备。它既有一定的收益性，同时流动性又很强。二级储备是在必要时弥补一级储备不足以应付对外支付需要的储备资产，主要用于应付临时性、突发性的对外支付。例如各国政府发行的短期国库券或大型商业银行发行的定期存单（certificates of deposit，CDs）等货币市场工具，它们一般都有非常发达的流通市场，随时可以变现，持有它又不存在违约的风险，比较安全可靠。在政府的储备资产中，这部分资产占的比重最大。

三级储备资产的收益性高于二级储备，但流动性低于二级储备，是一种收益率高但流动性低的储备资产。这部分资产主要侧重于它的获利能力，如期限较长的政府债券，或是信用评级较高的企业债券等。三级储备资产主要用于长期的稳定性支付，此类储备资产到期时可转化为一级储备；如果提前动用，则会蒙受较大损失。

总体来说，对于用于平衡国际收支逆差和干预性资产的储备，因为需要随时动用，所以必须以一级储备来满足其需求。一旦这种需求获得满足后，货币当局就可以将剩余的储备在二级储备资产和三级储备资产之间进行组合投资，以便在保持一定的流动性条件下获取尽可能高的预期收益率。

🐾 学习思考

如何强化中国国际储备的结构管理？

第三节 国际储备理论

国际储备理论是对国际储备规模及结构合理性的系统性分析，主要包括国际储备适度规模理论、国际储备多元化理论及国际储备资产组合理论。

一、国际储备适度规模理论

国际储备的适度规模理论主要是通过各种方法测度储备的数量，判断其是否满足储备需求。

（一）进口比例法

进口比例法是由美国经济学家罗伯特·特里芬（Robert Triffin）在1947年提出的，其方法是用储备额与贸易进口额之间的比例来衡量国际储备规模的适度性。特里芬在1960年所著的《黄金与美元危机——自由兑换的未来》一书中提出，排除短期及随机因素影响，一国国际储备与贸易进口额之比应保持一定比例，以40%为最高限，20%为最低限。通常，一国持有的国际储备应能满足其3个月的进口需要。由此，有些国家将国际储备与贸易进口额比率设定为25%，这就是依据进口比例法而来的。

进口比例法虽然简单易行，但也存在一些缺陷。第一，国际储备的作用是弥补国际收支差额，而并非支付贸易进口额。第二，影响一国国际储备规模的因素很多，包括持有成本、汇率制度等，只用贸易进口额来衡量国际储备量不够全面和精确。

除了进口比例法之外，西方经济学家又提出了国际储备与其他一些变量的比例来衡量国际储备量。如布朗（Brown）提出采用国际储备和国际收支差额的比例，这种方法部分弥补了进口比例法的缺点。

（二）机会成本说

机会成本说又称成本收益分析法，是通过比较持有国际储备的机会成本及收益率来确定国际储备的适度规模的。20 世纪 60 年代末以来，一些经济学家开始运用机会成本说来研究国际储备需求的适度性问题。成本、收益的引入，为国际储备需求的研究开辟了新的途径。

英国经济学家海勒（Heller）于 1966 年在《适度国际储备》一文中，采用机会成本说探讨国际储备适度需求。他认为，持有国际储备的成本等于放弃持有其他资产的机会成本，特此设为 r；持有国际储备的收益，是指节省的为调节国际收支逆差而实行经济政策的成本。海勒利用边际进口倾向的倒数 $1/m$ 来表示持有储备的边际收益。因为边际进口倾向的倒数 $1/m$ 反映了减少进口对国民收入造成的损失，即实行政策调节国际收支逆差的成本，也就是持有国际储备的收益。他还假定国际收支差额的发生是一个对称的随机过程，每一过程长度为 h；

视野拓展

阿格沃尔模型

国际收支顺差发生和逆差发生的概率相等，都是 1/2，从而，国际收支连续逆差，用储备弥补逆差的概率为 $\pi_i = (1/2)^{\frac{R}{h}}$，增加单位国际储备持有而增加的边际收益为 $MR = \frac{1}{m} \cdot (1/2)^{\frac{R}{h}}$，由于 MC=MR=$r$，因此可以得出适度储备量 $R = h \lg(r \cdot m) / \lg 0.5$。

海勒的成本收益分析方法为进一步建立精确的储备规模模型奠定了基础，其用概率形式预测国际收支逆差的发生，反映了国际储备需求量与国际收支预期之间的关系，触及了国际储备需求分析中一直存在的"同时性"问题。

然而，该分析方法也存在一定的缺陷。首先，该分析方法没有考虑发达国家与发展中国家之间的差异。这可以体现在以下两点：第一，实证分析表明，发展中国家对储备变化的反应不如发达国家敏感；第二，该方法认为两类国家国际储备的持有成本相同。其次，海勒模型中的一个重要假设是认为国际收支差额的发生是一个随机过程，且连续发生，收支顺差与逆差的概率都是 0.5。但是对于一些国家来说，连续发生国际收支逆差或顺差都是存在的。

（三）储备需求函数法

储备需求函数法又称回归分析法。该理论产生于 20 世纪 60 年代末期，经济学家使用计量模型对影响一国国际储备的因素进行回归与相关分析，构成储备需求函数。与进口比例法相比，储备需求函数法对国际储备适度量的衡量更加精确，也考虑了很多影响国际储备量的因素，使分析更加全面。其中比较重要的有弗兰德斯模型、弗兰克尔模型和埃尤哈模型。

1. 弗兰德斯模型

在储备需求函数中，弗兰德斯（Flanders）研究了国际清偿力与进口额的比率 L/M 与多个变量之间的关系，这些变量包括出口收益率的不稳定性，私人外汇和国际信贷市场的存在，持有储备的机会成本，储备的收益率，储备的变动率，政府改变汇率的意愿，调节政策需要支付的成本，贸易商品存货的水平及其变化，借款水平及收入水平等。考虑到一些变量难以确定，最后建立的储备需求函数如下式所示：

$$L/M = a_0 + a_1 F/L + a_2 \sigma L + a_3 GR + a_4 D + a_5 Y + a_6 V$$

式中，L/M 表示国际清偿力与进口额的平均比率；F/L 表示一定时期内一国官方储备与其国际清偿力的平均比率；σL 表示储备的变动率；GR 表示用生活水平指数消去通货膨胀因素的国民生产总值（GNP）年增长率；D 表示本币贬值程度 $\left(\dfrac{R_{T2} - R_{T1}}{R_{T1}} - \dfrac{CL_{T2} - CL_{T1}}{CL_{T1}} \right)$，其中 R 表示本币价，CL 表示生活水平指数，T1、T2 表示时期；Y 表示人均国民生产总值占国民生产总值的比率；V 表示出口变动系数。弗兰德斯用数据对该模型的系数进行估计，但是结果并不令人满意。因此弗兰德斯认为这只能是一种推测，不能对国际储备适度水平做出准确的推测。

2. 弗兰克尔模型

弗兰克尔建立的双对数模型如下式所示：

$$\lg R = a_0 + a_1 \lg m + a_2 \lg \sigma + a_3 \lg M + p$$

式中，R 表示国际储备量；m 表示平均进口倾向；σ 表示国际收支的变动率；M 表示进口水平；a_1、a_2 和 a_3 表示国际储备量对 m、σ 和 M 的弹性；p 表示随机扰动项。

弗兰克尔通过对模型参数的估计，发现国际储备对三个变量的反应程度不同。结果显示，发展中国家的国际储备对进口水平变动的弹性比发达国家大，对国际收支变动的弹性比发达国家小，从而验证了发达国家和发展中国家国际储备的差异性。

3. 埃尤哈模型

埃尤哈（Iyoha）对发展中国家的国际储备需求也进行了专门分析，认为储备需求取决于预期出口收入 X^e、进口支出变动率 σ、持有外汇资产的利率 r，以及一国经济开放程度 P，并且与之都呈正相关。储备需求函数的一般形式为 $R = f(X^e, \sigma, r, P)$。利用滞后模型，得到储备需求函数的具体形式如下式所示：

$$R = a_0 + a_1 X^e + a_2 \sigma + a_3 r + a_4 p + a_5 R_{t-1} + a_6 R_{t-2} + \varepsilon$$

式中，R_{t-1}、R_{t-2} 分别表示前一期和前二期的国际储备量，ε 表示随机误差项。埃尤哈对模型的参数估计比较成功。

储备需求函数弥补了进口比例法的缺陷，对于分析发展中国家的国际储备是一个很大的进步。首先，它克服了进口比例法的片面性，认为国际储备水平与多种因素相关；其次，储备需求函数通过回归分析，相比进口比例法更能提供一个准确的结论。然而，储备需求函数的理论依据不强，而且包含的对国际储备的影响因素也不够全面。

（四）定性分析法

该理论在 20 世纪 70 年代中期提出。其基本观点是，储备的短缺或过剩会直接影响到一些经济变量，那么，通过观察实行的政策和经济变量的变动，就会得出储备水平是否适度的结论。该理论认为，影响一国国际储备水平的因素有以下六点：储备资产的质量，各经济政策的合作态度，国际收支调节机制的效力，政府采取调节措施的谨慎态度，清偿债务的资金来源及稳定程度、国际收支的动向及经济状况。通常情况下，一国政府如实施紧缩性需求管理，采取外汇管制等政策，则说明其国际储备不足；一国政府如实施扩张性需求管理，采取出口退税、资本输入管制等政策，则反映出其国际储备较为充足。

定性分析法较为全面地考察了影响一国国际储备水平的因素，虽然没有构建更加精确的定量模型，但为合理界定一国国际储备水平提供了思路和途径。

二、国际储备多元化理论

国际储备多元化理论是 20 世纪 60 年代中后期提出的国际储备理论，用于完善单一储备货币体系带来的种种弊端。该理论主要包括国际储备资产多元化和多元化储备货币体系。

第二次世界大战结束后，布雷顿森林体系建立，其两个主要内容一是美元和黄金挂钩，二是其他货币与美元挂钩。在这个货币制度下，储备货币主要来源于美元，美元既是美国本国货币，又是唯一的储备货币。因此，布雷顿森林体系下的国际货币体系实质上是以黄金为基础的单一储备货币体系。这一体系需要两个条件才能维持：首先，储备货币发行国的黄金储备必须随国际储备同比例增加；其次，必须使储备货币发行国的国际收支出现长期的逆差。由于黄金产量有限，因此第一个条件无法达到。而如果一国长期出现国际收支逆差，则必然会影响币值的稳定性，因此第二个条件也不能达到。可见，单一储备货币体系不能同时满足国际储备充足和币值稳定的需求。这就是"特里芬难题"，又称"**特里芬两难**"或"特里芬悖论"。国际储备多元化理论就是这样产生的。

国际储备资产多元化是指通过增加国际储备资产的种类来增加国际储备资产的供给，从而解决单一储备货币体系带来的问题。国际货币基金组织于 1969 年设立了用于成员之间结算的普通提款权和特别提款权，并在 1970 年投入使用。

多元化储备货币体系是指由若干种货币充当国际储备资产的货币制度，以解决储备充足和币值稳定之间的矛盾。多元化储备货币体系摆脱了对单一储备货币的过分依赖，但其只能将储备货币发行国的负债分散化而不能消除。从各国的实践来看，其积极作用还是十分明显的。

三、国际储备资产组合理论

国际储备资产组合理论产生于 20 世纪 70 年代末，是将证券投资中的资产组合理论应用于国际储备结构管理的理论。

资产组合理论认为，各类金融资产的风险和收益存在差异，通过选择不同的资产组合，就可以实现风险收益之间的权衡。国际储备作为金融资产，主要面临外汇风险和利率风险，如果一国按照有关的总量理论确定适度水平，一旦受到利率和汇率的不利影响，就会使其价值降低，不能保证对外支付。因此，应该按照收益状况和风险差异对各种储备资产进行选择，以得到风险程度较低、收益率较高的资产组合。

国际储备资产组合理论首先要按照风险程度和收益水平对储备资产进行分类。储备资产的风险程度可以用资产的变现能力即流动性来反映。储备资产变现能力越强，则其风险程度越低；反之，风险程度越高。在划分了各级储备资产后，要根据各种储备资产的风险和收益情况进行组合投资。

上述理论为国际储备管理奠定了基础。

学习思考

思考多元化国际储备体系的利弊。

**本章小结**

1. 国际储备是指一国货币当局持有的，用于平衡国际收支、维持货币汇率及作为对外偿债保证的国际间可以接受的资产。国际储备资产具有可得性、流动性、普遍接受性等三个基本特征。国际储备一般分为黄金储备、外汇储备、在国际货币基金组织的储备头寸和特别提款权等四种类型。

2. 国际储备管理包括国际储备的规模管理和结构管理两个方面，即确定和保持国际储备的适度规模，以及在储备总额既定的情况下，实现储备资产结构上的最优化。

3. 国际储备规模管理需要考虑本国持有国际储备的成本、贸易状况、汇率制度、外汇管制程度、本币在国际储备体系中的地位及借债能力等影响因素。国际储备结构管理的原则是流动性、安全性、收益性。

4. 国际储备理论是对国际储备规模及结构合理性的系统性分析，主要包括国际储备适度规模理论、国际储备多元化理论及国际储备资产组合理论。

课后练习及实训操作

一、填空题

1. 国际储备，是指一国货币当局能随时直接地，或通过同其他资产有保障性地兑换，用来干预_____、_____的资产。

2. 国际货币基金组织成员的国际储备，一般可以分为_____、_____、_____和分配给成员的尚未动用的特别提款权（SDRs）等四种类型。

3. 就一个国家而言，国际储备资产的管理主要涉及两个方面：一是_____；二是_____，又可进一步分为流动性结构管理和币种结构管理。国际储备资产管理具有重要意义。

4. 对国际储备的资产结构进行管理时应遵循_____、_____和_____等三项基本原则。

5. 国际储备适度规模理论主要有_____、_____、_____及_____。

二、不定项选择题

1. 通常，国际储备包括（　　　）。
   A. 黄金
   B. 外汇
   C. 特别提款权
   D. 在国际货币基金组织的储备头寸

2. 一国用于国际储备的资产，所具备的最基本的三个特征是（　　　）。
   A. 可得性　　　　B. 流动性　　　　C. 普遍接受性　　　D. 收益性

3. 各国外汇储备中最主要的储备货币是（　　　）。
   A. 英镑　　　　　B. 欧元　　　　　C. 美元　　　　　D. 瑞士法郎

4．一般而言，进出口规模越大，表明对外贸易在该国国民经济中的地位越高，该国对外贸易的依存度也就越高，需要的国际储备（　　　）。

    A．较多　　　　　　B．较少　　　　　　C．关系不大　　　　D．无法确定

5．一个实行浮动汇率制度的国家，其国际储备的保有量就可相对（　　　）。

    A．较多　　　　　　B．较少　　　　　　C．关系不大　　　　D．无法判断

6．我国的国际储备包括（　　　）。

    A．黄金　　　　　　　　　　　　　　　　B．外汇

    C．特别提款权　　　　　　　　　　　　　D．在国际货币基金组织的储备头寸

7．国际储备结构管理的目标是（　　　）。

    A．避风险　　　　　B．增收益　　　　　C．保流动　　　　　D．多元性

8．国际储备结构管理包括（　　　）。

    A．币种结构管理　　B．流动性结构管理　C．期限结构管理　D．利率结构管理

9．按照流动性的高低，国际储备资产一般可以分为（　　　）。

    A．2级　　　　　　B．3级　　　　　　C．4级　　　　　　D．5级

10．进口比例法的一般比例为（　　　）。

    A．15%　　　　　　B．20%　　　　　　C．40%　　　　　　D．25%

三、判断题

1．黄金已不再是一国国际储备的重要组成部分。　　　　　　　　　　　　　（　　　）

2．普通提款权和特别提款权都是国际货币基金组织无偿分配给各成员的。　　（　　　）

3．国际储备的资产结构管理中，最重要的原则就是收益性。　　　　　　　　（　　　）

4．国际储备的适度规模有一个统一适用的标准。　　　　　　　　　　　　　（　　　）

5．特别提款权可以在任何私人企业持有和运用，也能直接用于贸易或非贸易支付。

                                                 （　　　）

四、名词解释

国际储备　　　　　黄金储备　　　外汇储备　　　在国际货币基金组织的储备头寸

特别提款权　　　　国际清偿力　　　进口比例法　　　国际储备的规模管理

国际储备的结构管理　　　　　　　国际储备理论

五、简答题

1．国际储备由哪几部分构成？它的来源主要有哪些？

2．国际储备的作用有哪些？

3．国际储备结构管理的原则是什么？

4．如何对国际储备资产进行管理？

5．影响一国国际储备需求量的因素有哪些？

6．如何确定一国国际储备的适度规模？

六、实训操作

通过国家外汇管理局网站（参见附录）统计数据栏目，收集整理我国的国际储备数据，并根据数据分析我国国际储备状况。

第九章　国际货币体系

【学习目标】

（1）了解国际货币体系的演进过程。

（2）理解欧元对国际货币体系的影响。

（3）了解国际金融机构的类型及功能。

案例导读

全球"去美元"声浪此起彼伏

据 2023 年 7 月 13 日《金融时报》（莫莉）西方的经济制裁迫使俄罗斯及其贸易客户寻找替代美元的支付方式。随着新兴经济体、中东产油国乃至欧洲纷纷尝试创新跨境支付结算机制，签署双边货币协议以及推动外汇储备多元化，全球"去美元化"步伐出现提速趋势。

巴西总统卢拉 2023 年 6 月表示，有必要在国际贸易中使用新的货币进行结算。使用本国货币进行贸易结算，将是他在下次金砖国家峰会和二十国集团峰会上重点提及的话题之一。俄罗斯驻国际货币基金组织执行董事阿列克谢·莫任日前表示："越来越多国家正在跨境交易中加大替代货币的使用。"

2023 年 7 月 4 日，玻利维亚总统阿尔塞在出席南方共同市场第 62 次首脑峰会时，在会议开幕致辞中表示，由于长期受到美国金融体系和政策的影响，南美洲国家在对外融资和进入国际市场方面受到严重限制。阿尔塞呼吁南美洲国家通过拓展国际合作和推进区域一体化，减少在经贸活动中对美元的依赖，积极使用美元的替代品，加强进行当地货币结算。

根据国际货币基金组织数据，美元在全球外汇储备中的比重从 1999 年前后的超 70% 降至 2020 年后的 60% 以下。

国际货币体系的发展大致经历了哪些阶段？各个阶段有哪些特点？它们最终为何都走向了终结？未来国际货币体系会朝着哪个方向发展？针对这些问题，本章将详细进行讲解。

第一节　国际货币体系概述

国际货币体系（international monetary system），又称**国际货币制度**，是为适应国际贸易和国际支付的需要，各国政府对货币在国际范围内发挥世界货币职能所确定的各国共同遵守的原则、采取的措施和建立的组织机构。

一、国际货币体系的内容与发展历程

国际货币体系是一个有规则、有秩序的整合体，包括具有法律约束力的相关国际货币关系的规章和制度，包括各国在实践当中共同遵守的具有传统约束力的某些规则和做法，还包括在国际货币关系中起调节、监督作用的国际金融机构。

国际货币体系的形成有两种方式：一种是通过经济自发形成的，如国际金本位制；另一种是通过国际间协调而人为地在短期内建立起来的，如布雷顿森林体系和牙买加体系。

（一）国际货币体系包含的内容

国际货币体系以货币为媒介，将世界各国联系在一起，促进国际贸易和国际资本流动的顺利进行，从而促进世界经济的发展及各国的发展。一般来说，国际货币体系包括汇率制度安排、国际储备资产的确定及国际收支的调节机制等主要内容。

1. 汇率制度安排

汇率制度的安排是国际货币体系的核心，它是指一国货币与其他货币之间的汇率如何决定和维持，是采取固定汇率制度，还是浮动汇率制度。

汇率的高低不仅体现本币的购买力大小，而且还会影响世界资源在不同国家之间的分配。因此各国在安排汇率时往往都以本国利益为主，趋利避害，这样的安排在国际贸易中往往会影响到其他国家的利益，频发的贸易战就是证明，从而对整个世界经济都会造成不良影响。所以，为了维护共同的利益，各国需要就货币汇率问题协商一致、达成共识，形成一种各国共同遵守的、在国际金融中占主导地位的汇率体系。

2. 国际储备资产的确定

为满足国际支付和调节国际收支的需要，国际货币体系首先必须明确用什么资产作为储备货币，必要时用于干预外汇市场，稳定本币汇率。第一次世界大战前，黄金是资本主义国家的主要国际储备资产。第一次世界大战后，外汇储备开始发挥作用，此时黄金和外汇储备在国际储备资产中起同等重要的作用。第二次世界大战后，在布雷顿森林体系时期，美元和黄金是主要的国际储备资产。当前，一国在国际货币基金组织分得的特别提款权与黄金外汇并列，共同构成一国的国际储备资产。

3. 国际收支调节机制的确定

世界各国国际收支的平衡发展是国际货币体系正常运转的基础。在有些情况下，一国的国际收支失衡，通过采取国内经济政策或外汇政策就可以恢复平衡。而在有些情况下就需要根据国际协定，通过国际金融组织、外国政府贷款，或通过各国政府协调政策干预市场以达到国际收支平衡。国际收支调节机制的内容包括：国际收支的调节方式，即各国政府应采取什么方式弥补国际收支缺口；为了更好地执行国际货币体系而必须建立的调节和约束机构。

（二）国际货币体系的发展历程

各国货币是由各个主权国家发行的，而国际经济交易又是建立在各国货币基础上的，这就需要一种国际货币体系来协调、规范各国的经济交易。

在规范的国际货币体系成立之前，各国政府各自决定和处理属于各自管辖范围内的货币事务，并不就国际货币事务进行相互协调，所做决策不受外国影响。19世纪中叶，各国陆续开始实行金本位制，但事实上这都是各国自行选择的结果，而不是各国之间相互磋商和协议的产物。

第二次世界大战结束后，对国际货币事务采取的"放任"态度已经逐渐出现了弊端，各国也都认识到应当有一个经过各国协商并达成一致协议的规定，以成文形式约定处理国际货币事务的基本原则。1944 年 7 月 1 日—22 日，**布雷顿森林体系**应运而生。布雷顿森林体系的建立是国际货币体系向国际法和国际协调机制发展的一个重要转折。

20 世纪 70 年代初，包括石油危机、美国的国际收支危机和美元危机在内的一系列动荡，说明布雷顿森林体系内部存在不可调和的矛盾，美国单方面中止了美元与黄金的挂钩关系，美元贬值。以维持国际汇率稳定为宗旨的布雷顿森林体系因此遭受重大冲击，许多国家的货币纷纷浮动起来。这时候，国际社会做出了一些探讨，并达成一些妥协性协议，如对货币事务拥有主权资格，允许一定范围内的汇率浮动，同时强调对国际货币事务的多边协调，并积极推进在"个例"事务上的国际协调。以这些协议为基础形成了一个过渡性的国际货币体系——牙买加体系。但是，20 世纪 80 年代的国际债务危机和 20 世纪 90 年代的几次金融危机都对牙买加体系提出了重大挑战。因此，对于如何改进牙买加体系，各国都提出了不尽相同的方案，当前这个过程还在继续进行中。

二、国际货币体系的类型

货币本位和汇率制度是划分国际货币体系类型的两项重要标准。货币本位涉及储备资产的性质。按储备资产的形式划分，国际货币体系分为三类：纯商品本位，如**金本位**；纯信用本位，如**不兑换纸币**；混合本位，如**金汇兑本位**。

在金本位制中，只以黄金作为国际储备资产或国际本位货币；纯信用本位制度则与黄金无任何联系，只以外汇作为国际储备资产；金汇兑本位制度，同时以黄金和可兑换货币（即外汇）作为国际储备资产。

按汇率制度的形成划分，可以分为**固定汇率制**和**浮动汇率制**，再结合国际储备制度，又可将固定汇率制划分为金本位制下的固定汇率制和纸币流通下的固定汇率制。由此，国际货币体系又可具体划分为国际金本位制、布雷顿森林体系和牙买加体系。

三、国际货币体系的作用

国际货币体系是历史的产物，同时也是各国间利益与矛盾冲突协调的结果。它一经形成，就对世界经济的发展和各国的国际货币行为起着重要的影响和制约作用。这种作用突出地表现在以下几个方面。

1. 明确了国际清算和支付手段的供应和管理原则

在采用黄金作为国际货币的情况下，用于国际清算和支付的货币的供应主要来源于黄金的生产国，而国际货币的供应受到黄金产量和货币流通规律的约束，因而不可能无限制地增长。但在纸币流通条件下，由于货币发行数量不受黄金产量的限制，所以纸币过度发行的情况时有发生，但也可能出现发行不足的情况。尤其当采用主权国家发行的不能兑现的纸币作为国际货币时，如何对国际货币的供应加强管理，防止由于过度发行导致世界性的通货膨胀，或由于发行不足导致世界性的通货紧缩，这是国际货币体系中要解决的重要问题。

2. 明确了国际收支的调节机制

不同的国际货币体系确立的国际收支的调节机制略有不同，其主要包括以下三种机制：一是汇率机制，二是资金融通机制，三是对称调节原则。

在国际金本位制时期，国际收支的调节机制是著名的"物价-现金流动"机制，即通过物价的变动和黄金的流动来调节国际收支的不平衡。但在以固定汇率为基础的布雷顿森林体系下，国际收支的调节则主要通过"支出转换"和"支出增减"等政策机制，同时辅之以必要的以国际借贷为代表的资金融通机制。而在当前的浮动汇率制下，国际收支调节则主要通过汇率机制来进行，即通过汇率变动来影响生产、流通和消费，从而达到国际收支的平衡。

同时需要强调的是，由于国际收支调节机制的不同，导致对收支失衡调节的对称性不同。在金本位下，失衡的国际收支会通过黄金的自由流动而自动恢复平衡，因此，其调节是自发且对称的。但当某主权货币成为储备货币后，储备货币的发行国就享有了一定的特权，这就导致收支调节的对称性失衡。而国际货币体系的重要作用之一就是要通过设计一系列的规章制度，对不同国家的国际收支失衡的调节机制进行约束，尽可能实现调节方式、调节机制的合理化及调节责任的对称性。虽然各种货币制度的运行在这方面并不完美，但毕竟为解决此类问题提供了制度框架，并进而为克服国际经济的非均衡发展奠定了基础。

3. 确立了有关国际货币金融事务的协商机制并建立了相关协调监督机构

国际货币体系的建立与运作需要有相应的有权威的协调或组织管理机构。国际货币金融事务的协商机制和监督机构的确立，为凸显国家之间的平等合作创造了条件。特别是在维护各国金融主权的基础上，国际货币体系强调国家之间的合作及政策协调，并为实现这种合作和协调提供了场所，这对于推动国家之间的平等起到了积极的作用。

4. 确立了多边支付制度，加速了世界经济一体化

在纸币条件下的多边支付制度有利于国际经济往来，对于世界经济一体化和促进资源有效配置起着重要的推动作用。规范成熟的国际货币体系通过确立核心货币、促进货币自由兑换性的提高、鼓励商业性金融机构的全球化和加强业务合作，并加强全球金融监管、鼓励资本跨国流动等机制，极大地加速了世界经济的发展。

📖 学习思考

试总结国际货币体系的演变历程所反映出的演进动因。

第二节 国际金本位制

国际货币体系不是一成不变的，它是随着历史的发展不断演变的。不同的国际货币体系意味着各国在实现内外平衡时要遵循不同的准则。国际货币体系的发展体现了为适应不同的历史条件而对这些准则所进行的变革。从时间先后看，国际金本位制是最早出现的国际货币体系。

一、国际金本位制概述

世界上首次出现的国际货币体系是国际金本位体系。金本位制是以黄金为本位货币的一

种制度，它是各国自然选择的结果。19 世纪末 20 世纪初，大多数西方工业国都进入了金本位制阶段。

金本位制按其货币与黄金联系的程度，划分为**金币本位制**、**金块本位制**和**金汇兑本位制**等三种形式。典型的金币本位制从 1880 年至 1914 年仅有 35 年时间，此后金本位制演变、发展为金块本位制和金汇兑本位制。这三种金本位制度各具自身的特点。

1. 金币本位制

金币本位制的主要内容包括以下几点。

一是用黄金来规定货币所代表的价值，每一货币都有法定的含金量，各国货币按其含金量确定一定的比价。二是金币可以自由铸造，任何人都可按法定的含金量，自由地将金块交给国家造币厂铸造成金币，或者用自己拥有的金币向造币厂换回相同数量的金块。三是金币是无限法偿的货币，享有无限制支付手段的权利。四是各国的储备货币都是黄金，国际间结算也使用黄金，黄金可以自由输出或输入。

2. 金块本位制

金块本位制是指纸币有限兑换黄金的货币制度，这是因为货币的发行已经没有 100% 的黄金准备，只有达到一定数额的纸币才能兑换黄金。此时，本位货币价值虽仍与一定量的黄金保持等价关系，但黄金的可兑换性受到削弱。

金块本位制的主要内容包括以下几点。一是基本货币单位仍规定含金量。二是国家不再铸造金币，国内不流通金币，只有银行券流通，银行券必须按含金量计算，达到规定数量后才能兑换黄金。在这种制度下，既没有金币流通，银行券兑换黄金也规定了严格的限制。三是虽然银行券不能自由兑换黄金，但银行券本身已是法定货币，具有强制流通的能力。四是由国家储存金块作为储备。

3. 金汇兑本位制

金汇兑本位制又称为**"虚金本位制"**，其内容包括以下几点。

一是国内不能流通金币，而只能流通有法定含金量的银行券。二是银行券不能直接兑换黄金，只能兑换外汇。

实行这种制度的国家的货币，同另一个实行金块本位制国家的货币保持固定比价，然后将本国的一部分外汇和黄金储备存放在"货币联系国"的中央银行，作为准备金。这体现了小国对大国（"中心国"）的依附关系。也就是小国通过无限制买卖外汇，维持与金块本位制国家货币的联系，即"钉住"后者的货币，这种货币制度实际上是一种带有附属性质的货币制度。

二、国际金本位制的共同特点

国际金本位制是一种以一定质量和成色的黄金作为本位货币的货币制度，其货币体系的基础是黄金，各国货币按其含金量之比确定一个法定平价。所以，可以说国际金本位制是一种各国货币根据黄金来确定比价的固定汇率制度。具体来说国际金本位制具有以下特点。

1. 实行固定汇率制

金本位制下，各国货币都规定了一定的含金量，各国货币按照本身的含金量来确定彼此之间的比价。各种货币之间的兑换率也是通过单位本币所含的黄金量计算出来的，这种兑换率称为**铸币平价**。所以国际金本位制是严格的固定汇率制度。当然，由于外汇供求关系的变动，外汇市场的实际汇率会围绕铸币平价而上下波动。

由于金本位制下黄金可以自由输出和输入，所以汇率的波动幅度始终维持在黄金输送点之间。铸币平价加减国际间运送黄金的费用，即为**黄金输送点**，这是金本位条件下汇率波动的上下界限。一旦市场汇率波动超过黄金输送点，人们很快会发现在偿还国际性债务的时候，使用黄金直接支付会比借助汇率兑换外汇更为便宜，所以，外汇的交易需求将会减少，这会促使汇率回到黄金输送点之间，由此保证金本位制下的汇率稳定性。

2. 黄金执行国际支付手段和国际储备货币的职能

各国的储备货币都是黄金，黄金作为最终的清偿手段，是"价值的最后标准"，充分发挥着世界货币的职能。各国在国际结算当中也都使用黄金，而且金币可以自由铸造，银行券可自由兑换成黄金，黄金可以自由输出入，各国一般不对黄金的流出和流入加以任何限制。但事实上，在金本位制实行期间，黄金的输入、输出并不频繁，大多数时候人们总是使用英镑来替代黄金。

3. 国际收支自动调节

金本位制下，各国的国际收支可以自发进行调解。这一自动调节规律被称为"价格-现金流动机制"。由于它是由古典经济学家大卫·休谟（David Hume）提出的，所以又被称为"休谟机制"。即当一国国际收支不平衡时，会引起该国黄金的输出入，而黄金的流动又会使该国的银行准备金发生变动，而银行准备金的变动将引起国内货币数量的变化，从而影响国内物价；物价的变动又会导致进出口变动，最后纠正国际收支的不平衡。

4. 国际金本位制是一个松散、无组织的体系

各国实行金本位制时所做的规定与采取的措施大致相同，黄金在国际间的支付原则、结算制度与运动规律都是统一的。但国际金本位制度中没有一个常设的固定机构来规范和协调各国的行为，也没有各国货币会议宣布成立金本位货币制度，这只是各国自行选择的结果。各国都通行金本位制，遵守金本位制的原则和惯例，因而构成了一个体系。

视野拓展

金本位下的央行合作

三、国际金本位制的弊端

国际金本位制促进了世界经济的发展，但随着世界经济规模的不断扩大，国际金本位制的弊端也逐渐暴露出来。

1. 国际金本位制下，黄金供求和分配的矛盾突出

国际金本位制的成功与否，取决于货币黄金的增加能否满足经济发展的需要。但黄金的增长速度越来越落后于各国经济贸易增长的速度，由此造成的清偿手段不足严重制约了各国经济的发展，同时西方工业国之间经济发展的不平衡，使得世界大部分的黄金存量越来越集中到强国手中。这不但影响了黄金的国际结算职能，也削弱了其他国家金本位货币制度的基础，同时造成了西方工业国货币信用制度和国际金融领域的危机。所以，黄金供求的矛盾和分配的不平衡是国际金本位制崩溃的根本原因。

2. 国际金本位制的自动调节机制是有限的

国际金本位制下的固定汇率制要求各国把国际收支平衡和汇率稳定作为政府的首要目

标，国内经济的发展要服从金本位制的运行规则。但各国政府对这条规则是难以接受的，他们不可能忽视本国经济发展对货币的需求而保持充分的黄金准备，或听任金本位体系的自动调节而采取对经济自由放任的政策。从客观情况来看，一国经济情况错综复杂，内外经济政策相互牵制，其更愿意利用利率、国际信贷及公开市场业务等手段来调节国际收支，而不是放任国际间黄金的频繁流动。

此外，国际金本位制下的价格稳定优势也只有在黄金与其他商品的相对价格较为稳定时才能实现。研究表明，国际金本位时期的价格并不是长期稳定的，其波动与世界黄金产量的波动直接相关。

> 由于上述种种原因，古老的国际金本位制越来越难以适应世界经济发展的需要。而第一次世界大战的爆发，更加速了国际金本位制的崩溃。

四、国际金本位制的崩溃

在第一次世界大战爆发前，国际金本位制便出现了崩溃的苗头。前面所提到的弊端就是其基本原因。

第一次世界大战期间，由于各参加国都对黄金输出实行了严格的管制、禁运，因此许多国家国内也不再使用金币，纸币不能自由兑换成黄金。于是，维持国际金本位制的三个基本条件遭到破坏，金本位制名存实亡。

第一次世界大战后，各国先后着手恢复金本位制。然而，政治、经济形势同战前相比已大不相同了，传统的金本位制很难恢复。到 1928 年年底，战前实行金本位制的国家基本上都恢复了金本位制。但是此时恢复的国际金本位制已不是原来的金本位制，而是一种国际金汇兑本位制。而且各国货币当局越来越不愿遵守游戏规则，这便使原有的自动调节机制难以发挥效力。由于维持金本位制的基础遭到破坏，金本位制的稳定性也就失去了保证。当 1929—1933 年世界经济大危机到来时，各国勉强恢复的国际金汇兑本位制便彻底崩溃了，从此资本主义世界分裂成相互对立的货币集团和货币区。

国际金本位制全面瓦解后，国际金融领域内一片混乱，取而代之的是**区域性的货币集团**，如英镑集团、美元集团、法国法郎集团，后来演变为货币区。此时，各国货币之间的汇率再次变为浮动，各货币集团之间普遍存在严格的外汇管制，货币不能自由兑换。在国际收支方面，各国竞相实行货币贬值以达到扩大出口、抑制进口的目的。各种贸易保护主义措施和外汇管制在当时非常盛行，结果使得国际贸易严重受阻，国际资本流动几乎陷于停滞。

学习思考

试分析国际金本位制对世界经济的影响。

第三节　布雷顿森林体系

第二次世界大战以后，全球建立了一个以美元为中心的国际货币体系，即布雷顿森林体系。这个货币体系是英美两国在国际金融领域争夺霸权的产物。

一、布雷顿森林体系建立的历史过程

第二次世界大战彻底改变了世界政治经济的局势，英国经济遭到严重破坏，而美国却成为世界上最大的债权国和经济实力最雄厚的国家。美、英两国都从本国利益出发，分别提出了自己重建世界金融规则的计划。美国政府提出了"怀特计划"，而英国政府提出了"凯恩斯计划"，这两个计划充分反映了两个国家各自的利益以及建立国际金融新秩序的深刻分歧。1943 年 9 月—1944 年 4 月，两国政府代表团在建立国际货币秩序的双边谈判中展开了激烈的争论。由于美国在政治和经济上的实力大大超过英国，英国被迫接受美国的方案，美国也对英国做出一些让步，最后双方达成双边协议。又经过 30 多个国家的共同商讨，1944 年 7 月，在美国新罕布什尔州的布雷顿森林镇华盛顿山饭店召开了由筹建联合国的 44 国政府代表参加的"联合国货币金融会议"，简称"**布雷顿森林会议**"。布雷顿森林会议通过了《布雷顿森林协定》（包括《联合国货币金融协议最后决议书》《国际货币基金组织协定》《国际复兴开发银行协定》），从而确立了布雷顿森林体系。

视野拓展

布雷顿森林体系的
由来及变迁

二、布雷顿森林体系的内容

布雷顿森林体系的主要内容有以下几点。

（1）建立一个永久性的国际金融机构——国际货币基金组织。国际货币基金组织是第二次世界大战后国际货币体系的核心，它具有对成员进行监督，与成员就国际货币领域的有关事项进行磋商，为国际收支逆差国融通资金等职能，在一定程度上维护着国际金融领域的秩序。

（2）以美元作为最主要的国际储备货币，实行美元-黄金本位制。《布雷顿森林协定》中规定，美元与黄金直接挂钩，各国政府或中央银行随时可用美元向美国按官价（每盎司黄金等于 35 美元）兑换黄金；其他国家的货币与美元挂钩，规定与美元的比价，从而间接与黄金挂钩，进而决定各成员货币之间的平价关系，即所谓的**双挂钩制度**，从而确立了美元的中心地位。储备货币和国际清偿力的主要来源是美元，美元既是美国本国货币，又是国际关键货币。因此，布雷顿森林体系下的国际货币体系就是以美元和黄金为基础的国际金汇兑本位制。

（3）实行可调整的固定汇率制度。国际货币基金组织规定，各成员货币与美元的汇率如果发生波动，范围不得超过平价的 ±1%。超过时，除美国外，各成员中央银行有义务维持本国货币同美元汇率的稳定。只有在国际收支出现根本性不平衡时，经国际货币基金组织批准，才允许进行汇率调整。汇率平价的任何变动都要经过国际货币基金组织批准，这就是战后所实行的**可调整的钉住汇率制**（adjustable peg）。但对什么是根本性的不平衡，会议则没有做出说明。

（4）国际货币基金组织有责任向国际收支逆差国提供援助。国际货币基金组织有责任向国际收支逆差国提供短期资金融通，以协助其解决国际收支困难。成员在需要贷款时，可用本国货币向国际货币基金组织按规定程序购买一定数额的外汇，在规定期限内，再用以黄金或外汇购回本币的方式偿还借用的外汇资金。

在以上基本内容中，最关键的部分是"两个挂钩"和固定汇率制，它们是布雷顿森林体系的两大支柱。该体系通过两个挂钩确保了美元代表黄金，各国货币通过固定汇率制同美元联系，从而使美元成为国际关键货币。

三、布雷顿森林体系的特点

在布雷顿森林体系下，由于美元可以兑换黄金，因此也有人把它称作以美元为中心的金汇兑本位制。但它与第一次世界大战后的金汇兑本位制不同，其特点如下。

1. 美元发挥了世界货币的职能

美元被广泛地用作国际间的计价单位、支付手段和储备手段，成为唯一的国际储备货币，处于国际货币体系的中心地位，因而也可以说布雷顿森林体系是可兑换黄金的美元本位。

2. 实行钉住美元的可调整固定汇率制度

在汇率确定方面，以美元作为关键货币，根据其他国家货币与美元的金平价之比来确定各成员货币对美元的汇率，进而决定各成员货币彼此之间的平价关系，可以说这是一种钉住美元的固定汇率制度；又因为汇率可以在平价上下1%的范围内变动，所以也是可以调整的。

3. 运用两种方法调节国际收支的失衡

在对国际收支调节方面，与国际金本位制下的价格-现金调节机制不同，布雷顿森林体系下国际收支的失衡有两种调节方法：一是短期的失衡由国际货币基金组织提供的信贷资金解决；二是长期的失衡通过调整汇率平价来解决。

但在实际运行中，两种方法都收效不大。首先，国际货币基金组织通过配额筹集的资金规模毕竟是有限的，面对巨额的国际收支失衡简直是杯水车薪，解决不了多少问题。其次，在布雷顿森林体系下，汇率调整的情况并不多见。事实上，在布雷顿森林体系运行的20多年时间里，国际收支大面积失衡的问题始终没有得到真正的解决。

4. 国际性的货币机构发挥了积极作用

国际货币基金组织在促进国际货币合作和建立多边支付体系方面起了一定作用，在监督各国汇率变动、调节国际收支不平衡、对成员提供贷款、监督一国财政货币政策等方面也发挥着重要作用，并树立了开展国际货币合作的典范。它的影响力越来越大。而第二次世界大战前的国际货币体系在这方面没有统一的规定，而且也缺乏一个这样的组织，这种对比是非常明显的。

四、布雷顿森林体系的弊端

布雷顿森林体系是国际货币合作的产物，它消除了战前各个货币集团相互对立、进行外汇倾销的局面，稳定了战后国际金融的混乱动荡局势，有利于国际贸易和国际投资的发展。然而，布雷顿森林体系也存在以下缺陷。

1. 美元享有特殊地位，导致美国的货币政策对各国经济产生重要影响

由于美元是主要的储备资产，享有"纸黄金"之称，美国就可以利用美元直接对外投资，购买外国企业，或利用美元弥补国际收支赤字；而各国货币又都与美元挂钩，对美元存在着一种依附关系，这就造成牵一发而动全身的局面，即美国货币当局的一举一动都将会影响整个世界金融领域，从而导致国际金融体系的不稳定。

2. 以一国货币作为主要的储备资产，必然给国际储备带来难以克服的矛盾

作为一国货币，美元的发行必须受制于美国的货币政策和黄金储备；作为世界货币，美

元的供应又必须适应世界经济和国际贸易增长的需要。为满足国际贸易和国际金融的发展要求，美元供应必须相应扩大，在这种情况下，美国国际收支需要持续出现逆差，但这必然影响美元信用，引起美元危机。如果美国保持国际收支平衡，稳定美元，则又会断绝国际储备的来源，导致国际清偿力的不足，这是一个不可克服的矛盾，国际经济学界称之为"**特里芬难题**"（美元的这种两难是美国耶鲁大学教授罗伯特·特里芬首先预见到的）。这正是布雷顿森林体系从一开始就存在的严重缺陷，所以它崩溃的命运是不可避免的。

视野拓展
特里芬难题

3. 国际收支调节机制效率不高

在布雷顿森林体系下，固定汇率的多边性增加了调整平价的困难，且汇率只允许在平价上下各 1% 波动，显得过于刚性。各国不能利用汇率的变动来达到调节国际收支平衡的目的，而只能消极地实行外汇管制，或放弃稳定国内经济的政策目标。当一国发生逆差时，往往不得不采用牺牲国内经济目标的财政货币政策来进行调节。

4. 国际收支调节压力不对称

国际收支调节压力不对称的现象，也造成了巨大的国际收支世界性的不平衡。国际货币基金组织通过贷款促使逆差国纠正其收支不平衡，但却没有监督顺差国的调节责任。由于美元作为关键货币的特殊地位，美国具有自行调节本国国际收支的特权，即使美元定值过高也不能降低美元的汇率。在逆差时，美国并不需要采取紧缩的措施，但会因为其货币供应不受黄金的限制而导致通货膨胀，并且可以通过固定汇率制输出通货膨胀。

> 尽管布雷顿森林体系有着诸多的不足，但从整体来说，该体系的建立和运行，对于结束国际金本位制崩溃后国际金融领域混乱的局面，促进各国经济的发展起到了一定的积极作用。在该体系运行的 25 年间，世界经济迅速增长，国际贸易和投资都有了很大发展。

五、布雷顿森林体系的崩溃

布雷顿森林体系经历了近 20 年的顺利运转后，由于其自身存在的诸多弊端，开始出现衰败的征兆，典型的现象就是开始出现美元危机。

第一次比较大规模的美元危机爆发于 1960 年。在危机爆发前，西方国家便出现了相对的美元过剩。有些国家用自己手中的美元向美国政府兑换黄金，美国的黄金储备开始外流。1960年，美国对外短期债务首次超过了黄金储备额，人们纷纷抛售美元，抢购美国的黄金和其他硬通货，结果造成金价上涨和美元汇率下跌的局面，这种现象就称为"**美元危机**"（dollar crisis）。

为了保持美元的可兑换和固定汇率制，维持外汇市场和金价的稳定，美国要求其他西方国家在国际货币基金组织的框架内与美国合作来稳定国际金融市场。1962 年，美国由纽约联邦储备银行出面，与西方 14 个国家的中央银行和设在瑞士巴塞尔的国际清算银行签订了货币互换协定，即**互惠信贷**。国际货币基金组织内建立"**借款总安排**"（指十国集团与国际货币基金组织达成的一项金融协定，由十国集团向国际货币基金组织提供特别信贷，协助国际货币基金组织成员在紧急状态下解决临时性的国际收支失衡问题）。美国还与 8 个国家达成协议建立"黄金总库"，但是黄金总库于 1968 年解体。上述拯救布雷顿森林体系的几大措施都是操作性的，而不是制度性的，由于这些措施的局限性，布雷顿森林体系的内在缺陷根本不可能得到纠正。

到 20 世纪 60 年代中期，因战争的影响，美国的财政金融状况明显恶化，国内通货膨胀加剧，美元对内不断贬值，美元同黄金的固定比价又一次受到严重怀疑。受 1967 年英镑危机影响，外汇市场上的投机浪潮于 1968 年年初转向美元，爆发了第二次较大规模的美元危机。

第三次美元危机爆发于 1971 年。1969—1970 年，美国爆发了周期性经济危机，美国国内生产下降，失业增加。同时，美国发生了前所未有的对外贸易巨额逆差，国际收支逆差进一步恶化。最终，在 1971 年 5 月，西欧主要金融市场掀起了又一次抛售美元、抢购黄金和联邦德国马克等西欧货币的第二次世界大战后最严重的美元危机。针对这种情况，尼克松政府实行"新经济政策"，停止美元与黄金的兑换，限制美国进口，对进口征收 10%进口附加税，以挽救美元危机。

1971 年，十国集团在美国达成"**史密森协议**"：规定美元对黄金贬值 7.89%，一些国家货币对美元升值，扩大汇率波动幅度为平价基础上的 1%～2.25%；美国取消 10%进口附加税。该协议勉强维持布雷顿森林体系下的固定汇率，但美元同黄金的可兑换性从此中止，布雷顿森林体系的核心部分已经瓦解。1973 年美元危机再次爆发，这个协议被迫中止，布雷顿森林体系也随之彻底崩溃。

美元与黄金挂钩、各国货币与美元挂钩是布雷顿森林体系赖以存在的两大支柱。自 20 世纪 50 年代始，上述种种矛盾不断地动摇了布雷顿森林体系的基础，使其终于在 20 世纪 70 年代陷入崩溃的境地。

虽然布雷顿森林体系对战后世界经济的发展产生了重要的积极影响，但事实上，该体系存在着不可调和的矛盾。布雷顿森林体系崩溃的原因是多种多样的，其直接原因是美元危机，根本原因是该体系不能反映西方工业国之间国家经济发展不平衡的状况，以及该体系制度本身存在的内在缺陷。

视野拓展

布雷顿森林体系
的崩溃

学习思考

思考布雷顿森林体系对世界经济发展的积极作用，以及布雷顿森林体系的弊端。

第四节　牙买加体系

牙买加体系是布雷顿森林体系崩溃后,在全球协调基础上建立起来的新的国际货币体系。该体系自 1976 年建立以来，一直运行至今。该体系并没有严格的规范和约束，更多在强调全球协调，因此又被称为"**无体系的体系**"。

一、牙买加体系建立的历史过程

20 世纪 60 年代末至 70 年代初，布雷顿森林体系的弊端逐渐显露，美元贬值形势不可避免。各国为了稳定汇率，不得不越来越频繁地干涉外汇市场，但这样做也只是起到很小的缓解作用，无法平息愈演愈烈的货币危机。

在外汇市场上，联邦德国马克和日元等硬通货需求大大增加，美元汇率大幅下降；在汇率制度方面，单一的全球性的固定汇率制度被五花八门的汇率制度所取代；联邦德国马克、日元等硬通货迅速崛起，开始成为各国的储备货币，多种储备货币开始替代美元，成为国际货币体系的主体。此外，20世纪60年代席卷全球的民族解放运动，使一大批发展中国家获得了政治上的独立，开始努力追求民族经济的发展，但也遇到了严重的国际收支问题；加之1973年10月和1974年1月，石油输出国组织（OPEC）将油价提高了近4倍，使全球性的国际收支问题更加严重。

当各国货币纷纷转入浮动汇率制度时，布雷顿森林体系完成了它的历史任务，从此退出了国际金融的舞台。随着美元国际地位不断下降，国际储备开始呈现多元化，许多国家实行浮动汇率制，全球性的国际收支失衡现象日益严重，国际货币金融领域动荡混乱，西方发达国家之间以及发达国家与发展中国家之间的矛盾空前激化。各国都在探寻货币制度改革的新方案。

1976年1月8日，国际货币基金组织的临时委员会在牙买加首都金斯敦召开会议，重点讨论了扩大和分配份额问题，并最终就许多有关国际货币体系的问题达成了协议，即《牙买加协议》。1978年4月1日，经过修改的《国际货币基金协定》正式生效。由于这个协定是在牙买加会议上通过的，所以又称为《牙买加协定》。国际上一般把《牙买加协定》后的国际货币体系称为"牙买加体系"。

二、牙买加体系的内容

"牙买加体系"涉及汇率制度、黄金问题、扩大国际货币基金组织对发展中国家的资金融通，以及增加成员在国际货币基金组织中的份额等问题。它对形成国际货币体系有着重要作用。其主要内容包括以下几点。

1. 浮动汇率合法化

《牙买加协定》取消了平价和中心汇率，成员可以自由选择任何汇率制度，浮动汇率制与固定汇率制可以并存。但在汇率政策方面，各成员要接受国际货币基金组织的指导和监督，以防止各国采取损人利己的货币贬值政策。国际货币基金组织对成员的汇率进行监督，使汇率水平能够反映各国长期经济状况，不允许成员操纵汇率来阻止国际收支进行有效的调节或获取不公平的竞争利益。国际货币基金组织还有权要求成员解释其汇率政策并实行适当的国内经济政策，来促进汇率体系的稳定。

2. 黄金非货币化

黄金非货币化即黄金与货币彻底脱钩，它不再是平价的基础。废除黄金条款，取消黄金官价，减少黄金的货币作用，使之成为一种单纯的商品，各成员的中央银行可按市价自由进行交易活动。取消成员之间以及成员与国际货币基金组织之间须用黄金缴付其25%份额的义务。国际货币基金组织所持有的黄金应逐步加以处理，其中1/6（约2500万盎司）按市价出售，以超过官价（每盎司42.22美元）部分作为援助发展中国家的资金。另外1/6按官价归还给成员，剩余部分（约1亿盎司）根据总投票的85%的多数做出具体处理决定，向市场出售或者由各成员购回。

3. 使特别提款权成为主要的国际储备资产

特别提款权是国际货币基金组织为了解决国际储备不足而创造的一种解决方案，经过长期的谈判，于1969年在国际货币基金组织第24届年会上得以创立。国际货币基金组织试图将其发展成为新的国际储备资产，实质上是用以补充原有储备资产的一种国际流通手段。

《牙买加协定》规定，各成员之间可以自由进行特别提款权交易，而不必征得国际货币基金组织的同意。国际货币基金组织与成员之间的交易以特别提款权代替黄金，国际货币基金组织一般账户中所持有的资产一律以特别提款权表示。它是国际货币基金组织分配给其他成员的在原有的一般提款权以外的一种资金使用权利。成员可用它来履行对国际货币基金组织的义务和接受国际货币基金组织的贷款，各成员相互之间也可用它来进行借贷。

4. 扩大对发展中国家的资金融通

《牙买加协定》规定用出售黄金所得的收益设立 **"信托基金"**，以优惠条件向最贫穷的发展中国家提供贷款或援助，以解决其国际收支问题。同时，国际货币基金组织扩大信用贷款部分的总额，由占成员份额的 100% 增加到 145%，提高国际货币基金组织 "出口波动补偿贷款" 在份额中的比重，由占份额的 50% 提高到占份额的 75%。

5. 增加国际货币基金组织成员缴纳的基金份额

《牙买加协定》规定，国际货币基金组织由原来的 292 亿特别提款权增加到 390 亿特别提款权。各成员的份额比例也有所调整，有升有降。石油输出国所承担的份额提高了一倍，由 5% 上升到 10%。其他发展中国家维持不变，增加了联邦德国、日本和石油输出国的份额比例，减少了美国和其他西方国家的份额比例。

三、牙买加体系的特点

牙买加体系较之布雷顿森林体系有进步之处，其特点如下。

1. 各国货币地位发生变化

自 1973 年美元彻底脱离黄金以来，国际储备资产的构成呈现出多元化的局面。虽然美元的地位有所削弱，但它仍是最主要的国际储备资产。美元仍然是主要的国际计价单位、支付手段和国际价值储存手段。除美元以外，联邦德国马克、日元等其他可兑换货币，以及特别提款权、欧洲货币单位等其他国际储备资产的地位日益加强（1999 年 1 月，欧元问世，欧元区各国的货币为统一的欧元所替代，从而使得美元的垄断地位有所削弱）。特别提款权虽然作为国际储备的功能还不健全，但其地位却不容忽视。

2. 以浮动汇率为主的混合汇率体制得到发展

根据《牙买加协定》，国际货币基金组织成员可以自行安排其汇率。其中美国、欧盟、日本、加拿大、澳大利亚和新西兰等国家（地区）货币实行独立浮动；发展中国家的货币或是实行管理浮动汇率，或是单独浮动，或是钉住某一种货币，或是钉住一篮子货币，或是按照一组经济指标进行浮动。显然，这种复汇率体制比布雷顿森林体系的汇率制度更加复杂和灵活。

但是，浮动汇率制加剧了国际金融的动荡，也不利于国际经济、贸易的顺利发展，对于各国政府来说增加了调控经济的难度，尤其是经济、金融实力较弱的发展中国家受浮动汇率的消极影响更大。

3. 国际收支的调节机制多样

在牙买加体系下，各成员主要是通过汇率机制、利率机制、国际货币基金组织的干预和贷款,以及动用国际储备资产等方式来综合调节国际收支不平衡的,因而在一定程度上缓和了布雷顿森林货币制度调节机制失灵的困难。牙买加体系新引进了国际金融市场、商业银行信贷和国际合作与政策协调,使国际收支的调节更迅速、更有效。在牙买加体系下,各国拥有了更多自主制定本国经济政策的权利,所以还可以通过国内的经济政策消除国际收支不平衡。

四、牙买加体系的弊端

尽管牙买加体系有进步之处,但其本身同样存在一系列弊端。

1. 储备货币过于分散

牙买加体系下的国际储备货币多元化具有不稳定的因素。储备货币多元化虽然有利于一国的外汇管理和减少汇率变动带来的风险,相对降低了单一关键货币(如美元)对世界储备体系的影响,缓和了国际清偿能力的不足,但多种储备货币的体系是由支配世界经济的国家的货币所组成的,具有内在的不稳定性:国际储备货币多元化的增长不均衡,同时国际储备多元化缺乏统一稳定的货币标准。

2. 牙买加体系的国际收支调节机制仍不健全,国际收支危机的隐患犹存

牙买加体系寄希望于通过汇率的浮动来形成一个有效和灵活的国际收支调节机制。但实践表明,这一机制并没有达到预期的效果。其主要表现在汇率机制比较低效,利率机制不稳定,国际货币基金组织的贷款能力有限,同时也无力指导和监督顺差国和逆差国双方对称地调节国际收支。汇率的过度浮动只是增加了市场上的不稳定性,甚至恶化了各国的国际收支状况,就连主要的货币储备国(地区)——美国、日本、西欧之间的贸易不平衡,都无法通过汇率的变动进行有效调节。

3. 牙买加体系下的汇率体系也极不稳定

全球有大概30%的国家和地区实行独立浮动或者管理浮动汇率制度,其余的国家和地区实行钉住汇率制。牙买加体系下的汇率体系稳定主要取决于美元、欧元、日元、英镑等主要货币之间的兑换关系,而这几种货币之间的汇率波动巨大,使得整个体系失去了稳定的基础。另外,浮动汇率加剧了世界性通货膨胀,汇率的频繁波动不仅影响对外贸易和资本流动,而且使发展中国家的外汇储备和外债问题都变得复杂化。

总的来说,与布雷顿森林体系相比,牙买加体系是个进步。牙买加体系与动荡、发展不平衡的外部经济环境还是比较适应的,因而短期内不会有任何大的改变。但从长期来看,由于它自身各方面的缺陷性,牙买加体系并不能维持太久。随着世界经济不断向前发展,它最终会被一种新的、更能够适应各国需要的货币制度所取代。

五、国际货币体系的改革方向

就牙买加体系本身存在的诸多弊端来说,国际货币体系存在改革的必要性。如今,牙买加体系的弊端日益显露出来,其不利影响正在加强。面对这一局势,国际社会应加紧合作,进一步改革国际货币体系,努力建立一个健全、公平合理的货币体系。但是,由于不同的货币制度对各个国家的利害关系不同,所以在今后的货币改革中必然存在着巨大的利益冲突,其中有三个值得注意的动向。

1. 美元地位的变化

如前所述，以美元为中心的国际货币体系崩溃后，美元的地位有所下降，但其实力并没有完全丧失。多种国际储备货币中仍是以美元为主，还有不少国家的货币与它相联系，如中国的外汇储备中，美元仍占很大的比例。因此，美元地位的变化，仍会对今后国际货币体系的发展产生重要影响。

2. 区域性货币集团的出现和发展

如果世界范围内存在几个区域性货币集团，把大多数国家包括进来，那么世界上的货币种类会大大减少，它们的利率、汇率变化信息将会很透明，利差和汇差基本上不大，投机性的套利和套汇很难进行。**欧元区**是**单一货币联盟**（single monetary union）的第一次实践，它具有透明性高、节省信息费用和降低交易成本的优势。欧元区的实践丰富了区域性货币集团理论。

3. 国际货币基金组织的作用和职能仍需改革

国际货币基金组织的改革主要包括增加国际货币基金组织的基金份额，增强其资金实力，确保其最终贷款者地位的稳定；扩大国际货币基金组织提供援助的范围。无论成员的危机是否会立即影响该国的对外支付能力，国际货币基金组织都应该提供援助，以缓解危机对该成员的冲击。国际货币基金组织应增强监测和信息发布功能，为投资者和市场主体提供准确的信息，也为成员制定政策提供重要依据。国际货币基金组织应恢复对成员的国际收支逆差进行干预和援助的职能等。事实证明，金融危机往往与国际收支长期逆差相关。

对现行国际货币体系进行改革，涉及不同国家的经济政治利益，其中充满了矛盾和斗争，既有发达国家与发展中国家之间的矛盾，同时也有不同发达国家之间的矛盾。因此，要在国际货币体系改革问题上形成共识，并达成一致，还需要相当长的时间及各成员做出更大的努力。

学习思考

试分析牙买加体系下的汇率制度有哪些显著特征。

第五节　欧洲货币体系

欧洲货币体系（European Monetary System，EMS）及其后期出现的欧元区单一货币是人类金融史上的一次重大飞跃，是现代经济发展和政策协调的高级产物。这一变化经历了较长的历史过程，其间充满了艰辛，但该体系带来的正效应也着实震惊了世界，并给全球货币体系改革带来了新的希望和思考。

一、欧洲货币体系的历史进程

欧洲货币一体化的进程始于 1950 年**欧洲支付同盟**的成立。1957 年 3 月，法国、联邦德国、意大利、荷兰、比利时和卢森堡六国在意大利首都罗马签订了《**罗马条约**》，决定成立欧洲经济共同体（欧共体）。在《罗马条约》中并没有建立欧洲货币联盟的决定，但是欧共体成立以后，各国在经济一体化方面取得了相当大的进展。

1958 年，欧共体各国签署了《欧洲货币协定》以替代欧洲支付同盟。在 20 世纪 60 年代末，欧共体建立了关税同盟，实现了共同农业政策，并开始着手推动劳动力与资本流动的自由化，于是货币一体化也就成为必然趋势。

1969 年 3 月，在海牙举行的欧共体首脑会议，提出了建立欧洲货币联盟（European Monetary Union，EMU）的构想。同年 12 月，欧共体首脑就建立欧洲货币联盟进行磋商并取得一致意见。根据这次会议的决定，由卢森堡首相兼财政大臣魏尔纳（Werner）为首的一个委员会开始审议这项工作。1970 年 10 月，该委员会向欧洲理事会提交了一份《关于在共同体内分阶段实现经济和货币联盟的报告》，也被称为《魏尔纳报告》。该报告在几经讨论和修改后，于 1971 年 3 月 22 日在欧共体部长理事会上获得通过。

1978 年 4 月，在丹麦哥本哈根欧共体首脑会议上，联邦德国总理施密特和法国总统德斯坦提出了建立欧洲货币体系的动议，并于同年 12 月 6 日由欧共体首脑在布鲁塞尔达成协议，决定于 1979 年 1 月 1 日建立欧洲货币体系（European Monetary System，EMS）。该体系实际于 1979 年 3 月 13 日正式建立。

1989 年 6 月，欧共体主席德洛尔提出关于欧洲货币联盟的定义：成员国货币之间完全可兑换，资本自由流动，完善汇率机制，创设欧共体中央银行，统一货币。这一定义逐步为欧共体成员国所接受。

1991 年 12 月 10 日，欧共体首脑会议通过了《欧洲联盟条约》（通称《马斯特里赫特条约》），决定将欧共体改称为欧洲联盟。1992 年 2 月 1 日，《马斯特里赫特条约》正式签署。该条约是欧洲货币一体化道路上的一个里程碑，它为实现欧洲货币联盟制定了一个明确的时间表。

第一阶段从 1999 年 1 月 1 日开始。这一阶段是成员国货币向欧元的过渡期，其主要的工作内容如下：①于 1999 年 1 月 1 日不可撤回地确定欧元与参加货币联盟成员国货币的折算率，并按 1：1 的比例由欧元取代**欧洲货币单位**（European Currency Unit，ECU）进行流通。成员国货币和欧元同时存在于流通领域。②资本市场和税收部门均以欧元标定，银行间的支付结算以欧元进行。成员国的政府预算、国债、政府部门与国有企业的财政收支也均以欧元结算；但在过渡期内，私人部门有权选择是否使用或接受欧元，对于任何合同、贸易和买卖，仍可用成员国原货币进行支付。③欧洲中央银行投入运作并执行欧元的货币政策，指定欧元的利率。为保证欧元与成员国货币固定汇率的顺利执行，对成员国的货币发行进行一定的监控。④执行都柏林会议制定的《稳定和增长条约》中的有关规定，如成员国财政赤字若连续三年超过该国国内生产总值的 3%，该国将被处以相当于其国内生产总值 0.2%～0.5% 的罚款。

第二阶段从 2002 年 1 月 1 日开始。在这一阶段，欧元纸币和硬币开始流通，成员国居民必须接受欧元，欧元纸币和硬币逐渐取代各成员国的纸币和硬币。

第三阶段从 2007 年 7 月 1 日开始。这一阶段逐步取消了成员国的原货币，完成了欧元完全取代成员国原货币的进程。

二、欧洲货币体系的内容

欧洲货币体系的重要目标是确立稳定的汇率机制，为此，成员国共同采取了以下措施。

1. 创建欧洲货币单位

欧洲货币单位是欧洲货币体系的核心，是按"一篮子"原则由共同市场国家货币混合构成的货币单位。其价值由欧共体 12 个成员国货币的加权平均得到，每种货币的权数根据该国在欧共体内部贸易中所占的比重和该国国民生产总值规模进行确定，权数每 5 年变动一次。

欧洲货币单位的作用包括：作为决定成员国货币的中心汇率的标准；作为欧共体成员国之间的信贷手段、清算手段、储备手段以及计价单位等，成为仅次于美元的国际储备资产；随着欧洲货币基金的建立，欧洲货币单位逐步成为各国货币当局的一种储备资产。由此可见，欧洲货币单位不仅执行计价单位的作用，成为共同体成员国之间的结算工具，还可作为国际储备手段。

2. 构建汇率稳定机制

欧洲货币体系的目标是实现西欧各国货币的一体化，其重点落在稳定汇率机制上。欧洲货币体系通过建立双重机制，即**平价网体系**（grid parity system）和**平价篮体系**（basket parity system），稳定成员国之间的货币汇率。

平价网体系又称为格子体系。它要求成员国货币之间彼此确定中心汇率，各成员国相互之间的汇率只能围绕中心汇率上下浮动。到 1992 年欧洲货币体系汇率机制危机前，欧共体12 国中，只有希腊没有加入**欧洲汇率机制**（European Exchange Rate Mechanism，ERM）。在参加欧洲汇率机制的 11 个国家中，除英国、西班牙和葡萄牙等 3 国货币的中心汇率允许在±6%的范围内波动外，其他多数国家货币的中心汇率只能在 ±2.25%之间波动。

平价篮体系又称"货币篮子"体系。与平价网体系中各成员国之间的货币比价规定双边中心汇率不同，平价篮体系是确定各国货币对欧洲货币单位的市场汇率，然后规定差异界限，这种差异界限小于两国货币中心汇率允许的波幅 ±2.25%或 ±6%。而且在欧洲货币单位中所占比重越大的货币，其差异界限越小。差异界限也起到了一种预警作用，当某个成员国货币对欧洲货币单位的比价偏离了其法定中心汇率，达到其最大允许波动幅度的 75%，该国中央银行就需采取措施进行干预，使之返回到界限之内。当成员国无法通过干预措施和调节政策维持货币汇率规定界限时，就必须对整个平价网体系进行调整。

这种双重机制可以使汇率机制更加稳定，同时改变了过去发生汇率波动时大都由软币国家首先纠正汇率的缺陷，从而均摊了调节责任。

3. 建立欧洲货币基金

欧洲货币基金是欧洲货币体系的基础。根据欧洲货币体系的规定，各成员国须缴出其黄金外汇储备的 20%（其中 10%为黄金），创建**欧洲货币基金**（European Monetary Fund，EMF），用以向成员国发放中短期贷款，帮助成员国摆脱国际收支方面的短期困难，保持其汇率上的相对稳定。

4. 创设欧元

欧盟成员国为保证欧洲货币联盟目标的实现及欧元的稳定，确立了使用统一货币欧元应具备的条件，只有具备下述条件的成员国才能申请加入欧元区：①预算赤字不超过国内生产总值的 3%；②公共债务总额不超过国内生产总值的 60%；③长期利率不高于 3 个通货膨胀率最低国家平均长期利率水平 2 个百分点；④通货膨胀率不超过 3 个情况最佳国家上年通货膨胀率平均值 1.5 个百分点；⑤两年内本国货币汇率的波动幅度不超过欧洲汇率机制规定。

上述条件即《马斯特里赫特条约》中规定的加入欧洲货币联盟的"**趋同标准**"。1998年3月25日，欧盟执委会宣布第一批符合趋同标准的国家有11个，即奥地利、比利时、芬兰、德国、法国、爱尔兰、意大利、卢森堡、荷兰、葡萄牙和西班牙。这些国家符合使用欧元的条件，有资格成为首批流通欧元的国家。截至2023年年初，欧元区国家共有20个，瑞典、丹麦等欧盟国家尚未加入欧元区。

三、欧洲货币联盟对世界经济的影响

欧洲货币体系构建的一系列机制，对于稳定欧洲内部汇率水平，促进要素自由流动和经济一体化起到了重要的积极作用，并给国际货币体系改革指明了新的方向。

1. 巩固和发展了多元化的国际货币体系，有利于世界范围内汇率的稳定

在当前的国际货币体系中，美元占有绝对的优势地位，在世界外汇储备中所占的比重高达五六成，在国际支付中所占的比重近一半。欧元的外汇储备总额超过2万亿美元，但其货币在外汇储备和国际支付中所占的比重却只有20%左右。欧元区单一货币流通后，欧盟内部的汇率波动完全消失，欧盟拥有独立的欧洲中央银行和以价格稳定为目标的货币政策、严格的财政预算制度与利率趋同标准，这些保证了币值的稳定，增强了公众的信心，促进了多元化国际货币体系的发展与汇率的稳定，有利于世界贸易与投资的发展。

2. 欧盟成功发展的示范效应

欧盟使用统一的货币后，在贸易方面，成员国之间实行的是自由贸易，而与非成员国进行贸易时则采取关税保护。这种政策实际上是给区域性货币集团成员国在与非成员国竞争时提供了一条共同的边界。

欧元的成功流通，被国际社会公认为是布雷顿森林体系崩溃以来，在国际货币安排方面最有意义的发展。欧元地区是世界经济增长源之一，欧元地区的经济增长对其他国家和地区来讲，就意味着扩大了进出口市场的容量，从而带动世界其他国家和地区的对外贸易增长。

统一货币的使用使欧盟成员国免受区域外金融不稳定的影响，方便了成员国的经济交往和合作，为未来的国际货币体系改革和内外矛盾的解决树立了一个可借鉴的榜样。

3. 区域性货币集团的发展将为更多国家提供平等的发展机会

区域性货币集团的发展将减少世界贸易中的不平等现象。20世纪末，在世界贸易中，由于石油等原材料价格一直以美元计价结算，美国获得了巨大的利益。因为美元作为世界贸易主要结算货币，美国可以长期维持合适的汇率以利于美国的对外贸易，且无须担心它会刺激国内的通货膨胀。欧元的启动将改变这一局面，从而减少国际贸易中的不平等现象，使更多的国家能在世界贸易中获得平等发展的机会，促进国际贸易的发展。

4. 对国际金融市场产生广泛影响

欧元流通之后，欧元区内各国债券流通范围窄、市场容量小的状况将会大为改观。欧元区内消除了外汇风险，利率也趋同，统一货币打破了单一国家对银行业的垄断，银行在费用结构和利率水平方面的透明度与可比性的提高促进了银行业的趋同，从而导致银行业竞争更加激烈，更高层次的整合和并购在所难免，未来的欧洲银行业将向超级化、全能化和国际化方向发展。以德、法为主的欧元区将对英国的金融业地位形成极大的挑战和压力。**欧洲中央**

银行设于法兰克福，欧元的推行使其作为金融中心的地位不断提高，因此，伦敦、苏黎世的欧洲金融中心地位将受到削弱。从长远看，法兰克福将对纽约的国际金融中心地位构成挑战，有望成为世界顶级的国际金融中心。

📖**学习思考**

试分析欧元在国际货币体系中的地位。

第六节　国际金融机构

国际金融机构是世界经济发展到一定阶段的必然产物。第一次世界大战之后，资本主义国家之间的矛盾开始显露出来。少数资本主义大国不仅运用自己的经济、政治和军事力量，而且试图通过建立国际组织来控制和制约其他国家。同时，由于国际金本位的崩溃和国际收支不平衡的加剧，使得许多国家在货币、外汇和国际结算方面发生困难，于是建立国际金融机构的设想浮出了水面。

一、国际金融机构的产生

第二次世界大战后，伴随着布雷顿森林体系的建立，"**国际复兴开发银行（即世界银行）**"和"**国际货币基金组织**"的建立为国际金融机构的迅速发展打下了良好基础。

进入 20 世纪 50 年代后，国际金融机构尤其是区域性的国际金融机构获得了迅速发展。1957 年欧洲投资银行成立，1959 年美洲开发银行成立，1964 年非洲开发银行成立，1966年亚洲开发银行成立，1971 年国际投资银行成立，1977 年阿拉伯货币基金组织成立。各种进行国际金融业务的国际金融机构的建立和发展，在发展世界经济和区域经济方面发挥了积极作用。

这些国际金融机构对国际货币体系与世界经济的发展都有深远的积极影响。在促进成员取消外汇管制、限制成员进行竞争性货币贬值、支持成员稳定货币汇率和解决国际收支困难、促进发展中国家经济发展、缓解债务危机与金融危机等方面都起了重要的作用。

国际金融机构可以分为三种类型：全球性的，如国际货币基金组织和世界银行；半区域性的，如国际清算银行、亚洲开发银行、非洲开发银行、美洲开发银行等，它们的成员主要在区域内，但也有区域外的成员参加；区域性的，如欧洲投资银行、伊斯兰发展银行、阿拉伯货币基金组织、西非发展银行、阿拉伯经济社会发展基金等。半区域性、区域性国际金融机构又称洲际国际金融机构。

二、国际货币基金组织

国际货币基金组织是联合国体系的一个专业机构，是全球性国际金融组织机构，在加强国际经济和金融合作、维持国际经济秩序稳定方面发挥了重要作用。根据参加筹建联合国的44 国代表于 1944 年 7 月在美国新罕布什尔州举行的会议及其所通过的《国际货币基金组织协定》，国际货币基金组织于 1945 年 12 月正式成立。其目的是促进世界经济健康发展，并于1947 年 3 月开始运行，总部设在华盛顿。中国是该组织创始成员之一。1980 年 4 月 17 日，该组织正式恢复中国的代表权。中国自 1980 年恢复在国际货币基金组织的席位后，单独组成一个选区并派出一名执行董事。1991 年，该组织在北京设立常驻代表处。

（一）宗旨

国际货币基金组织的宗旨如下。

（1）通过设置一个常设机构就国际货币问题进行磋商与协作，从而促进国际货币领域的合作。

（2）促进国际贸易的扩大和平衡发展，从而有助于提高和保持高水平的就业和实际收入，以及各成员生产性资源的开发，并以此作为经济政策的首要目标。

（3）促进汇兑稳定，保持成员之间有秩序的汇兑安排，避免竞争性通货贬值。

（4）协助在成员之间建立经常性交易的多边支付体系，取消阻碍国际贸易发展的外汇管制。

（5）在具有充分保障的前提下，向成员提供暂时性普通资金，以增强其信心，使其能有机会在无须采取有损本国和国际经济繁荣的措施的情况下，纠正国际收支失衡。

（6）根据上述宗旨，缩短成员国际收支失衡的时间并减轻失衡的程度。

国际货币基金组织的政策与决定均应当以上述第一条宗旨为准。国际货币基金组织的各种行政和政策的日常事务，应向理事会提交年度报告，对成员的重大经济问题特别是国际金融方面的重大问题进行全面研究。

（二）资金来源

国际货币基金组织是以成员入股的方式组成的企业性金融机构，它的资金来源主要有以下三个。

（1）成员认缴的**基金份额**。这是其主要资金来源。每个成员所缴纳基本份额的多少，根据其外汇储备、对外贸易量和国民收入的多少而定，它相当于股东加入股份公司的股金。一国以产出表示的经济规模越大，贸易额越大且越波动，它的份额就趋向越大。成员缴纳的份额除作为国际货币基金组织发放短期信贷的资金来源外，份额的多少还对成员有其他三个作用：①决定成员从国际货币基金组织借款或提款的额度；②决定成员投票权的多少；③决定成员分得的特别提款权的多少。

（2）向成员借款。国际货币基金组织的另一个资金来源是借款。国际货币基金组织通过与成员协议，向成员借入资金，作为对成员提供资金融通的一个来源。这种借款是在国际货币基金组织与成员协商的前提下实现的，主要形式有：①借款总安排，1962 年与"七国集团"签订，总额 60 亿美元，以应付成员临时性困难；②补充资金贷款、借款安排，1979 年与 13 个成员签订；③扩大资金贷款借款安排，1981 年 5 月与一些官方机构签订。此外，国际货币基金组织还可以与成员签订双边借款协议，以扩大资金来源。

（3）信托基金。国际货币基金组织在 1976 年决定，将它持有的 1/6 的黄金分 4 年按市价出售，用此项出售所得利润（市价超过 1 盎司 42.22 美元的黄金官价部分），即 46 亿特别提款权建立信托基金，作为向最贫穷的成员提供信贷的资金来源。

（三）主要业务

根据《国际货币基金组织协定》的有关条款，国际货币基金组织的业务活动主要包括以下几个方面。

1. 汇率监督

为了保证有秩序的汇兑安排和稳定的汇率体系，取消不利于国际贸易的外汇管制，防止成员操纵汇率或采取歧视性的汇率政策以谋求竞争利益。国际货币基金组织对成员的汇率政策进行监督，以保证做出有秩序的汇兑安排，并促进建立一个稳定的汇率体系。这就是国际货币基金组织的汇率监督功能。

国际货币基金组织主要通过以下两条途径行使其汇率监督功能：一是同成员定期磋商；二是就世界经济发展及国际资本市场和国际金融体系运行中出现的一系列重大问题展开多边讨论。

2. 磋商与协调

为了能够履行监督成员汇率政策的责任，了解成员的经济发展状况和政策措施，迅速处理成员申请贷款的要求，国际货币基金组织按照规定，每年原则上应与成员进行一次磋商，磋商可以定期或不定期举行。定期磋商一般每年举行一两次，不定期磋商则视情况而定。一般来讲，在磋商之前，国际货币基金组织要求成员提供经济运行和经济政策的有关资料，国际货币基金组织通过研究这些资料与成员进行磋商，向成员提出有关政策建议和劝告。

国际货币基金组织每年还要对各成员的汇率和外汇管制情况进行评价，评价内容包括汇率制度、汇率确定、外汇管制状况、财政和货币政策运行状况等。

3. 金融贷款

国际货币基金组织通过由成员用本国货币向国际货币基金组织申请换购外汇的方式向成员提供贷款；成员在向国际货币基金组织偿还贷款时，再以外汇购回本国货币。国际货币基金组织主要向成员提供以下几种类型的贷款。

（1）普通贷款，亦称普通提款权。这是国际货币基金组织最基本的贷款，期限一般为3～5年，主要用于成员弥补国际收支逆差。贷款最高额度为成员所缴份额的125%。贷款分两部分，即储备部分贷款和信用部分贷款。前者不超过成员所缴份额的25%，后者占成员缴纳份额的25%～125%。

（2）中期贷款。中期贷款是国际货币基金组织为了解决成员较长时期的国际收支结构性困难，于1974年9月设立的一项专用贷款。贷款最高额度为借款国在国际货币基金组织认缴份额的140%，贷款期限为4～10年。

（3）减贫与增长贷款（于1999年11月替代了加强的结构调整贷款）。它是一种低息贷款，用于帮助面临长期国际收支问题的最贫困成员。借款成本由国际货币基金组织过去出售其所持黄金得到的资金，以及成员出于该目的而向国际货币基金组织提供的贷款和捐赠进行补贴。

（4）补充储备贷款。为应付亚洲金融危机后成员对国际货币基金组织空前的资金需求，国际货币基金组织于1997年4月决定设立补充储备贷款，以帮助那些经历严重国际收支困难的成员，防止金融危机的蔓延及其对国际货币体系的威胁。

（5）应急信贷额度。应急信贷额度是执行稳健政策的成员因受到其他成员困境的波及影响，使其市场信心面临突然且具有破坏性的丧失时，能够获得的一种短期融资。

（6）紧急援助。紧急援助于1962年建立，用于帮助成员解决因突然和不可预见的自然灾害而产生的国际收支问题。1995年，这一形式的援助得到扩展，包括了成员在面临军事冲突（对制度和管理能力造成破坏）后的某些情况。

三、世界银行

世界银行（The World Bank），是世界银行集团的简称。世界银行集团是联合国系统下的多边开发机构，共包括五个机构：国际复兴开发银行（International Bank for Reconstruction and Development，IBRD）、国际开发协会（International Development Association，IDA）、国际金融公司（International Finance Corporation, IFC）、多边投资担保机构（Multinational Investment Guarantee Agency，MIGA）和国际投资争端解决中心（International Centre for Settlement of Investment Disputes，ICSID）。

国际复兴开发银行是其中最早成立的，也是最重要的机构。1944 年 7 月召开的联合国货币金融会议通过了《国际复兴开发银行协定》，决定成立"国际复兴开发银行"，该银行于 1946 年 12 月开始运作，1947 年 11 月起成为联合国的一个专门机构。

1. 宗旨

世界银行向成员提供广泛的技术援助和长期贷款，以促进其经济的复兴和开发，促进国际收支的平衡。其宗旨如下。

（1）对用于生产目的的投资提供便利，以协助成员的复兴与开发、不发达国家生产与资源的开发。

（2）保证或参与私人贷款和私人投资方式，促进私人对外投资。

（3）通过鼓励国际投资以开发成员资源的方法，促进国际贸易的长期平衡发展，维持国际收支平衡。

（4）与其他方面的国际贷款配合，统筹安排，以便使更有用、更迫切的项目，不论大小都能优先进行。

概括起来看，世界银行就是要通过同其他国际机构的合作，为生产性投资提供贷款，协助成员复兴经济和开发资源，对私人贷款提供保证以促进私人对外投资，并促进国际贸易平衡发展，促进国际收支平衡。

2. 组织结构

理事会是世界银行的最高权力机构，由各成员选派理事和副理事各一名组成。理事（副理事）任期 5 年，可以连任。理事会每年召开一次会议，一般在 9 月，必要时可召开特别会议。副理事没有投票权，只有理事缺席时，副理事才有投票权。理事会的主要职权是：批准接纳新成员，决定股本的调整，决定银行净收入的分配，批准修改《国际复兴开发银行协定》及决定其他重大问题等。

执行董事会是世界银行负责并处理日常业务的机构，行使理事会授予的职权。执行董事每两年委派或选举一次。

执行董事会现有世界银行行长和执行董事 25 人，其中 5 人由持股最多的美、英、德、法、日等 5 国指派，中国、俄罗斯和沙特阿拉伯为独立地区组，各指派执行董事 1 名，其余 17 人由其他成员按地区分组选举。执行董事会选举产生执行董事会主席 1 人，并兼任世界银行行长，主持日常事务。行长下设副行长若干人，协助行长工作。行长是世界银行办事机构的首脑，在执行董事会决定的方针指导下负责领导银行和办事机构的日常工作，负责任免银行的高级职员和工作人员。

《国际复兴开发银行协定》规定，理事、副理事、执行董事、副执行董事不得兼任行长，执行董事会选举一人为行长；行长无投票权，只有在董事会表决中双方票数相当时，才能投决定性的一票。世界银行的行长按照传统，由拥有股份最多的国家——美国的公民担任，行长任期为 5 年，可以连任。行长担任执行董事会主席，并负责世界银行的全面管理，解决外国投资者与东道国之间的投资争端。

世界银行成员的投票权不是实行一国一票的原则，而是采取按股份额计算投票权的原则。与国际货币基金组织一样，世界银行成员均拥有基本投票权 250 票，另外每认购 10 万美元（后改为 10 万特别提款权）股金即增加一票。但与国际货币基金组织不同的是，其有关决定一般只需简单多数表决通过。

3. 资金来源

世界银行的资金来源主要有以下几个方面。

（1）成员认缴的股金。参加世界银行的成员必须认缴银行的股份。世界银行成立之初，法定资本为 100 亿美元，分为 10 万股，每股 10 万美元。此后，为了满足老成员增加认缴股份和新成员认缴股份的需要，世界银行经过了多次增资，其法定资本成倍增长。但是由于成员实际缴纳的股金的数量极其有限，虽成为世界银行的资金来源之一，可用于贷款的数量却很少。

（2）发行债券取得的借款。借款是世界银行最主要的资金来源，而成员实缴的股份实际上并非世界银行最主要的资金来源。借款的主要方式是在国际资本市场上发行债券，约 70% 的世界银行对外贷款是靠发行债券筹措来的。

（3）留存的业务净收益。业务净收益主要是指进行投资和贷款（利息和承诺费）的收益。世界银行从其历年营业的净收益中提出大部分充作世界银行本身的储备金，作为银行发放贷款的资金来源之一。世界银行历年的业务净收益除一部分以赠款形式拨给国际开发协会充作较贫困的发展中国家的贷款资金外，大部分留作世界银行的储备金，成为发放贷款的资金来源之一。

4. 贷款业务

世界银行的贷款按照用途及其与投资和组织机构的联系，可大致划分为以下几种类型。

（1）项目贷款，又称为特定投资贷款，用于资助成员某个具体的发展项目。世界银行的项目贷款从开始到完成必须经过选定、准备、评估、谈判、执行、总结评价等六个阶段，这一程序被称为"项目周期"。

（2）部门贷款，由部门投资及维护贷款、部门调整贷款和中间金融机构贷款组成。

（3）联合贷款，是指世界银行与借款国以外的其他贷款机构联合起来，对世界银行的项目共同筹资和提供贷款。

（4）窗口贷款，设立于 1975 年 12 月，其贷款条件介于世界银行发放的一般贷款和国际开发协会发放的优惠贷款之间。

（5）紧急复兴贷款，此类贷款可帮助成员应付自然灾害或其他灾难所造成的损失。

四、洲际国际金融机构

洲际国际金融机构比较多，如亚洲开发银行、非洲开发银行、美洲开发银行、亚洲基础设施投资银行等。它们的成员主要在区域内，但也有区域外的成员参加。

1. 亚洲开发银行

亚洲开发银行（Asian Development Bank，ADB）简称亚行，是西方国家和亚洲及太平洋地区发展中国家联合创办的亚太地区政府间国际金融机构，其总部设在菲律宾首都马尼拉。

亚洲开发银行的宗旨是为亚太地区的经济发展筹集官方及私人资金，向其成员特别是本地区的发展中国家提供贷款，对成员的经济发展计划提供技术援助，帮助各成员之间协调其在经济贸易和发展方面的政策，同联合国及其专门机构进行合作，以促进亚太地区的经济发展。

亚洲开发银行的资金来源分三部分：一是普通资金，用于亚洲开发银行的硬贷款业务，是亚洲开发银行进行业务活动的最主要资金来源；二是亚洲开发基金，用于亚洲开发银行的软贷款业务；三是技术援助特别基金，用于进行技术援助业务。

亚洲开发银行的贷款分为硬贷款、软贷款和赠款三类。硬贷款的贷款利率为浮动利率，每半年调整一次，贷款期限为 10～30 年。软贷款即优惠贷款，仅提供给人均收入低于 670 美元（1983 年标准）且还债能力有限的亚洲开发银行成员。其贷款期限为 40 年，不收利息，仅收 1%的手续费。赠款用于技术援助，资金由技术援助特别基金提供，但赠款金额有限制。

2. 非洲开发银行

非洲开发银行是非洲国家在联合国非洲经济委员会帮助下，于 1964 年 11 月成立的一个面向非洲的区域性政府间国际金融机构。该行总部设在科特迪瓦（象牙海岸）经济首都阿比让。

非洲开发银行的宗旨是向非洲成员国提供贷款和投资或给予技术援助，充分利用本大陆的人力资源，使用自有资金进行贷款和从事证券投资活动，并为此提供担保，鼓励在成员国进行的私人投资，促使成员国经济越来越具有互补性，并进一步促进对外贸易的有序增长。

非洲开发银行的资金主要来自成员国认缴的股本和待缴股本。此外，非洲开发银行还通过发行国际债券和组织联合贷款的方式积极在国际金融市场筹措资金。

非洲开发银行的贷款分为普通贷款和特别贷款。普通贷款是该行用普通股本提供的贷款。特别贷款是该行中规定专门用途的特别基金向成员国提供的优惠贷款。

3. 美洲开发银行

美洲开发银行于 1959 年 12 月 30 日正式成立，并于 1960 年 11 月 1 日开始营业，行址设在美国首都华盛顿。它是由美洲及美洲以外的国家联合建立的向拉丁美洲国家提供贷款的金融机构。

美洲开发银行的宗旨是：动员美洲内外资金，为拉丁美洲国家的经济和社会发展提供项目贷款和技术援助，以促进拉美经济的发展。

美洲开发银行的资金来源主要是成员认缴的股金、向国际金融市场借款和来自较发达成员的存款。美洲开发银行的资金也分为普通业务资金和特别业务资金两部分，其资金来源和管理结构与亚洲开发银行非常相似。

美洲开发银行的主要业务就是贷款。该机构的贷款主要分为两部分：普通贷款和特别贷款。其普通贷款主要向成员国政府或公私机构的特定项目提供，贷款条件和期限仅具有较少的优惠性质。其特别贷款则主要通过下属的各类基金发放，贷款条件、期限和还款方式均较为优惠。

4. 亚洲基础设施投资银行

亚洲基础设施投资银行（简称亚投行）是一个政府间性质的亚洲区域多边开发机构。其重点支持基础设施建设，总部设在北京，于2016年1月16日正式开业。

作为由中国提出创建的区域性金融机构，亚洲基础设施投资银行的主要业务是援助亚太地区国家的基础设施建设。亚洲基础设施投资银行运用一系列支持方式为亚洲各国（地区）的基础设施项目提供融资支持——包括贷款、股权投资以及提供担保等，以振兴包括交通、能源、电信、农业和城市发展在内的各个行业投资。2016年6月，孟加拉国电力配送升级和扩容项目、印度尼西亚国家贫民窟升级项目（世界银行联合融资）等首批四个投资项目获得批准。

学习思考

搜集资料，思考亚洲基础设施投资银行的设立对中国和对国际货币体系的作用。

本章小结

1. 国际货币体系又称国际货币制度，是为适应国际贸易和国际支付的需要，各国政府对货币在国际范围内发挥世界货币职能所确定的各国共同遵守的原则、采取的措施和建立的组织机构。国际货币体系的主要内容包括汇率制度安排、国际储备资产的确定、国际收支调节机制的确定。国际货币体系按其发展历程可分为国际金本位制、布雷顿森林体系和牙买加体系。

2. 国际金融机构可以分为全球性、半区域性、区域性等三种类型。国际货币基金组织是联合国体系的一个专业机构，是全球性国际金融组织机构，在加强国际经济和金融合作、维持国际经济秩序稳定方面发挥了重要作用。世界银行是联合国的专门机构之一，能够向成员提供广泛的技术援助和长期贷款，以促进其经济的复兴和开发，促进国际收支的平衡。

课后练习及实训操作

一、填空题

1. 一般来说，国际货币体系包括_____、_____及_____。

2. 国际货币体系的发展体现了为适应不同的历史条件而对这些准则所进行的变革。从时间先后看，可分为三个阶段，即_____、_____及现行的_____。

3. 布雷顿森林体系最关键的部分是_____和_____，它们是这一体系的两大支柱。_____实际上让美元代表黄金，各国货币便通过_____同美元联系，从而使美元成为国际关键货币。

4. _____是欧洲货币体系的核心，是按_____原则由共同市场国家货币混合构成的货币单位。

5. 欧洲货币体系的目标是_____，其重点落在_____上。欧洲货币体系通过建立双重机制稳定成员国之间的货币汇率，即_____和平价篮体系。

二、不定项选择题

1. 在金币本位制下，汇率的波动不是漫无边际的，而总是围绕着铸币平价上下波动，其界限是（　　）。

  A．铸币平价   B．黄金平价   C．黄金输送点 D．法定平价

2. 按照布雷顿森林体系的规定，两个挂钩是指（　　）。

  A．美元同黄金挂钩   B．英镑同黄金挂钩

  C．各国货币之间相互挂钩   D．各国货币同美元挂钩

3. 布雷顿森林体系内部存在着难以解决的矛盾，即（　　）。

  A．J曲线效应   B．里昂惕夫之谜 C．米德冲突   D．特里芬难题

4. 国际货币体系的内容一般包括（　　）。

  A．国际储备资产的确定   B．货币比价的确定

  C．汇率制度安排   D．国际收支调节机制的确定

5. 以下关于牙买加体系的说法中，正确的包括（　　）。

  A．是多元储备体系   B．采取国际收支的多种调节机制

  C．是无体系的体系   D．拥有多元化的国际货币

6. 国际货币体系进入浮动汇率时代始于（　　）。

  A．国际金本位制   B．布雷顿森林体系

  C．牙买加体系   D．欧元诞生之后

7. 欧洲货币体系的主要内容有（　　）。

  A．创建欧洲货币单位   B．构建汇率稳定机制

  C．建立欧洲货币基金   D．构建多元化国际收支调节机制

8. 国际金融机构的类型可分为（　　）。

  A．全球性的金融机构   B．区域性的金融机构

  C．地域性的金融机构   D．半区域性的金融机构

9. 以下关于国际货币基金组织的说法正确的是（　　）。

  A．国际货币基金组织是联合国系统的一个专业机构，其总部设在华盛顿

  B．作为该组织创始国之一，中国一直保有该组织的合法席位

  C．国际货币基金组织是以成员入股的方式组成的企业性金融机构，成员认缴的基金份额构成其主要的资金来源

  D．普通贷款的期限不超过5年，贷款最高额度为成员所缴份额的100%

10. 亚洲开发银行（ADB）简称亚行，是西方国家和亚洲及太平洋地区发展中国家联合创办的亚太地区政府间国际金融组织，其宗旨是（　　）。

  A．为亚太地区的经济发展筹集官方及私人资金

  B．向其成员特别是本地区的发展中国家提供贷款

  C．对成员的经济发展计划提供技术援助

  D．帮助各成员之间协调其在经济贸易和发展方面的政策

三、判断题

1. 布雷顿森林体系下的国际货币制度是以美元和黄金为基础的国际金本位制。（　　）

2. 牙买加体系下，汇率可以通过自由浮动进行调整，对世界性通货膨胀有很好的隔离作用，能够促进国际货币体系的稳定。（　　）

3. 欧洲货币体系的目标是实现西欧各国货币的一体化，其重点落在稳定汇率机制上。（　　）

4. 亚洲开发银行、非洲开发银行、美洲开发银行和欧洲投资银行都是区域性的国际金融机构。（　　）

5. 世界银行只贷款给低收入水平的成员，接受部门是成员政府或经成员政府、中央银行担保的公司机构。（　　）

四、名词解释

国际货币体系　　　金本位制　　　　金块本位制　　　　金汇兑本位制

布雷顿森林体系　　国际货币基金组织　牙买加体系

五、简答题

1. 试述国际货币体系的演变过程。

2. 试析国际金本位制的典型特征及其崩溃的原因。

3. 简述布雷顿森林体系的内容和特点。

4. 什么是"特里芬难题"？为什么说它是布雷顿森林体系的致命缺陷？

5. 简述国际货币体系的改革方向。

6. 请评价该观点：牙买加体系适应了当今动荡、复杂的国际经济形势，所以它一定可以长久地维持下去。

六、实训操作

请通过互联网搜集我国从各种国际金融机构能获得的优惠贷款方向的信息。

第十章 国际货币危机

【学习目标】

（1）掌握货币危机的定义、成因、防范及应对措施。
（2）了解货币危机的典型案例。
（3）理解货币危机理论。

案例导读

土耳其货币危机

综合媒体报道 2018 年，美元进入加速升值通道，给其他大部分国家的货币带去了贬值压力。雪上加霜的是，8 月 10 日，美国总统表示，对土耳其征收的钢铝关税税率将翻倍，并在推特上表示"眼下美国与土耳其的关系不太好"。土耳其里拉对美元汇率大幅贬值，盘中最大跌幅 16.21%，达到货币危机的量级。8 月 12 日和 13 日，土耳其里拉对美元汇率连续两日跌破 7 这一重要关口，相对年初汇率最大跌幅接近 50%。与此同时土耳其货币危机导致恐慌情绪在全球蔓延，8 月 13 日亚太股市普遍走低，日经指数下跌 1.98%，恒生指数下跌 1.54%，韩国股市下跌 1.5%。而货币方面，日元和瑞典克朗因其避险性强而上涨，南非兰特、阿根廷比索、墨西哥比索等新兴经济体的货币则出现大幅下跌。

为了稳住汇率的冲击，不让货币危机和债务危机降临到自己身上，土耳其政府付出了极大的成本，其 2020 年年底的外汇储备已不足 2017 年年底的一半。之后，内外部环境动荡加上不当的货币政策，土耳其通胀率一直维持高位，2022 年 10 月的通胀率一度高达 85.51%，为 24 年来最高。高通胀和汇率下跌严重削弱了土耳其经济的稳定基础，这会不会引发全面的货币危机甚至债务危机呢？

20 世纪 90 年代以来，国际上先后爆发了包括 1997 年东南亚货币危机在内的多次货币危机。货币危机不仅对危机国的汇率制度、金融体系以及国内经济造成严重损害，同时也对其他国家，乃至整个世界的经济、金融稳定以及国际货币体系造成剧烈冲击。频繁爆发的货币危机引发了我们对这一问题的深入思考与讨论，本章将着重对货币危机的界定、成因、应对措施以及货币危机理论进行分析和探讨。

第一节 货币危机概述

20 世纪 90 年代以来，货币危机频繁爆发。那究竟什么是货币危机？它与金融危机有何关系？它如何产生，又该如何应对呢？本节将对这些问题进行分析和回答。

一、货币危机的定义与成因

货币危机的定义有广义和狭义之分。**广义的货币危机**泛指汇率的变动幅度超出了一国可承受的范围，如 15%～20%。**狭义的货币危机**则与特定的汇率制度相联系。其含义是在实行固定汇率制度的国家，当其货币的汇率受到投机性袭击时，该货币出现持续性贬值压力，这迫使货币当局动用大量外汇储备或大幅度提高利率来维持汇率稳定，并最终放弃固定汇率制度，转而实行浮动汇率制度。

与货币危机密切相关的一个概念是金融危机。国际货币基金组织在《世界经济展望1998》中将金融危机划分为货币危机、银行危机、外债危机和系统性金融危机。应该说，货币危机是金融危机的一种主要类型。

尽管货币危机的爆发有着各自不同的复杂背景和成因，但内外部因素结合起来，主要有以下几个方面。

1. 汇率制度选择不当

货币危机通常是与固定汇率制度相联系的。由于固定汇率可以降低汇率波动的不确定性，因此发展中国家倾向于选择固定汇率制度，将本国货币钉住发达国家的货币。但是，这样的汇率制度安排往往会使本币币值高估、削弱货币政策的独立性，并且需要较为雄厚的外汇储备作为维持固定汇率制度的保障。本币币值高估，使发展中国家出口商品的竞争力下降，经常账户顺差持续减少，甚至出现巨额逆差。再加上其他不稳定因素，就极易引发资本外逃，本币出现巨大的贬值压力。由于选择了固定汇率制度或是钉住浮动的汇率制度，发展中国家的中央银行不得不进行外汇干预，使外汇储备快速消耗，国内利率大幅提高。随着中央银行维持固定汇率制度的成本不断提高，最终难以为继，只得放弃固定汇率制度，转而实行浮动汇率制度，这导致本币出现恶性贬值，爆发货币危机。

2. 金融体系脆弱

在很多案例中，货币危机的一个先兆就是银行危机。在许多发展中国家，银行收入过度集中于贷款收益，但风险管理和控制能力又较为薄弱。信贷规模过度膨胀，其增长速度远远超过了工商业的增长速度和储蓄的增长，迫使许多银行向国外举债。这些资本充足率较低而又缺乏严格监管的银行在国际金融市场大肆借款，再贷放给国内，由于币种、期限的不匹配，从而累积了大量不良贷款，银行系统也就越发脆弱。

此外，一些发展中国家过快地开放金融市场，尤其是过早取消了对资本的控制，也是导致货币危机发生的主要原因。金融市场开放会引发大规模资本流入，在固定汇率制下导致实际汇率升值，极易扭曲国内经济；而当国际或国内经济一旦出现变动，又会在短期内引起大规模资本外逃，导致货币急剧贬值，由此不可避免地爆发货币危机。

3. 经济基础薄弱，财政赤字严重

强大的制造业、合理的产业结构是防止金融动荡的坚实基础。产业结构的严重缺陷是造成许多国家经济危机的原因之一。有些国家产业结构调整滞后，经济发展过多依赖初级产品和矿产资源的出口，或是长期停留在劳动密集的加工制造业。此外，政府为刺激经济增长，采取了扩张性的宏观经济政策，从而使财政赤字不断扩大。为了弥补赤字，政府只好增加货币供应量，同时为了维持汇率稳定而不断抛出外汇储备。一旦外汇储备减少到某一临界点，投机者就会对该国货币发起冲击，在短期内将该国外汇储备消耗殆尽，政府要么让汇率浮动，要么让本币贬值。最后，固定汇率制度崩溃，货币危机爆发。

4. 货币危机的跨国传播

贸易自由化、区域经济一体化，特别是国际资本流动的便利化，使得一国发生货币危机后，极易引起临近国家的金融市场发生动荡，这在新兴市场尤为明显。尽管货币危机通常首先只在一个新兴市场出现，但是惊惶而失去理智的投资者往往将资金从所有新兴市场撤出。一方面，投资者担心其他投资者会抛售证券，为了防止自身损失，从而做出抛售决定；另一方面，如果投资者在一国资产上出现亏空，他们会通过在其他新兴市场出售类似的资产弥补整个资产的亏损。这对于单个投资者来说是理性的，但从整体上看，众多投资者撤资会造成一种不理性的结果，这势必将相关国家置于金融危机的险境。

二、货币危机的防范与应对

货币危机对一国经济危害巨大且影响深远，我们应如何防范货币危机，或是在货币危机爆发后如何进行应对，是值得深入思考的问题。

（一）货币危机的防范措施

就历史经验来看，货币危机的爆发，通常都经过一段相当长时间的能量积蓄，最后由某一个或几个因素引爆。综合各国的经验教训，货币危机的防范措施主要有以下几种。

（1）适当的汇率制度。一个国家应当选择与本国经济发展状况相适应的汇率制度。发展中国家应确立起相对稳定、适时调整的汇率制度：相对稳定便于贸易与投资，可减少相关外汇风险；适时调整是要避免币值高估或低估，以免给货币投机留下可乘之机。有条件的经济大国则应选择更加灵活的汇率制度，以减少国际金融动荡对国内金融市场及货币政策的影响。

（2）健全的金融体系。一个健康健全的金融体系要求具备以下条件：具有足够的风险管理能力和竞争能力的金融机构；具备充分的财务管理能力、良好的财务结构、资产与负债比率保持合理水平的企业；建立在市场竞争机制基础上的银企关系；能够独立且有效进行决策的中央银行等。

（3）合理的外债规模。在全球化时代，积极地举借外债已成为发展中国家决策者的常规选择。然而，过度依赖外资是引发新兴市场货币危机的重要原因。因此，外资在国内总投资所占比重要适度，利用外资要与国家的对外支付手段和融资能力相适应。

（4）保持区域金融稳定。全球化下货币危机爆发的一个重要特征是区域性，一国发生货币危机，临近国家非常容易遭受池鱼之殃。因此，加强区域经济合作，保持区域金融稳定，发挥区域经济大国重要的稳定作用，以及建立风险转移机制等，都是经济全球化背景下防范货币危机的重要手段。

（二）货币危机的应对措施

由于各国国情以及政治、经济和外部环境不同，其应对危机的方法与手段也有较大差异。但是，经济全球化下货币危机的爆发有着明显的共性，突出的表现就是"传染性"，因此一些应对危机的有效措施还是具有重要的借鉴意义。

1. 控制资本外流

在出现急速、大规模资本外流时，可以对资本外流进行控制。一是由政府单方面宣布控制资本外流。例如日本就通过立法规定，在出现国际收支失衡、日元汇率急剧波动、资本流动对金融市场带来不良影响等非常情况下，有关部门可对资本交易实施管制。二是由国际货币基金组织等国际组织出面斡旋，宣布"冻结债务"，防止国外债权人（国际银行、投资家）单方面撤资情况的出现，并建立一种能够以适当方式使债权人与债务人分担损失的机制。

2. 汇率制度改革

固定汇率制度下，本币和挂钩货币的币值容易产生不对称的变化，这就削弱了各国货币政策的独立性，扩大了国内外利差，使各国对短期外债的依赖性不断加深。另外，固定汇率制度与资本项目的自由兑换相结合给国际游资以可乘之机，使固定汇率制更难以维持。因此，当货币危机爆发后，可以对汇率制度进行改革。固定汇率制度变更后，不仅可以使汇率水平在经过巨幅贬值后收复失地，还可以刺激出口、抑制进口，使得贸易赤字不断减小。同时，还有助于增强各国货币政策的独立性，使各国货币当局能够灵活运用利率杠杆促进经济发展。

3. 迅速的金融调整与强力的金融监管

以 1999 年的巴西政府为例，为平息金融动荡，中央银行首先提高利率水平，防止资金大量外流，稳定金融市场。当市场相对稳定后，又及时分期下调利率，减轻对企业的冲击。对金融动荡中参与股市炒作、有违规行为的金融机构和企业进行调查，对违规的金融机构和企业给予相应制裁。同时，中央银行还制定了一系列稳定金融市场的规定，包括任何银行和企业不得联手进行投资基金的操作和交易，任何银行不得为自己管理的基金进行担保，任何金融机构不得用自己发行的债券对自己的业务进行担保，所有银行和金融机构必须按季向央行报告对上述规定的执行情况等。此外，中央银行加强了对外汇市场的监管，以提高交易透明度，并对外汇交易在时间和数量上进行限制。这些措施的实施对稳定金融市场起到了很大的作用。

4. 有效引导公众预期，争取公众的支持

货币危机通常集中反映的是国外投资者与国内公众的信心危机，稳定国外投资者的信心，尤其是争取国内公众对反危机政策的理解和支持，对稳定经济局势、摆脱危机、恢复经济具有极其重要的作用。

5. 区域合作机制的快速启动

为有效应对货币危机的发生和蔓延，相关地区性、双边合作协调机制应迅速启动。区域合作能及时获得金融支持能力以防止信任程度下降，平抑市场动荡，这比国际合作或接受国际货币基金组织的救援更加有效。区域合作包括加强中央银行之间的磋商、签订货币互换协议等。

🐛学习思考

思考货币危机与其他类型金融危机之间的相互影响机制和关联性。

第二节　货币危机的典型案例

20世纪90年代以来，国际货币危机频频发生，先后肆虐于西欧（1992—1993年）、墨西哥（1994—1995年）、东南亚（1997—1998年）、俄罗斯（1998年）、巴西（1999年）、土耳其（2001年）、阿根廷（2001—2002年）等国家或地区。大多数遭受危机侵袭的国家几乎都经历了同样的过程，即固定汇率制度—经济快速增长—货币价值高估—财政赤字不断上升、国际收支持续恶化—货币贬值—货币危机爆发。货币危机进一步引发金融、经济危机，造成全面衰退，接踵而至的是痛苦漫长的经济恢复期。本节将对几次典型的货币危机，即1992—1993年欧洲货币体系危机、1994年墨西哥比索危机以及1997年东南亚货币危机进行深入分析。

一、1992—1993年欧洲货币体系危机

1979年，欧洲货币体系正式建立，联邦德国、法国、意大利等8个国家构建了联合浮动的汇率制度。具体而言，就是在该货币体系内部，各个国家之间实行固定汇率制度，整个货币体系对外实行统一的浮动汇率制度。到1992年，欧洲货币体系共有11个成员国。该体系试图通过成员国之间的汇率协调与稳定机制构造一个稳定的货币区域，使得成员国免受外部不稳定因素的影响。

1. 欧洲货币体系危机爆发过程

1990年，联邦德国和民主德国统一，其经济实力因此大大增强。但同时，德国政府也出现了巨额财政赤字，造成通货膨胀压力上升。为了缓解通货膨胀压力，德意志联邦银行收紧银根，连续提高再贴现率，在1992年7月把再贴现率提高到了8.75%。而英国、意大利等国的经济不景气，增长缓慢、失业增加，他们需要降低利率水平，刺激企业投资，扩大就业，刺激居民消费以提振经济。因此，德国和英国、意大利等国的利差扩大，外汇市场上出现了抛售英镑、里拉，购买马克的风潮，致使马克不断升值。

为了维持意大利里拉与欧洲货币单位之间的平价关系，到1992年9月11日，德意志联邦银行动用了240亿马克对外汇市场进行干预。但是，由于投机压力过大，欧洲货币体系最后不得不在同年9月13日同意里拉贬值，里拉对欧洲货币单位一次性贬值幅度达到7%。在宣布贬值后的第三天，里拉退出了联合浮动机制。为了保护英镑，英格兰银行损失数十亿美元，但最终也不得不于1992年9月16日宣布英镑对欧洲货币单位之间的汇率开始浮动，并退出联合浮动机制。1992年末前后，西班牙、葡萄牙、爱尔兰等国家相继宣布本币贬值。

2. 欧洲货币体系危机原因分析

欧洲货币体系危机爆发的原因是多方面的，但主要集中在欧洲货币体系建设目标与各国货币政策独立性之间的矛盾上，具体表现为以下几个方面。

（1）刺激经济复苏的目标与欧洲联合建设目标之间存在矛盾。自1990年下半年始，西欧大多数国家经济增长速度明显下降。为遏制经济进一步衰退，尽快摆脱困境，各国都需要刺激消费和投资，促使经济回升。但是为了履行欧洲货币体系所要求的承诺，即维持本币与马克之间的货币兑换平价，各国汇率就要与德国保持一致，也就是要提高本国利率，牺牲本国经济。

（2）国际资本和国内资本的影响。美国经济自 1991 年开始陷入衰退，为了刺激经济复苏，美国连降利率。而德国出于抑制通胀的目的而保持高利率，投资者大量抛售美元，买进马克。在国内，由于德国经济增长前景不乐观，大量资本从股票市场涌入外汇市场投资马克，致使马克汇率格外坚挺，增加了欧洲其他软货币的下跌压力。

（3）欧共体各国经济发展不平衡。德国经济状况尚好，但由于"两德"统一，急需对东部地区进行经济改造、投资基础设施，政府开支巨大，面临巨额财政赤字和通货膨胀的压力。而英国等国家的经济未能摆脱衰退状况。解决国内问题仍是各国的首要任务，这使得各国采取不同的经济政策。

（4）欧洲货币体系的自身缺陷。欧洲汇率机制缺乏灵活性和弹性，这同成员国采取的独立货币政策存在矛盾。该机制使各国在经济和财政上的差异没有通过其货币的汇率表现出来，成员国并不能完全依据自身经济条件调整利率和汇率，政府间也缺少合作。

二、1994 年墨西哥比索危机

20 世纪 80 年代中期以后，墨西哥奉行新自由主义经济政策，实行对外高度开放和国内经济改革及政策调整，取得了宏观经济形势改善、经济相对稳定增长的积极成果。但与此同时，其经济政策上也存在一些隐患，并最终导致了经济结构失衡、社会矛盾激化、政局不稳等后果。

视野拓展

墨西哥比索危机

1. 墨西哥比索危机爆发过程

1994 年 3 月，墨西哥总统候选人遇刺，使得公众对墨西哥政局的稳定产生怀疑，开始出现大量资本外流，在短短两天内就失掉了 40 亿～50 亿美元的外汇储备。1994 年年底，外汇储备几近枯竭，最后墨西哥政府被迫宣布新比索自由浮动，新比索贬值 65.8%。在汇率急剧下挫的同时，股市交易崩溃，货币危机爆发。

2. 墨西哥比索危机原因分析

墨西哥比索危机的根本原因主要集中于自身经济改革和政策调整过程中存在的一些问题，具体表现为以下几方面。

（1）经常账户巨额逆差是诱发货币危机的根本原因。贸易自由化使墨西哥在加入北美自由贸易区后，进口大幅增加，耗费了大量的外汇储备。资本流入提高了比索的币值，导致出口竞争力下降，推动了经常账户的进一步恶化。比索高估阻碍了出口，刺激了进口，使得贸易逆差加大。

（2）国内经济结构失调是爆发货币危机的深层次原因。民间投资严重不足，投资资金主要流向不动产、商业和金融市场，投机活跃，产业结构极不平衡。快速的私有化进程使国有资产大量流失，国家调控经济的能力严重削弱。经济发展过分依赖外资，同时政府对外资缺乏正确引导，资金的不稳定性导致经济增长的脆弱性。

（3）国内政治冲突及国际经济金融环境的变化是引发危机的直接原因。国内一系列暴力事件使投资者怀疑投资获利的可靠性，动摇了市场信心。外部因素特别是美国利率的提高和美国经济复苏使投资者的注意力转向。这些都是促成资本外逃和引发危机的直接原因。

此外，墨西哥的外债期限结构非常不合理也成为导致危机的一个重要原因。到 1994 年年底，墨西哥有 280 亿美元的短期外债到期，政府无力偿还，从而导致了金融市场的动荡。

三、1997 年东南亚货币危机

进入 20 世纪 90 年代，日本、韩国、新加坡等国家的劳动力成本不断上升，促使以劳动密集型为主的外商投资企业开始转向劳动力成本相对较低的泰国、马来西亚、印度尼西亚等东南亚国家。同时，随着东南亚国家金融市场逐步开放，国际资本开始大量涌入。这些都带动了东南亚国家的出口增长和经济发展，使得国民收入和民间储蓄逐年增加。

但进入 20 世纪 90 年代后期，东南亚国家也开始出现劳动力不足的现象，工资逐年提高，促使以劳动密集型为主的外商投资企业开始转向其他地区。而泰国、马来西亚、印度尼西亚等国家由于未能在资金大量流入时将其引向高科技产业，促进产业升级，提高国际竞争力，因此，当劳动密集型产业逐渐转移出去后，这些国家出口严重下滑，外汇短缺，经常账户赤字，银行不良资产率上升，经济增长开始逐年下降。

（一）东南亚货币危机爆发过程

自 1997 年 6 月爆发，到 1998 年年底基本结束，东南亚货币危机大体上可以分为以下三个阶段。

第一阶段：1997 年 7 月 2 日，泰国宣布放弃固定汇率制度，开始实行浮动汇率制度，引发了一场遍及东南亚的金融风暴。当天，泰铢兑换美元的汇率下跌了 17%。在泰铢波动的影响下，菲律宾比索、印尼卢比、马来西亚林吉特相继成为国际投机者的攻击对象。同年 8 月，马来西亚放弃保卫林吉特的努力；一向坚挺的新加坡元也受到冲击；印度尼西亚虽是受"传染"最晚的国家，但受到的冲击最为严重。同年 10 月下旬，国际投机者进入香港地区，开始冲击香港市场，矛头直指香港联系汇率制度。同年 10 月 28 日，香港恒生指数下跌 1621.80点，跌破 9000 点大关。香港特别行政区政府重申不会改变现行汇率制度，恒生指数上扬，再上万点大关。同年 11 月中旬，危机波及韩国；同年 11 月 17 日，韩元对美元的汇率跌至创纪录的 1∶1008。虽然韩国政府通过向国际货币基金组织求援，暂时控制了危机，但到同年 12月 13 日，韩元对美元的汇率又跌至 1∶1737.60。韩元危机还冲击了在韩国有大量投资的日本金融业。1997 年下半年，日本的一系列银行和证券公司相继破产。于是，东南亚货币危机演变为亚洲金融危机。

第二阶段：1998 年年初，印度尼西亚金融风暴再起，面对有史以来最严重的经济衰退，印度尼西亚政府宣布将实行印尼卢比与美元保持固定汇率的联系汇率制度，以稳定印尼卢比汇率。此举遭到国际货币基金组织及美国、西欧的一致反对，国际货币基金组织扬言将撤回对印度尼西亚的援助。印度尼西亚陷入政治经济大危机，同年 2 月 16 日，印尼卢比同美元的比价跌破 1∶10000。受其影响，东南亚外汇市场再度动荡，新加坡元、马来西亚林吉特、泰铢、菲律宾比索等纷纷下跌。直到同年 4 月 8 日，印度尼西亚同国际货币基金组织就一份新的经济改革方案达成协议，东南亚外汇市场才暂告平静。1997 年爆发的东南亚货币危机使得与之关系密切的日本经济陷入困境。日元对美元汇率从 1997 年 6 月底的 1∶115跌至 1998 年 4 月初的 1∶133。随着日元的大幅贬值，国际金融形势更加不明朗，亚洲金融危机继续深化。

第三阶段：1998 年 8 月初，在美国股市动荡、日元汇率持续下跌之际，国际投机者对中国香港发动新一轮进攻，香港恒生指数一度跌至 6600 多点。香港特别行政区政府予以回击，金融管理局动用外汇基金进入股票市场和期货市场，吸纳国际投机者抛售的港元，将汇市稳定在 7.75 港元兑换 1 美元的水平上。经过近一个月的时间，这场苦斗以国际投机者损失惨重告一段落。此时，遭到危机波及的俄罗斯于同年 8 月 17 日宣布年内将卢布兑换美元汇率的浮动幅度扩大到 1∶6.0 ~ 9.5，并推迟偿还外债及暂停国债券交易。同年 9 月 2 日，卢布贬值 70%，使俄罗斯股市、汇市急剧下跌，引发金融危机乃至经济、政治危机。俄罗斯政策的突变，使得在俄罗斯股市投下巨额资金的国际投机者大伤元气，并带动了美欧国家或地区股市和汇市的全面剧烈波动。

如果说在此之前亚洲金融危机还是区域性危机，那么俄罗斯金融危机的爆发，则说明亚洲金融危机已经超出了区域性范围，具有了全球性的意义。

（二）东南亚货币危机原因分析

东南亚爆发货币危机主要有以下几方面的原因。

1. 从经济增长目标来看，未能实现可持续的经济增长

对于发展中国家而言，要缩小与发达国家的差距，就必须保持较高的经济增长速度。但是，东南亚国家在加快发展时未能使效率和效益结合、环境被忽略和恶化、不完善的金融系统和贫富差距等问题都被掩盖。应该说，东南亚国家在制订经济增长目标时，普遍低估了经济过热带来的恶果，过多强调速度，忽略了效益和经济增长方式的转变，在经济高速发展时未能进行必要的调整，未能为持续发展奠定基础。

2. 从经济结构来看，产业结构调整严重滞后

东南亚国家长期实行外向型经济，对外贸易在经济发展中至关重要。直到 1995 年，泰国、马来西亚、菲律宾、印度尼西亚等国的出口仍有增长。进入 1996 年后，随着四国经济出现衰退，出口急剧下降。以泰国为例，其高度依赖传统初级产品的出口；因通货膨胀和泰铢的实际贬值，以美元计算的实际出口增长逐年下降；劳动力成本逐年上升，制成品出口竞争力提高缓慢；出口退税管理不善，虚假出口现象较多，骗税严重，虚假的出口高增长掩盖了出口竞争力下降的现实；进出口不平衡问题没有及时得到解决，进口结构偏向高档消费品，助长了国内经济过热现象，由此导致了 1996 年泰国经常账户赤字高达 162 亿美元。

3. 从政府的宏观调控来看，金融市场开放过快且汇率制度选择不当

一方面，随着东南亚经济快速发展和金融自由化的扩大，大量外资流入，金融市场开放速度过快，政府并未及时有效地进行调控和监管；另一方面，汇率制度选择不当，导致投机加剧，直接引致了危机爆发。20 世纪 80 年代以来，由于经济发展的需要，东南亚四国将本币与美元挂钩，并将其固定在一定水平上，没有依据市场供求变化做相应调整，普遍存在货币高估现象。汇率的固定不变为货币投机者的投机活动提供了机会。

4. 从资本来源来看，外债负担过重

为了解决经济快速发展与资金缺乏之间的矛盾，东南亚国家大量向国外借款。1995 年之后美元急剧升值，由于东南亚国家采用固定汇率制度，东南亚货币也随之升值。这就迫使政府不得不保持高利率，以吸引大量短期投机资金流入，使得外债增加，加剧国内通胀，形成恶性循环，最终导致东南亚国家外债负担超过警戒线。

学习思考

试总结 1997 年东南亚货币危机爆发后各国采取的补救措施，并说说从中获得的启示。

第三节　货币危机理论

20世纪70年代以来，随着以浮动汇率制度为主的国际货币体系的建立和经济全球化的发展，货币危机成为金融危机中涉及范围最广、影响力最大的一种类型。因此，货币危机理论成为金融危机理论中最重要的内容之一。

一、第一代货币危机理论

第一代货币危机模型由美国经济学家保罗·克鲁格曼于1979年提出，它是关于货币危机的第一个比较成熟的模型，具有浓厚的货币主义色彩。1986年，美国经济学家罗伯特·弗拉德和彼得·迦伯构建了一个线性模型，扩展并简化了克鲁格曼的理论，因此，该模型被称为"**克鲁格曼-弗拉德-迦伯模型**"。

1. 第一代货币危机理论的主要内容

第一代货币危机理论假设政府为解决赤字问题会不顾外汇储备，无限制地发行纸币，而中央银行为了维持固定汇率制度会无限制抛出外汇，直至消耗殆尽。该理论的基础在于当经济的内部均衡与外部均衡发生冲突时，政府为维持内部均衡而采取的特定政策必然会导致外部均衡丧失，这一丧失的累积将持续消耗中央银行所持有的外汇储备；在临界点时，投机者的冲击将导致货币危机爆发。

该理论认为一国的经济基本面决定了一国货币对外价值是否稳定，决定了货币危机是否会爆发、何时爆发。当一国的外汇储备不足以支撑其固定汇率制度长期稳定时，该国外汇储备是可耗尽的。政府在内部均衡与外部均衡发生冲突时，为维持内部均衡而干预外汇市场的必然结果是外汇影子汇率与目标汇率发生持续的偏差，这就为外汇投机者提供了牟取暴利的机会。

第一代货币危机理论认为一国内部均衡与外部均衡的矛盾，即一国固定汇率制度面临的问题源于为弥补政府不断扩大的财政赤字而过度扩张的国内信贷。随着财政赤字持续"货币化"，利率平价条件会诱使资本外流，导致本国外汇储备不断减少。当储备减少到某一个临界点时，投机者出于规避资本损失（或是获得资本收益）的考虑，会向该国货币发起投机冲击。由于一国的外汇储备是可耗尽的，政府所剩余的外汇储备在极短的一段时间内将被投机者全部购入，使政府被迫放弃固定汇率制度，货币危机就此爆发。

事实上，由于投机者的冲击，政府被迫放弃固定汇率制度的时间将早于政府主动放弃的时间，因此社会成本会更大。

第一代货币危机理论表明，投机冲击和汇率崩溃是微观投资者在经济基本面和汇率制度间存在矛盾下进行理性选择的结果，并非所谓的非道德行为，因而这类模型也被称为**理性冲击模型**（ration attack model）。

2. 第一代货币危机理论的政策主张

我们从该理论的模型分析中可以得出一些政策主张，主要包括：通过监测一国宏观经济的运行状况可以对货币危机进行预测，并在此基础上及时调整经济运行，避免货币危机的爆发或减轻其冲击强度。避免货币危机的有效方法是实施恰当的财政货币政策，保持经济基本面健康运行，从而维持民众对固定汇率制的信心。否则，投机活动将迫使政府放弃固定汇率制度，调整政策，市场借此起到"惩罚"先前错误决策的作用。从这个角度看，资本管制将扭曲市场信号，应该予以放弃。

3. 对第一代货币危机理论的评价

第一代货币危机理论成功地解释了 20 世纪 80 年代拉美国家的债务危机以及布雷顿森林体系后期的美元危机，揭示了货币危机的根源在于一国宏观经济政策与固定汇率制度之间的冲突，强调了投机性冲击导致外汇储备下降并最终导致货币危机发生的一般过程。从该模型的分析中可以得出一些政策主张，如实施恰当的财政货币政策、保持经济基本面健康运行是防止货币危机发生的关键。

但是该模型的假设过于严格，限定了政府的单一行动规则，在国内信贷扩张、外汇储备消耗和货币危机之间的相互关系的分析上，也有些过于公式化和简单化。此外，第一代货币危机理论强调的是经济基本因素的作用，忽视了对外汇市场交易行为和公众心理预期的研究，使其对 20 世纪 90 年代后的货币危机的解释能力不足。

4. 第一代货币危机模型的扩展

由于第一代货币危机理论过于简单，很多学者对其进行了改进和扩展。弗拉德、迦伯和克雷默在原有模型的基础上，考虑了中央银行在进行外汇市场干预的同时，进行货币冲销的情况。弗拉德和马里恩则提出了引入随机性风险溢价（即不确定因素）的第一代货币危机模型扩展。弗拉德和詹尼针对克鲁格曼-弗拉德-迦伯模型中没有用积极的利率政策维护固定汇率，利率只是货币贬值预期的被动反映这一问题，提出了引入利率防卫的第一代货币危机模型扩展。

二、第二代货币危机理论

1992—1993 年欧洲货币体系危机和 1994 年墨西哥比索危机的爆发，为货币危机理论的发展提供了现实的基础。1996 年，奥伯斯法尔德系统地提出了第二代货币危机理论。

（一）第二代货币危机理论的主要内容

根据第一代货币危机理论的观点，经济基本面的稳定决定了货币价值的稳定，但这种单纯依靠基本经济变量来预测与解释危机的观点，显得过于单薄。20 世纪 80 年代中后期，经济学家开始从经济基本面没有出现持续恶化这一角度解释危机，并探讨货币危机爆发的可能性，这就是第二代货币危机理论。

第二代货币危机理论有两个重要假设。

一是在该理论中，政府是主动的行为主体，最大化其目标函数，汇率制度的放弃是中央银行在"维持"和"放弃"固定汇率制度之间权衡之后做出的选择，不一定是储备耗尽之后的结果。政府出于一定的原因需要保卫固定汇率制度，也会因某种原因放弃固定汇率制度。当公众预期或怀疑政府将放弃固定汇率制度时，保卫固定汇率制度的成本将会大大增加。

二是引入博弈。在动态博弈过程中，中央银行和市场投资者的收益函数相互包含，双方均根据对方的行为或有关对方的信息不断修正自己的行为选择，而自身的这种修正又将影响对方的行为，因此经济可能存在一个循环过程，出现"多重均衡"。其特点在于自我实现的危机存在的可能性，即一国经济基本面可能比较好，但是其中某些经济变量并不是很理想，由于种种原因，公众发生观点、理念、信心上的偏差，公众信心不足通过市场机制扩散，导致市场共振，危机自动实现。因此，这一类理论模型也被称为"自我实现式"危机模型。奥伯斯法尔德在其《自我实现的货币危机模型》一文中设计了一个博弈模型，以简洁明了的形式展示了动态博弈下自我实现式危机模型的特点，并表现出其"多重均衡"性质。

以奥伯斯法尔德为代表的一些经济学家在模型中仍然注重经济基本面，在其理论论述中勾勒出基本经济变量的中间地带。他们认为，在经济未进入该地带时，经济基本面决定了危机爆发的可能性，此时，危机完全不可能发生或必然发生；而当经济处于这一中间地带时，主导因素就变成投资者的主观预期，危机是否爆发就不是经济基本面的变化所能解释的。

该理论认为问题主要仍在于内外均衡的矛盾，政府维持固定汇率制度是有可能的，但是成本可能会很高，政府的愿望与公众的预期偏离越大，维持固定汇率制度的成本越高。因此，当公众产生不利于政府的预期时，投机者的行为将导致公众丧失信心，从而使政府对固定汇率制度的保卫失败，危机将提前到来。该理论认为，从这一角度而言，投机者的行为是不公正的，特别是对东道国的公众来说，是不公正不道德的。

（二）羊群效应和传染效应

与第一代和第二代货币危机理论的主流观点不同，少数经济学家认为货币危机可能根本不受经济基本面的影响，受冲击国家所出现的宏观经济的种种问题是投机行为带来的结果而非投机行为的原因。这种对货币危机的解释一般从两个角度出发，即通常所说的羊群效应和传染效应。

1. 羊群效应

羊群效应是指投资者在市场上常常根据其他投资者的行为决定自己的选择，投资者具有一种从众心理。在货币危机中，羊群效应意味着无论货币危机因何爆发，抛售浪潮将通过人们纯粹的模仿行为而逐级放大，并最终导致货币机制的彻底崩溃。但是羊群效应并不意味着公众是完全非理性的，相反，羊群效应正是公众利用有限信息进行理性选择的结果。

对此理论上有两种解释：第一种是"头羊效应"。不同的投资者拥有来自不同渠道的私人信息，这使得每个投资者的行为都成为其他投资者判断基本经济状况的依据。也就是说，当某个或某些投资者进行抛售时，其他投资者会认为他们掌握了某些消息，无论事实如何，他们都会跟着进行抛售，从而形成了自我实现式的危机。第二种解释是，在国际金融市场，绝大多数投资都是由代理人操作的，而代理人的收益取决于与其他代理人业绩的比较。在市场普遍看空的情况下，代理人担心其他代理人会抽逃投资，因此他们更倾向于也采取相同的行动，将资金抽逃。

2. 传染效应

传染效应主要从国家间的关联角度出发解释危机。由于全球一体化以及区域一体化的不断加强，特别是后者，因此区域内国家之间的经济依存度逐渐增高，危机将首先在经济依存度高的国家之间扩散。一国发生货币危机会给出一定的市场信号，进而改变投资者对与其经济依存度高或者与其经济特征相类似国家的货币的信心，加大这些国家货币危机发生的可能性，甚至导致完全意义上的自我实现式危机的发生。回顾 20 世纪 90 年代以来的几次货币危机，它们都有一个共同特征，即有明显的传染效应。而且随着传染现象的频频发生，传染的破坏性也越来越大。

经济学家认为，在金融市场中存在着市场操纵。不论是在由理性预期导致的自我实现式危机或非理性的羊群行为造成的危机中，都存在着大投机者操纵市场从而获利的可能。投机者利用羊群行为使"热钱"剧增，加速了危机的爆发，加剧了危机的深度与危害。

（三）对第二代货币危机理论的评价

第二代货币危机理论改进了第一代货币危机理论假设过于严格、政府单一行动准则等问题，认为仅仅依靠稳健的国内经济政策是不足以抵御货币危机的。该理论假设政府被赋予主动退出的权利，使其能够根据实际情况在多重目标之间进行权衡，维持固定汇率不再是唯一选择，这符合经济理性。该模型提出的"预期"的作用，极大地拓展了货币危机理论的解释力。

但是，第二代货币危机理论仍在以下几个问题上存在局限。比如：未能说明是否任何一种货币都可能遭受投机冲击，或者是否所有的投机冲击都与基本经济因素无关；未能对"中间地带"进行深入分析；过于强调市场的心理因素和预期因素，使该模型缺乏客观的检验标准，因此也难以解释和确定货币冲击开始的时间等。

从以上分析可知，第二代货币危机理论对第一代理论的不足之处进行了很好的补充，强调的是投资人的预期与政府决策间的相互影响作用，是在一个动态的环境下研究货币危机的发生问题。但该理论只是在逻辑层面上证明了它所说的多重均衡和自我实现式危机存在的可能性，在实际应用时还缺乏明确的指导性。

三、第三代货币危机理论

1997 年爆发的东南亚货币危机引起了学术界的关注，有些经济学家，如卡明斯基认为就其本质而言，这并非一场"新"危机，原有的理论成果仍具有说服力。而另一些经济学家，如克鲁格曼则认为这次货币危机在传染的广度与深度、转移及国际收支平衡等方面与以往的货币危机均有显著的区别，原有的货币危机理论解释力不足，应有所突破，并由此推动了第三代货币危机理论的形成与发展。但是严格地说，这一代货币危机理论无论在基本思想还是在分析方法方面都未形成统一的框架。

（一）第三代货币危机理论的主要内容

克鲁格曼认为，东南亚货币危机对于远在千里之外、彼此联系很少的国家都造成了影响，因此多重均衡是存在的。某些国家对于公众信心的敏感度很高，这些国家的货币危机可能由外部的、与自己关联并不大的国家中发生的货币危机所带来的公众信心问题而诱发。东南亚国家经济经常账户逆转的原因主要在于危机中货币大幅度贬值和严重的经济衰退所带来的进口大量减少，因此存在一个转移问题，这是为以往的货币危机理论所忽略的。在以往的货币危机理论中，模型的构造者将注意力放在投资行为而非实际经济上，单商品的假定中忽视了贸易和实际汇率变动的影响。因此，货币危机理论模型的中心应该讨论由于实际贬值或者是经济衰退所带来的经常账户逆转，以及与之相对应的资本流动逆转的需求问题。

克鲁格曼指出东南亚货币危机的关键问题并不是银行，而在于企业。本币贬值、高利率以及销售的下降恶化了企业的资产负债表，削弱了企业财务状况，这一问题并非银行本身的问题。即使银行重组，对金融状况大大恶化了的公司来说也是于事无补的。克鲁格曼在单商品的假定之下，建立了一个开放的小国经济模型，在这一模型中，克鲁格曼增加了商品对进口商品的不完全替代性，分析了贸易及实际汇率变动的影响与效应。总的说来，克鲁格曼在他的第三代货币危机理论中强调以下几个方面。

（1）金融过度。克鲁格曼在东南亚货币危机发生后提出了金融过度的概念，这一概念主要是针对金融中介机构而言的。在金融中介机构无法进入国际金融市场时，过度的投资需求并不导致大规模的过度投资，而是市场利率的升高。当金融中介机构可以自由进出国际金融市场时，金融中介机构的道德风险会转化成为证券金融资产和房地产的过度积累，这就是**金融过度**。金融过度加剧了一国金融体系的脆弱性，当外部条件合适时将导致泡沫破裂，危机发生。

（2）亲缘政治的存在增加了金融过度的程度。这些国家的财政状况表面上健康，实际上却有大量的**隐性财政赤字**存在，即政府对与政客们有裙带关系的银行、企业提供各种隐性担保，增加了金融中介机构和企业出现道德风险的可能性，它们的不良资产就反映为政府的隐性财政赤字。东南亚国家持续了几十年的**亲缘政治**，使国家经济在 20 世纪 90 年代大规模的对外借款中处于一种金融崩溃的风险之中，这种风险来自他们采用的准固定汇率贬值的可能性。

（3）企业资产负债表出现财务困难，限制了企业的投资行为。东南亚货币危机中，由于销售疲软、利息升高和本币贬值，企业的资产负债表出现财务困难，这种困难限制了企业的投资行为。企业资产负债表出现的财务困难，还包括由前期资本流入所带来的实际汇率变化的影响。这一分析表面看是论述货币贬值对企业乃至整个实体经济的影响，实际上，在危机爆发前，投资者的行为函数里可能已经包含了对这种变化的预期，这就加强了他们抛售本币的决心，这也是一种自我实现的现象。

克鲁格曼理论模型中存在一种低水平均衡。在这种低水平均衡上，贷款者不相信本国企业有任何担保，不向它们提供贷款，这意味着实际汇率将贬值，实际汇率的不利影响可能导致企业破产，而这又对先前的悲观态度形成了佐证，最终导致一种恶性循环。

因此，克鲁格曼认为，金融体系在货币危机中发生崩溃并非是由于先前投资行为的失误，而是由于金融体系的脆弱性。导致金融体系可能发生崩溃的因素有：高债务因素，低边际进口倾向，相对出口而言大规模的外币债务。保持汇率的稳定实际上是一个两难的选择，因为保持汇率的稳定是在关闭一条潜在的引发金融崩溃的渠道的同时，打开了另外一条。如果债务较大，杠杆效应较明显，维持实际汇率的成本就是产出的下降，而且这种下降是自我加强的。对企业而言，这仍然会带来相同的不良后果。

（二）第三代货币危机理论的政策主张

克鲁格曼的理论模型分析所蕴含的政策主张有三方面。

1. 预防措施

克鲁格曼认为银行的道德风险并不足以解释危机，一个谨慎的银行体系并不足以使开放经济不受自我加强式金融崩溃的风险的威胁。而当一国的资本项目可自由兑换时，对短期债务加以限制的作用是不大的，因为短期债务只是众多的资本外逃方式下的一种。即使外债全是长期的，如果公众预期将发生货币危机，国内短期债务的债权人拒绝将信贷延期，也会导致汇率贬值，带来企业破产。因此，最好的方式是企业不持有任何期限的外币债务。对于金融体系不完善的国家来说，国际融资存在着外部不经济，它会放大实际汇率变动的负面冲击影响，从而导致经济衰退。

2. 应对危机

克鲁格曼认为存在两种可能性：一是紧急贷款条款，紧急贷款的额度必须要足够大，以加强投资者的信心；另一种是实施紧急资本管制，因为这样可以有效地、最大限度地避免资本外逃。

3. 危机后重建经济

克鲁格曼认为危机后的关键在于恢复企业和企业家的投资能力。一国可以在私人部门实施一定的计划，以帮助本国的企业家或者培养新的企业家，或者两者同时实施。培养新的企业家有一个迅速有效的办法，那就是通过引进国际直接投资来引进企业家。

四、三代货币危机理论的比较

三代货币危机理论都是在单商品的假定下展开的，它们研究的侧重面各有不同。

第一代着重讨论经济基本面，第二代的重点放在危机本身的性质、信息与公众的信心上，而第三代货币危机理论的焦点则是金融体系与私人部门，特别是企业。

第一代货币危机理论认为，一国货币和汇率制度的崩溃是由政府经济政策之间的冲突造成的。这一代理论解释 20 世纪 70 年代末、80 年代初的"拉美式"货币危机最有说服力，对1998 年以来俄罗斯与巴西由财政问题引发的货币波动同样适用。

第二代货币危机理论认为政府在固定汇率制度上始终存在动机冲突，公众认识到政府的摇摆不定，如果公众丧失信心（金融市场并非是天然有效的，而是存在种种缺陷），这时，市场投机以及羊群效应会使固定汇率制崩溃，政府保卫固定汇率制的代价会随着时间的延长而增大。第二代理论应用于实践的最好例证是 1992 年英镑退出欧洲汇率机制的情况。

第三代货币危机理论认为脆弱的内部经济结构和亲缘政治是东南亚货币危机发生的原因。

这三代货币危机理论的发展表明，货币危机理论的发展取决于有关货币危机的实证研究的发展和其他相关领域研究工具或建立模型方法的引入与融合。这三代货币危机理论虽然从不同的角度回答了货币危机的发生、传导等问题，但是，有关货币危机的研究还远不是三代危机理论所能解决的。例如，这三代货币危机理论对各种基本经济变量在货币危机积累、传导机制中的作用，对信息、新闻、政治等短期影响投资者交易心理预期因素的研究，都显得有很大的欠缺。同时，这三代货币危机理论对于资本管制下货币危机爆发的可能性、传导渠道等均未涉及。

📖 学习思考

试分析亚洲金融危机对早期的货币危机理论提出了哪些挑战。

📘 本章小结

1. 货币危机是金融危机的一种主要类型，其概念有广义和狭义之分。广义的货币危机泛指汇率的变动幅度超出了一国可承受的范围这一现象；而狭义的货币危机则与特定的汇率制度相联系，即在实行固定汇率制度的国家，当其货币的汇率受到投机性袭击时，该货币出现持续性贬值压力，这迫使货币当局动用大量外汇储备或大幅度提高利率来维持汇率稳定，并最终放弃固定汇率制度，转而实行浮动汇率制度。

2．引发货币危机的原因主要包括汇率制度选择不当、金融体系脆弱、经济基础薄弱、财政赤字严重、危机跨国传播等。

3．适当的汇率制度、健全的金融体系、合理的外债规模并保持区域金融稳定，有助于防范货币危机的爆发。在遭受货币危机后，政府可以通过控制资本外流、汇率制度改革、迅速的金融调整与强力的金融监管、有效引导公众预期，并快速启动区域合作机制等以应对危机。

4．1992—1993 年欧洲货币体系危机、1994 年墨西哥比索危机以及 1997 年东南亚货币危机都是典型的货币危机。自 20 世纪 70 年代以来，经济学家对货币危机进行了深入研究，先后提出了第一代、第二代和第三代货币危机理论。

课后练习及实训操作

一、填空题

1．狭义的货币危机与特定的_____相联系，广义的货币危机泛指_____超出了一国可承受的范围这一现象。

2．货币危机理论的发展分为_____代。其中第一代货币危机理论假定政府为解决赤字问题会不顾_____，无限制地发行纸币，中央银行为维持_____制度会无限制抛出外汇，直至消耗殆尽。

3．国际货币基金组织将金融危机划分为_____、_____、_____和_____。

二、不定项选择题

1．第一代货币危机理论认为危机爆发的根本原因是（　　　）。
    A．投机性攻击　　　　　　　　　　　B．政府扩张性的财政货币政策
    C．金融监管不到位　　　　　　　　　D．贬值预期自我实现

2．（　　　）认为一国货币危机的发生，是由于政府宏观经济政策与其维持固定汇率制之间存在的矛盾冲突所引起的。
    A．第一代货币危机理论　　　　　　　B．第二代货币危机理论
    C．金融恐慌论　　　　　　　　　　　D．道德风险论

3．在一国爆发货币危机后，政府应对危机的措施包括（　　　）。
    A．控制资本外流　　　　　　　　　　B．对汇率制度进行改革
    C．加强金融监管　　　　　　　　　　D．引导公众预期

三、判断题

1．狭义的货币危机是指实行浮动汇率制的国家，在非常被动的情况下对本国的汇率制度进行调整，转而实行固定汇率制。　　　　　　　　　　　　　　　　　　　　　（　　　）

2．世界经济的全球化形成的各个国家在生产、技术、资金、贸易、信息等方面的联系，使他们变得更加相互融合和相互依赖。这种密切的联系在促进世界经济发展的同时，也使得

一国宏观经济的恶化、金融市场的动荡都会被迅速传递到另一个国家。货币危机的爆发亦是如此。（　　）

3．第一代货币危机理论认为一国内部均衡与外部均衡的矛盾，即一国固定汇率制面临的问题源于为弥补政府不断扩大的财政赤字而过度扩张的国内信贷。（　　）

4．第二代货币危机理论对第一代货币危机理论的改进之处在于：一方面在该理论中，政府是主动的行为主体，最大化其目标函数，汇率制度的放弃是央行在"维持"和"放弃"之间权衡之后做出的选择，不一定是储备耗尽之后的结果；另一方面是引入博弈。（　　）

5．第三代货币危机理论是基于1994年墨西哥比索危机产生的。（　　）

四、名词解释

货币危机　　第一代货币危机理论　　　第二代货币危机理论　　　羊群效应
第三代货币危机理论　　　　　　　金融过度

五、简答题

1．简述引发货币危机的主要原因。

2．简述一国防范货币危机的主要措施。

3．简述第一代货币危机理论的不足之处，以及第二代货币危机理论对第一代的改进之处。

4．简述三代货币危机理论的不同侧重方面。

六、实训操作

搜集东南亚货币危机、2008年美国金融危机和土耳其里拉危机的相关资料，分析它们是否属于货币危机，各有哪些特点。

第十一章　开放经济下的内外均衡

【学习目标】

（1）理解开放经济下的内外均衡冲突。

（2）掌握蒙代尔-弗莱明模型的分析框架。

（3）掌握开放经济下宏观经济政策的效力。

～ 案例导读 ～

加强政策协调　兼顾内外均衡

2023年6月28日召开的中国人民银行货币政策委员会2023年第二季度例会明确，加大宏观政策调控力度，精准有力实施稳健的货币政策，搞好跨周期调节，更好发挥货币政策工具的总量和结构双重功能。

会议强调，坚持"两个毫不动摇"，打好宏观政策、扩大需求、改革创新和防范化解风险组合拳，把实施扩大内需战略同深化供给侧结构性改革有机结合起来，把发挥政策效力和激发经营主体活力结合起来，进一步加强部门间政策协调，充分发挥货币信贷政策效能，兼顾好内部均衡和外部均衡，统筹推动经济运行持续好转、内生动力持续增强、社会预期持续改善、风险隐患持续化解，为全面建设社会主义现代化国家开好局起好步。

内外均衡问题是国际金融理论研究的重要组成部分，也是一国宏观经济政策目标。20世纪50年代，凯恩斯的宏观经济理论开始应用于国际收支分析，研究视角扩展至国际收支均衡与国内宏观经济均衡之间的相互联系。20世纪60年代后，英国经济学家詹姆斯·米德较为系统地提出了内外均衡理论。此后，罗伯特·蒙代尔提出了不同汇率制度下的内外均衡实现及宏观经济政策的搭配，把内外均衡理论的研究带到一个新的高度。作为对前面所学知识的理论深化，本章将对内外均衡理论进行系统学习。

第一节　开放经济下的内外均衡目标与冲突

内部均衡与外部均衡是开放宏观经济中最基本的两个平衡关系，宏观经济的整体状况取决于内部均衡状况、外部均衡状况以及它们之间的和谐程度。但由于内部均衡目标和外部均衡目标不一定能够同时达到，对这两种均衡目标之间的冲突与协调的研究长期以来也就成为国际金融理论的重要分支。

一、开放经济下的内外均衡目标与政策工具

开放经济下的内外均衡是与一国经济发展、物价水平、就业状况、资本流动、货币汇率、国际储备等宏观经济变量密切相关的一个综合性经济概念。开放经济下的宏观经济目标必须兼顾内外均衡。

（一）内外均衡目标

内部均衡与外部均衡的概念最早于 1951 年由英国经济学家詹姆斯·米德提出。米德认为，在开放经济条件下，如果一国经济划分为生产贸易品的贸易部门与生产非贸易品的非贸易部门，那么**内部均衡**是指对国内商品和劳务的需求足以保证非通货膨胀下的充分就业，即非贸易品市场处于供求均衡状态；**外部均衡**是指经常账户收支平衡，即贸易品市场处于供求均衡状态。澳大利亚经济学家斯旺则提出，一个国家的经济平衡有两个目标：第一，让失业率保持低位的同时稳定通货膨胀；第二，把贸易平衡保持在一个可接受的水平。

可见，内部均衡目标的实现意味着低失业率下国内经济的稳步增长，即充分就业、物价稳定、适度经济增长的同时实现。外部均衡目标则意味着实现国际收支的平衡。

（二）内外均衡的政策工具

根据政策工具的作用机制分类，开放经济下的宏观经济政策工具可以分为调节社会总需求的工具、调节社会总供给的工具、提供融资的工具等。

1. 调节社会总需求的工具

宏观经济政策调节的焦点在于推动市场的总供给与总需求恢复均衡状态，以实现经济增长、充分就业、物价稳定以及国际收支平衡等目标。由于社会总供给的变动相对缓慢，因此，对宏观经济的调节主要是通过调节社会总需求实现的。调节总需求的政策工具可以分为两类：一是调节社会需求的总水平，即支出增减型政策；二是调节社会需求的内部结构，即支出转换型政策。在开放经济中，主要是调节总需求中的本国商品和劳务与外国商品和劳务的结构比例。

支出增减型政策，也称为**支出变更政策**，即通常所谓的需求管理政策，主要包括财政政策与货币政策。财政政策是政府通过财政收入、财政支出和公债对经济进行调控的政策，政策工具包括财政收入政策、财政支出政策、公债政策。货币政策是中央银行通过调节货币供应量与利率以影响宏观经济活动水平的政策，政策工具包括公开市场业务、再贴现率以及法定存款准备金率。财政政策与货币政策都可直接影响社会总需求，由此调节内部均衡；同时，社会总需求的变动又可以通过边际进口倾向影响进口和通过利率影响资金流动，由此调节外部均衡。

支出转换型政策主要包括汇率政策与直接管制政策。在没有管制的情况下，汇率政策主要通过确定汇率制度与汇率水平来对经济产生影响。在宏观调控中，汇率政策的主要问题是确定合理的汇率水平。汇率政策对社会总需求的转换机制在于：通过汇率的贬值，改变本国商品和外国商品的相对价格，使本国居民将需求由外国商品转向本国商品，从而减少进口需求，同时刺激外国居民对本国商品的需求。可见，汇率政策通过作用于净出口，进而作用于社会总需求，它对社会总需求的结构与数量都有影响。但是汇率水平的调节方式与汇率制度密切相关。在固定汇率制下，需要通过调整平价来调节汇率水平；而在浮动汇率制下，则要

通过干预外汇市场才能主动调节汇率水平。汇率水平的变动能否实现预期效果，也取决于进出口商品的供求弹性、进出口结构及边际吸收倾向等诸多因素。此外，汇率政策本身并不完全是一个独立的政策。汇率政策通常需要依靠其他政策工具实现对汇率水平的调节，如货币政策，但这也会导致货币政策的独立性受到影响。

直接管制政策是指政府直接控制经济交易。政府的直接管制可能涉及经济领域的各个方面，如国内商品的价格管制、国内金融管制、国际经济交易中的贸易管制（如关税、进出口配额等）与金融管制（如外汇管制、汇率管制等）。直接管制政策就其性质来说属于支出转换型政策，因为它是通过改变各种商品的相对可获得性来达到支出转换的目的的。直接管制政策利弊分明。一方面，政策效果迅速、明显；另一方面，它会扭曲市场机制，降低资源配置效率，还有可能引起其他国家的报复性政策。

2. 调节社会总供给的工具

调节社会总供给的工具又被称为**结构政策**，它包括产业政策和科技政策等。其主要目的是通过改善一国的经济结构和产业结构，提高产品质量，降低生产成本，增强社会产品的供给能力。相对于总需求的调节而言，总供给的调节具有长期性的特点。产业政策、科技政策等虽然可以从根本上提高一国的经济实力与科技水平，从而为实现内外均衡奠定坚实的基础，但在短期内很难有显著效果。

3. 提供融资的工具

融资政策是在短期内利用资金融通的方式弥补国际收支逆差，以实现稳定经济的一种政策，其政策工具包括官方储备和国际信贷。如果外部失衡是由临时性、短期的冲击引起的，就可以用融资政策弥补失衡；但如果失衡是由国内经济原因等中长期因素导致的，就必须要运用其他政策进行调整。

二、内外均衡目标的一致与冲突

作为开放经济的主要政策目标，内部均衡和外部均衡之间存在着非常复杂的关系，有时表现为相互协调，有时又表现为相互冲突。换言之，当货币当局采取措施努力实现某一均衡目标时，这一措施可能会同时造成开放经济中另一均衡问题的改善，也有可能对另一均衡问题造成干扰或破坏。前者就是内外均衡的一致，后者是内外均衡之间的冲突。

进一步地说，在封闭经济下，经济增长、充分就业与物价稳定是政府追求的主要经济目标。这三个目标本身就存在着冲突。如失业率与通货膨胀率之间可能存在着此消彼长的相互替换关系，经济增长往往也会带来通货膨胀。封闭经济中政策调控的主要目标在于协调这三者的冲突，确定并实现这三者的合理组合。在开放经济中，政府的政策目标发生了改变，国际收支成为宏观调控所关注的变量之一，宏观经济在封闭条件下的主要目标与国际收支这一新目标之间的冲突成为经济面临的突出问题，某一目标的实现可能会导致另一目标的恶化。因此，对政策的选择和搭配有了更高的要求。

1951 年，米德在其重要著作《国际经济政策理论》的第一卷《国际收支》中最早提出了固定汇率制度下的内外均衡冲突问题。米德通过对一国不同经济状况的组合分析，得出结论：在固定汇率制度下，政府无法运用汇率政策，只有依靠单一的影响社会总需求的政策来寻求内外均衡的同时出现。但是任何一种单一的政策工具都不能同时实现两个目标，只会出现内外均衡目标的冲突，即所谓的**"米德冲突"**。在开放经济条件下，经济可能面临着如表 11.1

所示的内外经济状况的组合。

在表 11.1 中，当失业与顺差并存，应考虑通过扩张性的财政与货币政策刺激经济发展，提高市场总需求，解决对内失业问题；进而通过提高收入水平增加进口，通过降低利率水平促进资本流出，解决对外顺差问题。相反，若通货膨胀与逆差并存，则考虑紧缩性的财政与货币政策，一方面抑制国内需求水平，稳定物价；另一方面扩大出口、抑制进口，吸引资本流入，从而解决国际收支逆差。这两种情形下，

表 11.1　固定汇率制度下内部均衡与外部均衡的一致与冲突

	内部经济状况	外部经济状况	内外均衡搭配状况
1	经济衰退/失业增加	国际收支逆差	矛盾
2	经济衰退/失业增加	国际收支顺差	一致
3	通货膨胀	国际收支逆差	一致
4	通货膨胀	国际收支顺差	矛盾

以支出变更政策追求内外均衡的目标方向是一致的，两大政策目标之间存在相互促进的关系。

但如果固定汇率制度下的开放经济处于对内失业与对外逆差并存，或是对内通胀与对外顺差并存的状态，则单一的支出增减型政策就无法促进内外均衡目标同时实现。比如，在通胀与顺差并存时，若考虑以支出增加政策平衡国际收支，就会加剧国内的通货膨胀程度；若以支出减少政策稳定国内物价水平，则会进一步扩大国际收支的顺差规模。在失业和逆差并存时，政策当局也必然陷入同样的两难境地。换言之，在开放经济的特定运行状态下，可能会出现内外均衡难以兼顾的情形，即出现内外部均衡目标冲突（即米德冲突）。

视野拓展

詹姆斯·米德

"米德冲突"首次较完整和系统地研究了内外均衡关系理论，并对各国实现内外均衡目标的相互影响进行了分析，在国际金融学说史上具有十分重要的意义。然而，米德并没有详细分析资本流动对内外均衡关系的影响，也没有将这一点在政策措施中明确提出。此外，米德的分析主要针对的是固定汇率制度，但实际上，无论是固定汇率制度还是浮动汇率制度，内外均衡冲突的问题是始终存在的。在国际资本自由流动的条件下，内外均衡之间的冲突表现得更为深刻。

学习思考

在国际资本自由流动的条件下，为什么内外均衡之间的冲突会表现得更深刻？

第二节　内外均衡调节的原则与政策搭配

鉴于内外均衡目标之间的冲突，经济学家进行了大量的研究，以期提出内外均衡目标冲突的调节原则和政策搭配建议。

一、丁伯根法则

米德冲突说明了在开放经济下，单纯运用改变社会总需求的政策进行经济调节，在很多情况下会造成内外均衡之间的冲突。因此，开放经济条件下的政策调节需要应用新的规则。1952 年，诺贝尔经济学奖获得者——荷兰经济学家丁伯根提出了将政策目标和政策工具联系在一起的正式模型，并指出要实现 N 个独立的政策目标，至少需要相互独立的 N 种有效的政

策工具。

我们用一个简单的线性框架加以说明。假设存在两个目标 T_1、T_2 与两种工具 I_1、I_2，政策调控追求的 T_1 和 T_2 的最佳水平为 T_1^* 和 T_2^*，令目标是工具的线性函数，即

$$T_1=a_1I_1+a_2I_2$$
$$T_2=b_1I_1+b_2I_2$$

这一情况下，只要决策者能够控制两种工具，每种工具对目标的影响是独立的，决策者就能通过政策工具的配合达到理想的目标水平。

从数学上看，只要 $a_1/b_1 \neq a_2/b_2$（即两种政策工具线性无关），就可以解出达到最佳的目标水平 T_1^* 和 T_2^* 所需要的 I_1 和 I_2 的水平，即

$$I_1=(b_2T_1^*-a_2T_2^*)/(a_1b_2-a_2b_1)$$
$$I_2=(a_1T_2^*-b_1T_1^*)/(a_1b_2-a_2b_1)$$

当 $a_1/b_1=a_2/b_2$ 时，意味着两种工具对这两个政策目标有着相同的影响，也就是说，决策者只有一种独立的工具而试图实现两个目标，因而无法获得成功。将这一结论推广，如果一个经济具有线性结构，决策者有 N 个目标，只要有至少 N 种线性无关的政策工具，就可以实现这 N 个目标，即**丁伯根法则**。

对于开放经济而言，这一结论具有鲜明的政策含义：只运用支出增减型政策，通过调节支出总量的途径同时实现内外均衡这两个目标是不够的，必须寻找新的政策工具并进行合理配合。

丁伯根法则指出应运用 N 种独立的工具进行配合，以实现 N 个独立的政策目标。目标的实现过程具有以下特点：一是假定各种政策工具可以供决策当局集中控制，从而通过各种工具的紧密配合实现政策目标；二是没有明确指出每种工具有无必要在调控中侧重于某一目标的实现。虽然这两个特点与现实情况不尽相符，但丁伯根法则使内外均衡理论的研究更为深入，同时为政策的制定者提供了政策的制定标准，使其明白两全其美的政策是难以达到的。

二、内外均衡调节的政策搭配

在开放经济下，应如何在不同情况下选择相应的政策进行合理搭配，以达到最优的经济效率和政策效果，成为宏观经济决策当局关注的焦点。因此，在丁伯根法则的基础上，经济学家开始提出一系列的政策搭配理论，试图解释开放经济下如何通过政策之间的协调与配合来实现内外经济的同时均衡。

1. 斯旺模型

1963 年，经济学家斯旺将丁伯根的理论运用于开放经济的宏观调控分析，提出用支出增减型政策和支出转换型政策的搭配来解决内外均衡的矛盾问题，并对其进行图解，被称为**"斯旺图示"**，见图 11.1。

斯旺模型建立在两个假设前提之上：①不考虑国际资本流动，因此国际收支即为贸易收支；②在经济达到充分就业之前，价格水

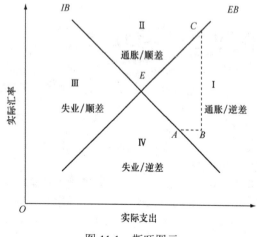

图 11.1　斯旺图示

平保持不变。在斯旺模型下，本国的总供给水平是一定的，总需求由国内支出和净出口两部分组成，内部均衡意味着本国的总需求等于总供给；外部均衡意味着本国的净出口为零，即国际收支平衡。

在图 11.1 中，横轴表示国内实际支出（包括消费、投资和政府支出），受到支出增减型政策工具（如财政或货币政策）的影响（向右表示宽松的财政货币政策）；纵轴表示实际汇率（采用直接标价法，向上表示本币贬值），代表支出转换型政策。IB 代表实现内部均衡时的实际汇率与实际支出的各种组合，称为内部均衡线；EB 代表实现外部均衡时的实际汇率与实际支出的各种组合，称为外部均衡线。当且仅当 IB 和 EB 交于 E 点时，内外均衡同时实现。

其中，IB 向右下方倾斜，这是因为当本币升值时，本国出口减少、进口增加，形成国际收支逆差，此时失业率将上升，产出下降；为实现内部经济均衡，避免经济衰退，就需要扩大国内的实际支出。IB 的右边区域表示既定汇率水平下，国内支出高于维持内部均衡所需水平，即有效需求超过有效供给，经济处于通货膨胀状态；左边则代表国内支出低于维持内部均衡所需水平，故有失业和通货紧缩的压力。

EB 向右上方倾斜，这是因为当本币贬值时，出口增加、进口减少，国际收支顺差；为了实现外部均衡，必须扩大国内支出，增加进口。EB 的右边区域表示国内支出大于维持经常账户平衡所需要的国内支出，结果国际收支逆差；左边则代表国际收支顺差。

IB 和 EB 线将开放经济的宏观经济状态划分为四个区域，分别代表国民经济的不同情况。图 11.1 中的区域 I 表示内部通货膨胀和外部逆差；区域 II 表示内部通货膨胀和外部顺差；区域 III 表示内部失业和外部顺差；区域 IV 表示内部失业和外部逆差。

如图 11.1 所示，A 点在内部均衡线 IB 上，是实现内部均衡的实际汇率与实际支出的组合，此时物价稳定，就业目标实现。C 点在外部均衡线 EB 上，是实际支出和实际汇率的组合。而 B 点的实际支出大于 A 点的支出，因此 B 点经济过热，有通货膨胀压力；B 点的汇率低于 C 点，本币升值，出口减少、进口增加，出现国际收支逆差。由于在 B 点上内外经济同时失衡，这就需要通过支出增减型政策和支出转换型政策配合来实现均衡，可以通过本币贬值实现外部均衡，同时配合使用紧缩实际支出的政策，实现内部均衡。

斯旺图示所揭示的不同条件下政策搭配的基本思路是，利用支出增减型政策维持内部均衡，并利用支出转换型政策谋求外部均衡，见表 11.2。

斯旺模型从理论上阐明了政策搭配的优越性及其基本原则，具有较高的理论价值。不过，斯旺对于内外均衡的研究还是存在明显的不足。首先，对第二次世界大战后越来越重要的国际资本流动对各国经济和外部均

表 11.2　斯旺模型的政策搭配

区域	经济状况	支出增减型政策	支出转换型政策
I	通货膨胀/国际收支逆差	紧缩	本币贬值
II	通货膨胀/国际收支顺差	紧缩	本币升值
III	失业/国际收支顺差	扩张	本币升值
IV	失业/国际收支逆差	扩张	本币贬值

衡的冲击没有进行深入分析；其次，仍然无法解决固定汇率制度下或者可调整固定汇率制度下因汇率政策失效或效力较弱而出现的米德冲突；最后，通常情况下，决策当局很难准确知道内部均衡线与外部均衡线的相对位置，使得确定政策搭配的可行性不佳。

2. 蒙代尔指派法则

沿着斯旺模型的分析思路，20 世纪 60 年代，加拿大经济学家罗伯特·蒙代尔进一步将

支出增减型政策细分为财政政策和货币政策两大政策工具，从而修正了斯旺模型，并提出"蒙代尔指派法则"。

蒙代尔提出，由于不同的政策工具掌握在不同的决策者手中，如财政政策由财政部门掌握，通过调整财政收支影响总需求；而货币政策权限隶属中央银行，通过调整信贷收支来影响总需求。若决策者之间不能紧密协调而是独立决策的话，就难以实现最佳的政策目标。但是，如果每一种政策工具被合理地指派给一个政策目标，并在该目标偏离其最佳水平时按照规则进行调控，即使不同的政策工具掌握在不同的决策者手中，也能够达到最佳调控目标。

蒙代尔进一步提出了每种政策工具指派给相应目标的原则，即每个目标应该指派给对这一目标有最大影响力、在影响政策目标上具有相对优势的工具。如果指派上发生失误，经济就会产生不稳定性，进而距均衡点越来越远。根据这一原则，蒙代尔进一步区分了财政政策、货币政策在影响内外均衡上的不同效果，提出了用财政政策实现内部均衡目标，用货币政策实现外部均衡目标的指派方案。这也就是"蒙代尔指派法则"。

蒙代尔提出的财政政策和货币政策的搭配方案见图 11.2。其中，*IB* 线代表在一定货币政策与财政政策搭配下的内部经济均衡状态，且该线左边表示内部经济衰退（失业和通货紧缩），右边则表示内部经济高涨（通货膨胀）；*EB* 线则表示外部经济均衡，且该线左边表示国际收支顺差，右边则表示国际收支逆差；两者的交点 *E* 则为内外均衡点。

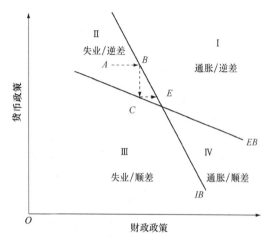

图 11.2　有效市场分类与政策搭配

在图 11.2 中，横轴表示财政政策，箭头的方向表示扩张性的财政政策（较高的政府支出或较低的税收）；纵轴表示货币政策，箭头的方向表示扩张性的货币政策（如增加货币供给或降低利率）。*IB* 为内部均衡线，*IB* 上的每一点表示实现内部均衡的财政政策和货币政策的组合。*IB* 向下倾斜是因为扩张性的财政政策必须与紧缩性的货币政策配合使用来实现内部均衡。*EB* 为外部均衡线，*EB* 上的每一点表示实现外部均衡的财政政策和货币政策的组合。*EB* 向下倾斜是因为扩张性的财政政策需要搭配紧缩性的货币政策才能保持外部平衡。此外，由于蒙代尔假定财政政策对国内经济增长、就业等内部经济变量影响更大，而货币政策对国际收支影响更大，所以 *IB* 线比 *EB* 线更陡峭。

当经济处于 *A* 点，经济处于内部失业、外部逆差的状态，这时需要采用扩张性的财政政策解决失业问题，使经济移至 *B* 点，同时采用紧缩性的货币政策平衡国际收支逆差，使经济移至 *C* 点。反复配合使用扩张性财政政策和紧缩性货币政策，最终使经济收敛于内外均衡点 *E*。可见，在政策指派上，应当用财政政策实现内部均衡，用货币政策实现外部均衡；如果使用相反的政策指派，则经济是不稳定的。如经济处于 *A* 点时，使用扩张性的货币政策解决失业问题，使用紧缩性的财政政策解决国际收支逆差问题，则会使经济越来越偏离内外均衡点。

根据政策工具的指派原则，每一目标应当指派给对该目标具有相对最大影响力的工具。财政政策主要通过支出带动收入水平调整，进而影响经常账户收支和国际收支；而货币政策除了有类似功能之外，还通过利率水平影响资本项目和国际收支，所以货币政策调节国际收支的效力超过财政政策。从而，以财政政策实现内部均衡、货币政策实现外部均衡的做法，符合有效市场原则。由此，蒙代尔给出了不同内外经济组合（即 *IB* 线和 *EB* 线将经济划分成的四部分）应采取的政策搭配，见表 11.3。

蒙代尔指派法则解决了特定的政策目标指派给特定的政策工具的政策指派问题，成为后续理论研究和政策运用的基本准则。当然，对于指派法则，也有很多批评。因为在实际运用中，不应将政策工具机械地分开，而是可以灵活地结合两种政策。事实上，同时实现内外均衡需要运用一般均衡的分析框架进行分析。

表 11.3　财政政策与货币政策的搭配

区域	经济状况	财政政策	货币政策
I	通货膨胀/国际收支逆差	紧缩	紧缩
II	失业/国际收支逆差	扩张	紧缩
III	失业/国际收支顺差	扩张	扩张
IV	通货膨胀/国际收支顺差	紧缩	扩张

学习思考

为什么在追求内外均衡的实践中，多数国家以财政与货币政策维持内部均衡，并将汇率政策与直接管制政策结合起来维持外部均衡？

第三节　内外均衡的一般均衡分析
——蒙代尔-弗莱明模型

蒙代尔与英国经济学家马修斯·弗莱明进一步扩展了米德对开放经济条件下不同政策效应的分析，深入研究了不同汇率制度下的内外均衡问题。针对不同的汇率制度、不同的资本流动状况，财政和货币政策调节内外经济均衡的效力不同，他们以标准的 *IS-LM* 模型为基础构建了蒙代尔-弗莱明模型（以下简称 **M-F 模型**），在 *IS-LM* 的分析框架中加入了国际收支均衡分析，即 *BP* 线分析，形成了综合的内外均衡模型，讨论了在固定汇率制度和浮动汇率制度下，针对国际资本流动的自由程度不同，一国为实现经济的内外均衡所应采取的政策搭配。

一、M-F 模型的建立

M-F 模型的分析对象是一个开放的小国，对国际资本流动采用流量分析，其假设前提包括：第一，价格（或者至少是工资）固定不变，因此即使在长期，购买力平价也不存在；第二，静态预期，即投资者不会有汇率变动的预期；第三，总供给曲线是水平的，即总需求水平决定总产出。

1. 国内产品市场均衡线——IS 曲线

IS 曲线代表产品市场的均衡，即产品市场上的总供给等于总需求。因此，开放经济条件下产品市场实现均衡的条件是

$$Y = (\overline{A} - bi) + (cE - tY) \qquad b > 0, c > 0, 0 < t < 1$$

等式左边为总供给，右边为总需求。总需求由国内总吸收和净出口组成。其中，右边的第一部分代表国内总吸收，包括投资、消费和政府支出。$\overline{A}$ 是自发吸收余额；b 是利率对需求的影响系数；由于投资随着利率 i 的下降而上升，所以国内总吸收是利率 i 的减函数。右边的第二部分代表净出口，即出口与进口的差额。其中 c 是汇率对需求的影响系数；t 是边际出口倾向；出口需求随着汇率 E（汇率都以直接标价法表示）的上升（本币贬值）而上升，进口需求随着收入的增加而增加。由此，上式可以改写为

$$i = \frac{\overline{A} + cE - (1+t)Y}{b}$$

由该式可知，IS 曲线向右下方倾斜，线上任何一点都代表产品市场供求均衡。IS 曲线右侧代表产品市场处于供给大于需求的失衡状态，可能导致失业；左侧代表供给小于需求的失衡状态，由此可能引发通货膨胀。进一步推理，在一定利率水平上，如果汇率 E 上升（本币贬值），产出 Y 将增加，从而 IS 曲线向右移动。

2. 国内货币市场均衡线——LM 曲线

LM 曲线代表货币市场均衡，即货币供给等于货币需求。根据凯恩斯理论，货币市场均衡的条件是

$$\frac{M_s}{P} = L_1(Y) + L_2(i)$$

等式左边为实际货币供给，它由中央银行控制；等式右边为实际货币需求。其中 L_1 表示交易性（由交易动机和谨慎动机所引起）货币需求，它是收入的增函数；L_2 表示投机性货币需求，它是利率的减函数。等式两边取对数后，表示为

$$m = ky - hi$$

当 m 给定时，上式可改写为

$$i = \frac{ky - m}{h}$$

由该式可知，LM 曲线向右上方倾斜，该曲线上任一点都代表一定利率和收入的组合。在这样的组合下，货币需求等于货币供给，即货币市场是均衡的。曲线的左上方代表货币市场处于供大于求的失衡状态，可能导致通货膨胀；右下方代表货币市场处于供小于求的失衡状态，可能产生通货紧缩。

3. 国际收支平衡线——BP 曲线

在 IS-LM 模型中加入的 BP 曲线是国际收支平衡线。国际收支平衡可以表示为经常账户和资本账户之和为零，经常账户由净出口表示，资本账户由国内外利率差异决定，国内利率 i 高于国际市场利率 i^* 时，导致资本流入增加，资本账户差额为正。由此，BP 曲线可以表示为

$$(cE - tY) + \omega(i - i^*) = 0$$

该式表明，BP 曲线向右上方倾斜，线上的任何一点表示国际收支平衡时所对应的收入和利率的各种组合。曲线左上方表示贸易盈余大于资本流出净额，外汇市场供过于求，国际收支顺

差；曲线右下方表示贸易盈余小于资本流出净额，外汇市场供小于求，国际收支逆差。

BP 曲线的斜率取决于国际资本的流动程度 ω。如果资本完全自由流动，ω 趋近于无穷大，此时 BP 曲线为水平线，表示名义利率的任何微小变动都将导致无限的资本流动；如果资本不完全流动，BP 曲线向右上方倾斜，ω 越大，BP 曲线越平坦；当资本完全不流动时，ω 等于 0，此时 BP 曲线为一条垂线，表示无论国内利率水平如何变动，也不改变外部均衡所对应的产出水平。如果汇率变动，BP 曲线会出现移动，本币贬值将使 BP 曲线下移，因为本币贬值改善了经常账户，此时须降低利率，以减少资本流入，使国际收支平衡；本币升值将使 BP 曲线上移，本币升值恶化了经常账户，此时须提高利率，以增大资本流入，使国际收支平衡。

由于 LM 曲线与 BP 曲线的斜率都为正，所以两条曲线的相对位置将由国内外资金对利率的敏感程度决定。若国际资本流动的利率弹性大于货币需求的利率弹性，则 BP 曲线较 LM 曲线更加平坦；反之，则 BP 曲线较 LM 曲线更加陡峭。通常情况下，国际资本流动的利率敏感性要高于国内资金供求的利率敏感性，所以前一种情况出现的频率更高。

4. IS-LM-BP 的均衡点

IS 曲线给出了在现行汇率下使产品总供给与总需求相等时的利率和收入水平的组合；LM 曲线给出了使货币需求与货币供给相等时的利率和收入水平的组合；BP 曲线则给出了在给定汇率下国际收支平衡时的利率和收入水平的组合。因此，<u>IS、LM、BP 三条曲线相交于一点，代表着产品市场、货币市场、国际收支同时达到均衡，即内部均衡和外部均衡同时得以实现。</u>

二、固定汇率制度下的财政、货币政策效力分析

IS、LM、BP 曲线相交所决定的均衡收入不一定是充分就业条件下的收入，而且依靠市场的自发调节无法实现充分就业的收入水平，需要依靠国家运用财政政策和货币政策进行调节。财政政策是政府变动税收和公共支出以便影响总需求，进而影响就业和国民收入的政策。货币政策则是指货币当局，即中央银行变动货币供应量来调节总需求。

政府实行扩张性财政政策，如增加政府开支、减少税收，会使 IS 曲线向右上方移动，均衡利率和收入增加；反之 IS 曲线向左下方移动，使利率和收入下降。中央银行实行扩张性货币政策如扩大货币供给，会使 LM 曲线向右下方移动，均衡利率下降、收入增加；反之，向左上方移动，均衡利率上升、收入减少。而本币贬值，可以促进出口、抑制进口，从而改善国际收支，因而推动 BP 曲线向右移动；反之向左移动。

接下来我们将运用 M-F 模型，以扩张性的财政政策和货币政策为例，对固定汇率制度下不同资本流动程度的财政政策和货币政策的效力进行分析。

固定汇率制度下，中央银行须维持汇率水平的稳定，当本币汇率波动时，中央银行有义务进行外汇市场干预。当本币升值时，中央银行应抛出本币购买外币，此时本币供应量上升，外汇储备增加；当本币贬值时，中央银行应抛出外币购买本币，此时本币供应量下降，外汇储备减少。

（一）固定汇率制度下的财政政策效力分析

在这里，我们将分别分析在固定汇率制度下，资本完全不流动、不完全流动和完全流动情况下的财政政策效力。

1. 资本完全不流动情况下的财政政策效力

在资本完全不流动的情况下，BP 曲线垂直于横轴，即国际资本流动的利率弹性为零。当

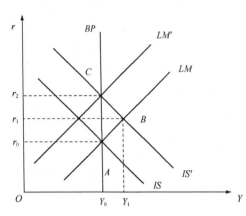

图 11.3　固定汇率制度下资本完全不流动
情况下的财政政策效力

政府实行扩张性财政政策，如增加公共开支，IS 曲线向右移动至 IS′，新均衡点 B 点对应的国民收入上升、利率提高。国民收入的提高使进口增加，经常账户出现逆差；利率的上升本可以吸引国际资本流入，但是由于资本完全不流动，无法通过国际资本流入改善资本账户，因此国际收支呈现逆差。国际收支的逆差将导致本币贬值，政府为维持固定汇率制度，需要在外汇市场上抛出外币购买本币，这导致货币供应量减少，LM 曲线向左移动至 LM′，与 IS′曲线交于 BP 曲线上的 C 点。这使得国民收入恢复原有水平，但利率进一步提高，见图 11.3。

因此，在固定汇率制度下，当资本完全不流动时，财政政策在刺激国民收入和充分就业方面是无效的。

2. 资本不完全流动情况下的财政政策效力

如果资本流动的利率弹性小于货币需求的利率弹性，则 BP 曲线的斜率大于 LM 曲线的斜率；反之，BP 曲线的斜率小于 LM 曲线的斜率。

（1）BP 曲线的斜率大于 LM 曲线的斜率。政府采用扩张性财政政策使 IS 曲线向右移动至 IS′，新均衡点 B 点位于 BP 曲线的下方，这意味着利率提高带来的资本账户改善效应不足以弥补国民收入上升带来的经常账户恶化效应，国际收支处于逆差。此时，为维持固定汇率制度，中央银行将进入外汇市场抛售外币购买本币，导致国内货币供给收缩，从而使 LM 曲线向左移动至 LM′，直至三条曲线重新交于点 C，如图 11.4 所示。尽管以充分就业为目标的财政扩张未能实现其政策初衷，但在新的均衡状态 C，利率进一步提高，Y_1 虽然较期初有所提高但低于 Y_f，国内仍存在失业。

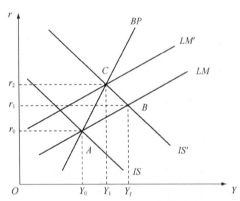

图 11.4　固定汇率制度下资本不完全流动
情况下的财政政策效力（BP 斜率大于 LM）

（2）BP 曲线的斜率小于 LM 曲线的斜率。如图 11.5 所示，B 点位于 BP 曲线的上方，这意味着较高的资金流动性使得利率提高带来的资本账户改善效应超过收入上升带来的经常账户恶化效应，国际收支处于顺差，本币出现升值压力。为维持固定汇率制度，中央银行在外汇市场上购买外汇投放本币，使货币供应量扩张。此时 LM 曲线向右移动至 LM′，推动国内产出在 Y_f 的基础上进一步增加至 Y_1，有可能导致通货膨胀。

3. 资本完全流动情况下的财政政策效力

当资本完全流动时，BP 曲线平行于横轴，这意味着只有在本国利率水平等于国外利率水

国际金融理论与实务（第5版）

平时，即 $r_0=r^*$ 时才能实现国际收支平衡。由图 11.6 可知，扩张性财政政策使得 IS 曲线向右移动到 IS'，在 B 点达到充分就业下的产出。由于此时国内利率水平 r_1 高于国外利率水平 r^*，将导致大量的资本流入，国际收支顺差、本币升值。中央银行的外汇干预使得本国货币供应量上升，LM 曲线向右移动到 LM'，使得国内利率重新回到国外利率水平，产出进一步提高且大于充分就业的产出 Y_f，甚至引起通货膨胀。可见，此时的财政政策最有效率。

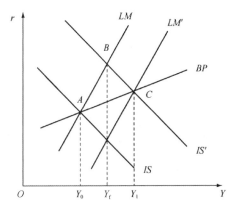 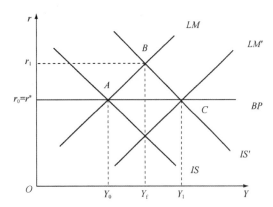

图 11.5　固定汇率制度下资本不完全流动　　　　图 11.6　固定汇率制度下资本完全流动
　　情况下的财政政策效力（BP 斜率小于 LM）　　　　情况下的财政政策效力

（二）固定汇率制度下的货币政策效力分析

在此，我们分别分析在固定汇率制度下，资本完全不流动、不完全流动和完全流动情况下的货币政策效力。

1. 资本完全不流动情况下的货币政策效力

资本完全不流动时，BP 曲线垂直于横轴。如图 11.7 所示，扩张性的货币政策促使 LM 曲线向右移动至 LM'，新的均衡点 B 点位于 BP 曲线的右侧，国际收支处于逆差状态，本币贬值。为了维持固定汇率制度，中央银行在外汇市场上进行干预，抛出外币买入本币，结果造成货币供应量减少。这一过程会持续至国际收支平衡，此时 LM 曲线恢复至原有位置，经济中其他变量均与货币扩张前状况相同，但中央银行的外汇储备降低。此时，货币政策对国民收入的影响是无效的。

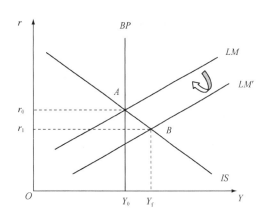

图 11.7　固定汇率制度下资本完全不流动情况下的货币政策效力

2. 资本不完全流动情况下的货币政策效力

扩张性货币政策使 LM 曲线向右移动至 LM'，此时新的均衡点 B 点为充分就业的产出水平，同时出现国际收支逆差，本币贬值。与前面分析相同，中央银行为了维持固定汇率制度所进行的外汇干预使得本币供应量下降。这一调整过程直到国民收入恢复原状时才结束，此时货币供应量恢复到期初水平，经济中其他变量均与货币扩张前状况相同，但中央银行的外汇储备降低。因此，货币政策对国民收入等实际变量的长期影响也是无效的，见图11.8。

3. 资本完全流动情况下的货币政策效力

扩张性的货币政策推动 LM 曲线向右移动至 LM'，到达充分就业的 B 点。由于国内利率 r_2 小于国外利率 r^*，大量的资本流出，导致国际收支逆差，中央银行将出售大量外汇储备，LM' 曲线终将恢复为 LM 曲线。此时国内利率重新回到国外利率水平，并实现外部均衡，但国内产出低于充分就业状态，货币政策无效，见图11.9。

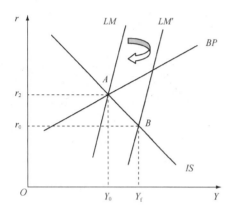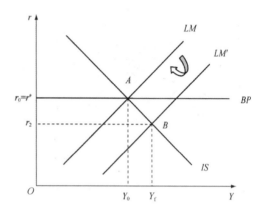

图 11.8　固定汇率制度下资本不完全流动　　　　图 11.9　固定汇率制度下资本完全流动
　　　　　情况下的货币政策效力　　　　　　　　　　　　情况下的货币政策效力

通过上述分析可以看出，<u>在固定汇率制度下，无论资本流动状况如何，货币政策均无效。</u>

三、浮动汇率制度下的财政、货币政策效力分析

在浮动汇率制度下，中央银行不必像固定汇率制度下那样进入外汇市场进行外汇干预，经济的主要调节机制是由国际收支不平衡引起的汇率调整。

（一）浮动汇率制度下的财政政策效力分析

在此，我们将分别分析浮动汇率制度下，资本完全不流动、不完全流动和完全流动情况下的财政政策效力。

1. 资本完全不流动情况下的财政政策效力

如图11.10所示，扩张性的财政政策使 IS 曲线向右移动至 IS'，从而提高收入和利率，此时国际收支处于逆差状态。与固定汇率不同的是，国际收支逆差不会造成货币供应量的下降，而是造成本币贬值。本币贬值会刺激出口，从而推动 BP 曲线和 IS' 曲线向右移动，直至三条线到达新的均衡点 C 点。此时利率上升、产出增加。<u>因此，扩张性的财政政策将导致本币贬值，财政政策比较有效。</u>

2. 资本不完全流动情况下的财政政策效力

扩张性的财政政策使 IS 曲线向右移动，新的 IS 曲线与 LM 曲线的交点所对应的国民收入提高、利率上升。但是，BP 曲线斜率的不同会导致国际收支状况的不同结果。

（1）BP 曲线斜率大于 LM 曲线的斜率。如图11.11所示，扩张性的财政政策推动 IS 曲线向右移动，与 LM 曲线交于点 B，均衡利率和均衡收入增加；但由于 BP 曲线斜率大于 LM 曲线的斜率，利率上升带来的资本账户改善效应弥补不了收入上升带来的经常账户恶化效应，国际收支处于逆差状态。此时本币贬值，导致 IS 曲线、BP 曲线同时向右移动，直到三条曲线重新交于 C 点。因此，财政政策有效。

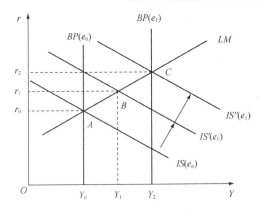

图 11.10　浮动汇率制度下资本完全不流动情况下的财政政策效力

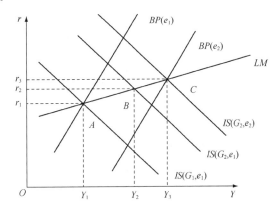

图 11.11　浮动汇率制度下资本不完全流动情况下的财政政策效力（BP 斜率大于 LM）

（2）BP 曲线斜率小于 LM 曲线的斜率。如图 11.12 所示，B 点位于 BP 曲线的上方，这意味着较高的资金流动性使得利率上升带来的资本账户改善效应超过收入上升带来的经常账户恶化效应，国际收支处于顺差状态。国际收支顺差促进本币升值，导致 IS 和 BP 曲线向左移动，直至三条线重合到一点（C 点）。此时，收入、利率都高于期初水平，但是财政政策的产出效应缩水。

3. 资本完全流动情况下的财政政策效力

资本完全流动时，BP 曲线平行于横轴。如图 11.13 所示，财政扩张推动 IS 曲线向右移动到 IS'，利率上升，收入增加。本国利率 r_2 高于外国利率 r^*，导致大量的资本流入，国际收支顺差。在这种情况下，本币升值，抑制出口，使得 IS 曲线向左回移，恢复到初始位置。可见，在浮动利率制度下，当资金完全流动时，扩张性财政政策会造成本币升值，对收入、利率均不影响，财政政策无效。

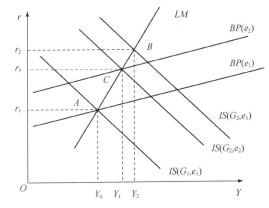

图 11.12　浮动汇率制度下资本不完全流动情况下的财政政策效力（BP 斜率小于 LM）

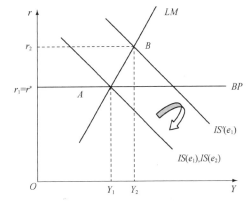

图 11.13　浮动汇率制度下资本完全流动情况下的财政政策效力

（二）浮动汇率制度下的货币政策效力分析

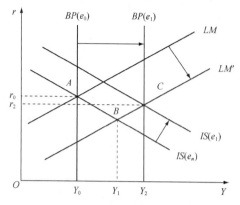

图 11.14　浮动汇率制度下资本完全不流动
情况下的货币政策效力

在此，我们将分别分析浮动汇率制度下，资本完全不流动、不完全流动和完全流动情况下的货币政策效力。

（1）资本完全不流动情况下的货币政策效力。如图 11.14 所示，扩张性货币政策推动 LM 曲线向右移动至 LM'，收入增加、利率下降，均衡点 A 位于 BP 曲线的右侧，导致国际收支逆差，本币贬值。本币贬值刺激出口，并拉动国民收入，因此 BP 和 IS 曲线向右移动，直至三条直线交于新的均衡点 C 点。可见，在浮动汇率制度下，当资本完全不流动时，扩张性的货币政策将引起本币贬值、收入上升、利率下

降，因此货币政策是比较有效的。

（2）资本不完全流动情况下的货币政策。如图 11.15 所示，扩张性货币政策会使 LM 曲线向右移动至 LM'，收入提高、利率降低。收入上升导致经常账户的恶化，利率下降导致资本账户的恶化。国际收支逆差将造成本币贬值，推动 BP 和 IS 曲线向右移动，直至三条曲线交于新的均衡点 C 点。此时利率水平回升，国内收入进一步提高，实现新的内外均衡。

（3）资本完全流动情况下的货币政策。如图 11.16 所示，扩张性的货币政策推动 LM 曲线向右移动至 LM'，本国利率低于外国利率，导致大量资本流出，国际收支逆差。国际收支逆差造成本币贬值，推动 IS 曲线向右移动，直至本国利率再次恢复到外国利率水平，最终在 C 点达到国际收支平衡。可见，在这种情况下，扩张性货币政策会使收入上升、本币贬值，对利率无影响，货币政策非常有效。

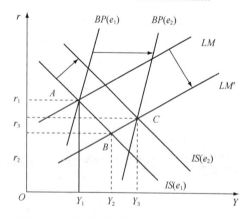

图 11.15　浮动汇率制度下资本不完全流动
情况下的货币政策效力

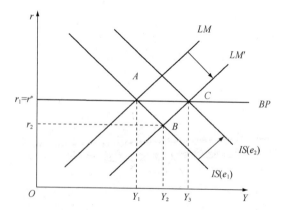

图 11.16　浮动汇率制度下资本完全流动
情况下的货币政策效力

上述分析表明，在浮动汇率制度下，无论资本流动状况如何，货币政策都是有效的。

蒙代尔-弗莱明模型自创建以来，在国际经济学领域影响极大，可以说是开放经济条件下制定宏观经济政策最重要的理论依据。当然，它也存在着一定理论上的缺陷和实际应用

方面的局限性。首先，它遗漏了关于国际资本市场中存量均衡的讨论，因为在模型中，蒙代尔认为国际资本流动是利率差别的唯一函数，因而只要存在利差，资本就会一贯地流动，从而弥补任何水平的经常账户不平衡。而在现实中，各国间的利率差别普遍存在。其次，在外部均衡的标准上，蒙代尔非常强调资本账户，而国际资本流动是利率差别的唯一函数，因此如果一国出现国际收支逆差，只有通过提高国内利率以吸引资本流入。但是，这既是一个挤出私人投资，又是一个依靠对外举债取得外部均衡的政策。

学习思考

一国如何与实际情况结合，恰当地应对三元悖论带来的问题？

本章小结

1．内部均衡与外部均衡是开放宏观经济中最基本的两个平衡关系，宏观经济的整体状况取决于内部均衡状况、外部均衡状况以及它们之间的和谐程度。内部均衡目标的实现意味着低失业率下国内经济的稳步增长，即充分就业、物价稳定、适度经济增长的同时实现；外部均衡目标则意味着实现国际收支的平衡。

2．内外均衡的政策工具主要包括三类：一是调节社会总需求的工具，即支出增减型政策和支出转换型政策；二是调节社会总供给的工具，即结构政策；三是提供融资的工具。

3．开放经济下的内部均衡和外部均衡之间存在着非常复杂的关系，某一均衡目标的实现可能会造成与另一均衡目标的冲突，即内外均衡之间的冲突。丁伯根法则提出了内外均衡目标冲突的调节原则，斯旺模型、蒙代尔指派法则、蒙代尔-弗莱明模型则为内外均衡调节的政策搭配提供了理论支持。

课后练习及实训操作

一、填空题

1．为实现内外均衡，可以调节社会总需求，调节社会总需求的政策工具可以分为_____和_____等两类。

2．内外均衡相互冲突的调节原则主要是_____。

3．根据有效市场原则，蒙代尔提出了以_____实现外部均衡，以_____实现内部均衡目标的政策指派方案。

4．LM 与 BP 斜率都为正，所以两条曲线的相对位置将由国内外资金对利率的敏感程度决定。若国际资本流动的利率弹性_____货币需求的利率弹性，则 BP 曲线较 LM 曲线更加平坦。

5．在浮动汇率制度下，当资本不完全流动时，政府实行扩张性财政政策如增加支出、减少税收，将导致本币_____。

二、不定项选择题

1. 支出增减型政策又称为支出变更政策，主要通过（　　）等方式影响国际收支。

A．税收政策　　　　B．财政政策　　　　C．货币政策　　　　D．汇率政策

2. 在固定汇率制度下，以下（　　）情形下，政策当局会陷入两难境地，即出现内外均衡难以兼顾的情形。

A．内部经济衰退且失业增加，国际收支逆差

B．内部经济衰退且失业增加，国际收支顺差

C．内部通货膨胀，国际收支逆差

D．内部通货膨胀，国际收支顺差

3. 根据斯旺模型，下列说法正确的是（　　）。

A．内部均衡线代表国内充分就业与物价稳定，向左下方倾斜

B．内部均衡线右边代表既定汇率下，有效需求超过有效供给，经济处于通胀状态

C．外部均衡线向右上方倾斜，该线左边表示国内支出大于维持经常账户平衡所需要的国内支出，国际收支处于逆差状态

D．斯旺模型的基本思路是：利用支出增减型政策维护内部均衡，利用支出转换型政策谋求外部均衡

4. 有关蒙代尔的政策搭配模型，下列错误的是（　　）。

A．横轴代表财政政策扩张，纵轴表示货币政策扩张，且离原点越远，政策扩张的程度越大

B．内部均衡线左边表示国内经济衰退，右边表示国内经济高涨

C．外部均衡线的右侧表示国际收支顺差，左侧表示国际收支逆差

D．当经济处于通胀与顺差并存时，应使用扩张性财政政策和紧缩性货币政策

5. IS 曲线代表产品市场的均衡，下列关于 IS 曲线的说法正确的是（　　）。

A．IS 曲线向右下方倾斜，线上任何一点都表示产品市场供求均衡

B．该曲线的左侧表示供给小于需求，经济处于通胀状态

C．在一定利率水平上，本币升值，IS 曲线向左移动

D．以上选项都正确

6. BP 曲线代表国际收支平衡，下列关于 BP 曲线的说法错误的是（　　）。

A．BP 曲线向左下方倾斜

B．该曲线左侧任意一点表示外汇市场供小于求，国际收支逆差

C．国际收支平衡包括经常账户和资本账户的平衡

D．该曲线右侧任意一点表示贸易盈余小于资本流出额，国际收支逆差

7. 关于 BP 曲线的斜率说法正确的有（　　）。

A．BP 曲线的斜率取决于国际资本流动程度

B．若国际资本流动的利率弹性大于货币需求的利率弹性，则 BP 曲线较 LM 曲线更加陡峭。

C．当国际资本流动程度较低时，提高名义利率导致外国资本流入，进而实现国内产出水平的效果比较差。

D．当资本完全流动时，BP 曲线是一条水平线

8．固定汇率制度下，有关资本不同流动状况下的财政政策效力说法正确的是（　　　）。

A．资本完全不流动时，BP 曲线垂直于横轴，扩张性的财政政策是无效的

B．资本完全流动下，BP 曲线平行于横轴，表示只有在本国利率等于外国利率水平时，才能实现国际收支平衡

C．在资本完全流动下，财政政策最有效率

D．以上说法都正确

三、判断题

1．产业政策、科技政策可以从根本上改善经济结构和产业结构，为实现内外均衡奠定坚实基础，因此总供给的调节具有长期性。（　　　）

2．封闭经济中政策调控的主要目标在于协调经济增长、物价稳定、国际收支平衡这三者的合理组合。（　　　）

3．在固定汇率制下，当经济内部处于衰退且失业增加、外部处于国际收支逆差时，追求内外均衡目标的方向是一致的。（　　　）

4．根据丁伯根法则，要实现 N 个独立的政策目标，至少需要相互独立的 N 种有效的政策工具。（　　　）

5．斯旺模型从理论上阐明了政策搭配的优越性，并深入分析了资本流动对各国经济及外部均衡的影响。（　　　）

四、名词解释

支出增减型政策　　　　支出转换型政策　　　　米德冲突　　　　丁伯根法则
有效市场原则　　　　　斯旺模型　　　　蒙代尔指派法则　　　BP 曲线
蒙代尔-弗莱明模型

五、简答题

1．开放经济条件下，有哪些宏观经济政策工具？

2．米德冲突产生的条件及其局限性。

3．请用斯旺模型说明内部均衡与外部均衡之间的冲突，并说明斯旺模型有哪些局限性。

4．简述蒙代尔的政策搭配理论。

5．为什么固定汇率制度下的货币政策无效？

6．用 IS-LM-BP 模型说明在浮动汇率制度下，国际资本流动的利率弹性对财政政策有效性的影响。

7．蒙代尔-弗莱明模型有什么不足之处？

六、实训操作

以我国为例，查找资料分析不同经济背景下我国内外均衡冲突的主要特征及应对办法。

附　　录

国际金融教学、学习参考网站

国际金融慕课简介

更新勘误表和配套资料索取示意图

说明 1：本书配套资料将不定期更新、完善，需要者请在人邮教育社区网站（www.ryjiaoyu.com）下载。

说明 2：在人邮教育社区网站注册后可直接下载本书**配套学习资料**。

说明 3：本书**教学用资料**仅供采用本书授课的教师（即为学生订购本书的教师）下载，**教师身份、用书教师身份**需网站后台审批（参见示意图）。

说明 4：扫描二维码可查看本书现有"更新勘误记录表""意见建议记录表"。如您发现本书或配套资料中有需要更新、完善之处，望及时反馈，我们将尽快处理。

更新勘误及意见建议记录表

咨询电话、微信：13051901888　　　　咨询邮箱：13051901888@163.com

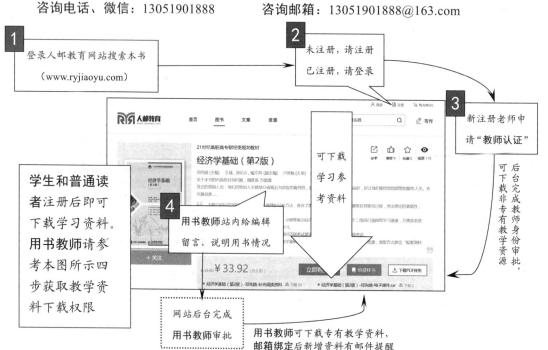

主要参考文献

[1] 陈雨露，2023. 国际金融 [M]. 7 版. 北京：中国人民大学出版社.

[2] 郭红，孟昊，2014. 现代西方货币金融理论发展研究 [M]. 2 版. 大连：东北财经大学出版社.

[3] 姜波克，2018. 国际金融新编 [M]. 6 版. 上海：复旦大学出版社.

[4] 蒋先玲，2024. 国际金融 [M]. 3 版. 北京：中国人民大学出版社.

[5] 凯伯，2022. 国际金融：英文版 [M]. 17 版. 北京：中国人民大学出版社.

[6] 克鲁格曼，奥伯斯法尔德，梅里兹，2021. 国际经济学：理论与政策 [M]. 11 版. 丁凯，黄剑，黄都，等译. 北京：中国人民大学出版社.

[7] 刘惠好，2022. 国际金融 [M]. 4 版. 北京：中国金融出版社.

[8] 刘舒年，温晓芳，2017. 国际金融 [M]. 5 版. 北京：对外经济贸易大学出版社.

[9] 孟昊，王爱俭，2020. 国际金融概论 [M]. 5 版. 北京：中国金融出版社.

[10] 普格尔，2022. 国际经济学：英文版 [M]. 17 版. 北京：中国人民大学出版社.

[11] 萨尔瓦多，2019. 国际经济学 [M]. 12 版. 刘炳圻，译. 北京：清华大学出版社.

[12] 沈国兵，2018. 国际金融 [M]. 3 版. 北京：北京大学出版社.

[13] 苏宗祥，徐捷，2020. 国际结算 [M]. 7 版. 北京：中国金融出版社.

[14] 王爱俭，2013. 20 世纪国际金融理论研究：进展与评述 [M]. 修订版. 北京：中国金融出版社.

[15] 张礼卿，2018. 国际金融 [M]. 2 版. 北京：高等教育出版社.